山东大学儒学高等研究院

儒学与现代社会丛书

生活·仁爱·境界
——评生活儒学

丛 书 主 编：蒙培元 陈 炎

丛书副主编：黄玉顺 干春松

崔发展 杜 霞 等著

全国百佳图书出版单位

时代出版传媒股份有限公司

安徽人民出版社

图书在版编目(CIP)数据

生活·仁爱·境界——评生活儒学/崔发展,杜霞等著.
—合肥:安徽人民出版社,2011.12
(儒学与现代社会丛书)
ISBN 978-7-212-04551-7

Ⅰ.①生… Ⅱ.①崔… ②杜… Ⅲ.①儒学—研究
Ⅳ.①B222.05

中国版本图书馆CIP数据核字(2011)第264895号

生活·仁爱·境界

——评生活儒学

崔发展 杜 霞 等著

出 版 人:胡正义　　丛书策划:丁怀超
责任编辑:蒋越林　　封面设计:亚施·李 昕

出版发行:时代出版传媒股份有限公司 http://www.press-mart.com
安徽人民出版社 http://www.ahpeople.com
合肥市政务文化新区翡翠路1118号出版传媒广场八楼
邮编:230071
营销部电话:0551-3533258　0551-3533292(传真)
印　　制:合肥精艺印刷有限公司
(如发现印装质量问题,影响阅读,请与印刷厂商联系调换)

开本:787×1092　1/16　印张:20.75　字数:280千
版次:2012年4月第1版　2012年4月第1次印刷

标准书号:ISBN 978-7-212-04551-7　定价:42.00元

出版说明

自五四以来，尤其是经过“文革”的“批孔”、“评法批儒”，在一些人的心目中，儒家、儒学似乎已经是“历史上”、“博物馆里”的东西了，与现代社会是没有什么关系的。其实不然，儒家、儒学在现代社会中仍然生存着、发展着。

从历史的情况来看，儒学由于自身的某种“文化基因”，而具有一种超强的通过自我变革而获得再生的能力。我们可以看到，儒学如此这般地穿透了历史的时空：有王权时代、宗法时代的儒学，那就是“周孔之道”；有轴心时期、中国社会第一次大转型时期的儒学，如孟子儒学、荀子儒学等；有皇权时代、帝国时代的儒学，如古代“经学”、“宋明新儒家”等；有中国社会第二次大转型时期的儒学，这就是“洋务儒学”、“维新儒学”、“现代新儒学”、“新世纪大陆新儒学”等；还会有民权时代、宪政时代的儒学，这种儒学在当前的广义“政治儒学”中正在初露端倪。显然，那种把儒家、儒学与“古代”、“封建”、“专制”捆绑在一起的看法，实在是对历史事实的无视，甚至是一种无知。

从现实的情况来看，儒学对现代社会生活仍然发挥着重要影响。当年康有为等的“维新儒学”对于中国社会历史的重大深远影响自不消说；20 世纪的现代新儒家曾经对现代社会生活发挥过某种影响，21 世纪的大陆新儒家也正在对现代社会生活发挥某种影响。这种影响广泛地表现在文化、思想、经济、政治、日常生活、家庭伦理、企业管理、思维范式、生活方式、行为模式等方面之中，它有时是“百姓日用而不知”的，有时则是“路人皆知”的。

就后者论，事实上，众所周知，现代中国社会的思想领域就是这样一种“三足鼎立”的格局：马克思主义、自由主义、文化保守主义。所谓“文化保守主义”，其主体就是现代形态的儒家儒学。在今天的现代社会中，不仅存在着“原教旨”儒学，还存在着现代主义儒学、当代主义儒学、乃至后现代主义儒学；不仅有中国人的儒学，还有西方人的儒学、诸如美国的“波士顿儒家”等；甚至已经出现了“马克思主义儒学”和“自由主义儒学”等提法。近年来出现的诸如“读经热”等许多现象，更是标志着儒学正在某种意义上、某种程度上的复兴，标志着儒学对于现代社会生活的影响正在日益扩大。

因此，“儒学与现代社会”已成为一个值得研究的重大的时代课题。

基于以上认识，我们组织出版了这一套《儒学与现代社会》丛书。丛书第一辑所收的五本著作，构成了关于儒学、尤其现代儒学的整体面貌的某种立体结构：

首先，需要重新认识儒学的整个历史，即重新认识所谓“三期儒学”——儒学的三种历史形态。石永之先生撰写的《中国文化的再展开——儒学三期之回顾与展望》一书就属于这个方面的研究成果，该书的内容涉及了“三期儒学”——先秦儒学、宋明新儒学、现代新儒学，其宗旨在于探索中国文化传统、包括儒家传统在现代社会中的“再展开”问题，具有重要的学术参考价值。

其次，说到儒学在现代社会中的“再展开”，影响最大的就是20世纪出现的现代新儒学；当然也不仅仅是现代新儒学，还包括整个现代中国的“现代古典学”。邓曦泽先生撰写的《现代古典学批判》一书就属于这方面的研究成果，该书是对中国的整个“现代古典学”——包括“中国哲学”、现代新儒学的研究范式——进行的一种方法论层面上的深刻反思，意在超越现代新儒学、“中国哲学”等现代中国学术的既有研究范式，而探索儒学、中国文化在现代社会中“再展开”以来的一种可能的“新开展”方向，具有重要的思想学术启发意义。

再次，儒学在现代社会中已“再展开”基础上的这种“新开展”其实已经出现，主要就是新世纪这十年来大陆新儒家的群体探索。那么，这个群体的探索究竟如何？需要一种适时的总结。崔罡先生主编的《新世纪大陆新儒家研究》一书就属于这方面的研究成果，该书评析了新世纪大陆新儒家当中最具有代表性的七家的思想学术成果，以此展示了新世纪所出现的“儒学复兴运动”的整体面貌，为我们呈现出了一部“活的思想史”，必将会成为未来的中国思想史写作的必读文献。

又次，关于新世纪大陆新儒家的研究，不仅需要《新世纪大陆新儒家研究》那样的群体性的、“面”的研究，而且需要个案性的、“点”的展示。黄玉顺先生的《生活儒学讲录》一书就属于后面这个方面的一个典型，该书是作者所建构的“生活儒学”思想的一种最新展示，涉及当代思想领域、哲学领域的许多基本问题，尤其是关于“儒学与现代社会”的许多重大问题，具有重要的思想理论参考价值。

最后，和现代新儒家一样，新世纪大陆新儒家，不论作为群体、还是作为个体，当然同样也需要接受批评和批判。崔发展先生、杜霞女士共同主编的《生活·仁爱·境界——评生活儒学》一书就属于这个方面的研究，该书是对作为新世纪大陆新儒家代表之一的黄玉顺“生活儒学”所进行的评论和批评，其中涉及新世纪大陆新儒家的许多重大思想理论问题，具有重要的借鉴意义。

总之，本丛书试图通过在上述意义上构成一个整体的五本图书，在一定程度上立体地展现出“儒学与现代社会”的面貌。这是一种尝试，希望广大读者批评指正。

儒学还在继续“开展”中，儒学与现代社会生活的关系也还在继续“展开”中。根据我们的观察，未来10年，其中最值得注意的两个趋向，就是广义的“儒教”和广义的“政治儒学”。这些都是值得我们继续加以关注的。

前 言

这里所选辑的文字，是围绕着黄玉顺教授的“生活儒学”思想所展开的争鸣。黄玉顺教授的生活儒学，自提出之日起，就引起了来自各个方面的关注、各种形式的评论，其中既有《哲学动态》《孔子研究》《学术界》《四川大学学报》《文汇读书周报》《中国新闻周刊》等重要报刊以及学者文集、学术会议发表的文章，也有网络媒介的言论，还有电子邮件的文字（指已公开发布于网络者）。我们从中选取了若干篇，编辑成这个集子，题为《生活·仁爱·境界——评生活儒学》。

这里收录了关于生活儒学的评论32篇。这些评论者中，包括：旅美学者、著名哲学翻译家、哲学家李幼蒸先生，旅美学人葛安台先生；著名学者吴光教授、张志伟教授、郭沂教授、干春松教授、李广良教授等；学界知名新锐任文利先生、吴伯天先生、李明先生、邓曦泽先生、宋大琦先生、米继军先生等；青年学人崔发展、崔罡、杜霞、龚传星、李龙、蒋孝军、李慧子等；知名民间儒者鞠曦先生、杨万江先生、周剑铭先生、段炎平先生、汪纽孜先生等。我们在此表示感谢！

此外，我们收录了一组4篇媒体文字，作为本书的附录，略见黄玉顺教授作为“生活”儒学的倡导者在生活中的一面。

各篇文章的编排顺序，大致依照它们的写作时间或其首次发表时间的先后排列，以便展示争鸣的原始面貌。

作为编者的一种责任,我们在每篇文字之前加了“编者按”,由崔发展、杜霞执笔,以说明某些背景情况,并表达我们对于这些评论的看法以及对于生活儒学的一些理解,仅供读者参考。

这个文集的编辑出版,意在引起关于生活儒学的更进一步的讨论。

编者

2011 年 3 月 5 日

目　录

附录

黄玉顺的"生活儒学"论

——当前的儒学研究

鞠　曦

编者按:此文乃是鞠曦先生的文章《略论与刘泽华学派的争论和当前的儒学研究》的节选。原文两大部分,这里节选的是其第二部分,题为"当前的儒学研究"。这是自黄玉顺于2004年5月正式提出"生活儒学"以来,学者关于"生活儒学"的第一篇严肃的评论文字,2004年5月首发于"儒学联合论坛",后来广为转载。此文将"当前以儒学为主体的研究成果"概括为三种进路:蒋庆的"王道政治"论、陈明的"即用见体"论、黄玉顺的"生活儒学"论。此文对"生活儒学"存在着观念上的一些误解,最基本的误解是:以为生活儒学是"以现象学的理路为儒学奠基"的"哲学形而上学的进路"。这样的误解在当时是难免的,因为那时黄玉顺教授关于"生活儒学"的第一篇正式的学术论文尚未刊发。① 事实上,"生活儒学"乃是从对现象学的批判性对话中回溯孔孟原典儒学从而获得自己的"生活"观念的,这种"生活"视域恰恰是从对传统哲学形而上学的"破解"中赢获的。

当前的儒学研究值得注意的是呈现为自由主义和儒学的某种合流,但这并不是本文要讨论的对象。本文关注的对象是当前以儒学为主体的研究成果。因此,下面将略述蒋庆的"王道政治"论、陈明的"即用见体"论和黄玉顺的"生活儒学"论。

……

① 黄玉顺:《"生活儒学"导论》,载《原道》第十辑,北京大学出版社2005年1月版。——编者注

如果把“原道”理解为是寻找“道”，那么，应当认为，在黄玉顺先生的《“文化保守主义”评议——回复陈明的一封电子邮件》[1]一文引发的讨论中，陈明先生所陈述的“即用见体”论，应视为其儒学思想的核心。

正如黄玉顺所批评的那样，保守主义是一个“过于含混的符号”。我以为，陈明通过与黄玉顺的争论，提出了“即用见体”的概念，可以理解为所原之道，从而不再是一个“过于含混的符号”而能保守其道，应当认为，这是陈明非常重要的理论拓展，值得学界重视。

为了推动陈明的理论建设，我在这里对“即用见体”的哲学问题进行反思。陈明说：“我所谓即用见体（即用证体、即用建体），就是指（只有）在这些功能的重建承担中（才能）达成对道体的当下把握。即使学理研究，也不应简单参照西学范型，而应将其置于社会历史的语境体会其中的意义及（圣人的）用心。”[2]应当认为，这是“即用见体”的理论核心。显然，即使以经验主义进行“功能的重建”（回到荀子），只要进行“对道体的当下把握”，就必须进行哲学形而上学的建构，否则就不是“道体”，所以，“即用见体”本身就是一种形而上学。再者，在“社会历史的语境体会其中的意义及（圣人的）用心”，更需要建构形而上学的思想体系，由此才能直达“（圣人的）用心”，否则，“心”是不能“达成对道体的当下把握”的。更重要的问题在于，以当下的“经验”“体会其中的意义及（圣人的）用心”，无论如何也离不开形而上学的思辨，否则，绝不可能以“心”（思想）进行理论建构。所以，在思想性上，“即用见体”显然是形而上学式的理论陈述。

但是，问题的严重性在于，陈明是否认哲学进路的。他认为，“哲学是文化的一部分，文化却不是哲学的一部分。我也不认为哲学是理解文化的最好进路。就儒学的振兴来讲，偏激点说，现在尚不到哲学出场的时候（黄

---

① 黄玉顺：《“文化保守主义”评议——回复陈明的一封电子邮件》，2004年5月28日发布于“孔子2000”网站；载《学术界》2004年第5期、人大复印资料《文化研究》2004年第12期。

② 黄玉顺、陈明等：《关于“生活儒学”的一场讨论》，2004年6月2日发布于“孔子2000”网站；收入《面向生活本身的儒学——黄玉顺“生活儒学”自选集》。

昏时猫头鹰才飞得动==绘事后素==有得斯有言;哲学的合法性危机绝不是危言耸听)”[①]。可见,陈明认为“现在尚不到哲学出场的时候”而排斥哲学。但是,“即用见体”难道不是正在出场、是形而上学的结果吗?如黄玉顺的批评所言:“这样的意志仍是某种形而上学的主体性的表达,类似西方意志主义、生命哲学所说的那个本体论化的‘生存意志’、‘生命冲动’之类”[②],可谓一针见血。

所以,我要指出的是,以一以贯之的形而上学的体系化论证“即用见体”即是“(圣人的)用心”,以此在历史和逻辑的统一性上与儒学原道统一、与六经统一,是陈明的一个非常艰难的理论向度。而其主观上排斥形而上学,则不能不认为是严重的理论误区。

在哲学形而上学的进路中,我高兴地看到了黄玉顺先生的“生活儒学”论的出场。显然,“生活儒学”以现象学的理路为儒学奠基,是一项具有重要价值取向的理论工程,其不但凸显出比较哲学的思想进路,而且旨在为复兴儒学找到一条贯通中西的哲学理路。

面对“哲学的终结”,从“此在”的“生活”出发去“面向事情本身”,超越“先验的主体性”,突破海德格尔“主体性本身何以可能?形而上学何以可能?”的“先验论的困境”,以“真正的大本大源”即以“先行于主体性建构的生活感悟——仁爱”作为“生活儒学”的逻辑起点,[③]由此表明了黄玉顺现象学的儒学哲学进路。可见,在“真正的大本大源”上,“生活儒学”回到了“事情本身”,这是一个艰深的哲学进路,是一个值得探索的思想理路。

作为对“事情本身”的理解,黄玉顺认为,“情感只不过是生活本身之为本源情境的自己显现的一种样态。对‘生活’的理解,关键是:生活乃是前科学、前哲学、前形而上学、前主客二分、前概念化、前对象化……的本源情

---

① 黄玉顺、陈明等:《关于“生活儒学”的一场讨论》。
② 黄玉顺:《“文化保守主义”评议——回复陈明的一封电子邮件》。
③ 黄玉顺:《“文化保守主义”评议——回复陈明的一封电子邮件》。

境。所以生活才是一切的大本大源"[1]。显然,这一现象学的进路,把此在的"生活"推到了存在论地位 ——"生活"先于存在,使"生活"居于本体论地位,从而为"新形而上学"找到了一个基础。

然而,必须指出的问题是,尽管可以把"生活"进行"前科学、前哲学、前形而上学、前主客二分、前概念化、前对象化……的本源情境"的理解,但是,当主体企图以"生活"为基础(从而成为本体)生成"生活"的逻辑从而建构形而上学的大厦时,就是对"生活"进行了科学、哲学、形而上学、主客二分、概念化、对象化……的主体情境的建构,这样一来,将重新回到旧形而上学的巢穴中。可见,以西方的哲学理路研究儒学,无论以"终结"的旧形而上学,还是以海德格尔的现象学,或者以超越的"生活儒学",正确推定儒学的思想体系,都将难能一蹴而就。所以,就"生活儒学"而言,尚需克服本体论的逻辑推定与主体论形式推定的非统一性困难。

综上所述, 进入本世纪以来,儒学及中国文化研究取得了可喜的成就,同时也面临更加艰巨的理论任务。当把二十一世纪的中国学术研究放到世界文化的洪流中,不能不认为,随着"上帝死了"和"人也死了",西方的后现代主义敲响了文化终结的钟声。然而,人类的生活却不能终结,还要继续生存下去,所以,儒学及中国文化的复兴对于走出西方文化的误区,具有重要的意义。

---

① 黄玉顺、陈明等:《关于"生活儒学"的一场讨论》。

哲学的终结

——评黄玉顺“生活儒学”

段炎平

编者按：此文写于2004年9月，作者自称这只是一篇带有“戏说”成分的文字，我们读来也确实感到具有某种“散文”的色彩，而非一篇“评”论的文章，但却被许多网站广为转载，产生了相当的影响。而且，文章对“哲学的终结”的关注，尤其是对儒家的“生活”与“爱”的观念的赞叹，在精神气质上或许确实可以与“生活儒学”相契相通。但我们也不得不指出：在学理上，作者恐怕根本就没能理解“生活儒学”。

作者按语：这一篇短文是我与中国社会科学院哲学博士、四川大学哲学系黄玉顺教授的一次笔谈。黄先生提出“生活儒学”的构想，力图将西方哲学导入中国文化体系之中来，很令人敬佩。黄先生被朋友戏称为“大侠”，我在文字中也加入了一点“戏说”的成分，希望不会打扰朋友们的雅兴。

任何文化都可成为江河，只有中国文化化作了海洋。任何文化都可成为山峰，只有中国文化变作了大地。任何文化都只是儿女，只有中国文化成为母亲。

佛教原生于印度，在我国魏晋时代开始传入中原，当时的佛教文化博大精深，绚烂多彩，在朴素的儒学面前足可谓“强势”，大有喧宾夺主之志，但是儒学依然接纳了它 。几百年之后，有一位樵夫用中国式的慈悲心熔化了它所有的教规，把它变成了中国人的佛文化。后来佛教在印度消亡，中国便成为它的故乡。

由印度再向西，在被称为西欧洲的地方，有一种文化叫做 Philosophy（哲学）。清朝末年传入我国。当时的情形比佛教又远胜一筹。不止是强势的精神力量，更有武力相伴随，真是千古未有之危境也。然而百年之后“死去”的却不是中国的儒学。黎明先生写过一本书，书的名字就叫做《西方哲学死了》。什么是哲学，它为什么会死去，它真的死了吗？

哲学在西方大概被称为“爱智慧”。古希腊对智慧的热爱不是凭空而生的，形而上的玄思作为大脑最复杂的运动，必然对应着最高层次的社会生存活动。这应是一种高高在上的，超离了基本的社会生产活动及频繁的政治、经济活动之上的生活方式。很难想象，古人能在繁重的田间劳动或生死攸关的权利争斗中，静下心来去思考“宇宙从何而来”。能产生这种问题的生活不仅是超离社会常态的，还应是非常优越和高雅的，是一种真正的知识生活。谁能拥有它？只有那些古希腊、古罗马的贵族学者们能有这样的优遇。

那些古代城邦战争中的优胜者，他们在弱肉强食、适者生存的残酷竞争中脱颖而出。在战争年代，他们杰出的体能与智慧以及在战斗中的出色表现得到族人们的青睐，由此可以摆脱生产劳动的重负，专门从事征战，然后以胜利者的姿态优先分享奴隶与战利品。他们优秀的体能与智慧，在和平年代除了在竞技场上一展身手外，还可以在思想的海洋中奋力远航。他们热衷于运动肢体，也同样喜爱运动大脑。除了参加伟大的奥林匹克运动会之外，还乐于做一位思想者。“在希腊神庙的走廊上、在广场和街道旁边，随处可以见到为苏格拉底的问题陷入沉思的人 。”这就是哲学——这项热爱智慧者的脑力竞赛赖以形成的社会环境。

哲学原本是一场大脑的竞赛，是智慧的游戏，是与胜利者炫耀健美身姿同时进行的一种消遣。未必非要达到某种实际的效果。哲学的背后是统治者的权力与奢华，靠奴隶们的供奉支撑着。在战争机器的推动下，思维才得以向更高、更快、更强、更复杂的极限状态冲刺。

然而时过境迁，武力的掠夺让位给了科学的开拓，哲学的星空不再灿烂。哲学成为科学的附庸，哲学家成为文化的看客。他们不明白这是为什么，所以要去“解释”。他们放下了架子学会了交流。尽管哲学家们懂得了“对话”，但尚未发现真实的生活，他们还未忘记自我，所以他们是“去”解释，而不是去准备成为“被解释者”。只有当解释到无以言说的时候才能发现生活的统一。当他们真的被生活统一了，他们还是哲学家吗？

否定了自我也就否定了一切。这个任务恐怕已经不能再由西方的哲学来完成啦。只有一个办法——由否定了哲学却不会失去自我的哲学家来完成，有这样的哲学家吗，有无特权的特权者吗？有！他们就在中国。

当西方的强权被民主所取代，特权阶层消亡，人们惊呼“上帝死了”。精神贵族也随之被抛弃，降落在了生活之中。五四之后传承西方哲学的中国学者们，也跟着走入了现实生活。他们发现，这是一个全新的世界，陌生而又充满魅力，总是被一种无法言说的巨大力量推动着，随波逐流，无法把握只能去承受，去体验。但是他们毕竟是中国人，心灵深处不会畏惧生活，这次“抛入”反而帮助他们回到了故乡。没有因此失去自我，而是走向了大地，汇入了海洋，来到了母亲身边。

哲学必须依赖特权，它远离生活，只知道有一个至高无上的、主宰一切的、超越一切的“存在”——也就是他们自己——在反思（自观）中找到的。现在，哲学将失去“存在”，只剩下了“此在”——一个孤零零的个体生命。生命还在，但“上帝”却死了。

而儒学不同，儒学的思想来源于生活，凝练于生活之中。思想的儒学是对社会的反思，是对生命的描述，儒学发现了生活的真谛——“爱”，并且把它由自我扩展到了家庭，由家庭扩展到了社会，由社会扩展到了宇宙万物。当人们热爱着天地自然的时候，发现自然也在热爱着他们，原来“爱”是宇宙的情性，是自然母亲把她的性格遗传给了人类——她最自豪的一群儿女。儒家发现了她，从此儒家便永远拥有了生活。

失去了光环的哲学家，由形而上的精神圣殿来到了形而下的世俗世界。然后他们发现生活才是真正的生命的殿堂。生活是生命的海洋,生活是一切!此在才是真实的存在。上帝死了,但哲学还活着,作为一束浪花,它将活在中国文化的海洋之中。

2004年9月7日

关于海德格尔与中国哲学之间关系的几点思考

——对黄玉顺《生活儒学导论》的批评

张志伟

编者按：作者张志伟先生是中国人民大学哲学系教授、博士生导师，知名的西方哲学研究专家。2004年12月11日，北京“青年儒学论坛”专题讨论黄玉顺即将发表的论文《“生活儒学”导论》，本文即张志伟教授的发言稿。此文可以看做是西方哲学研究界、特别是“海学”界第一次对“生活儒学”正面地提出质疑。文章正式发表以后，黄玉顺立即作出了回应，主要内容是：第一，肯定了张教授关于“生活儒学”的研究动机“不是以现象学为研究儒学的方法，而是在（与现象学的）对话中回溯‘生活’这一本源境域”的正确判断；第二，在厘清海德格尔前期思想的不彻底性的基础上，澄清生活儒学与海德格尔思想之间的根本差异。①

黄玉顺教授的论文《生活儒学导论》②是一篇很有意思的论文，其中涉及了海德格尔与中国哲学之间的关系。由于该文只是“导论”，具体内容语焉不详，加之我对中国哲学没有什么知识，所以我对黄玉顺论文的批评不是针对“生活儒学”的，而是针对该论文对海德格尔的理解的。个人意见，论文对海德格尔哲学存在着一些误解。这不是个别现象，海德格尔通常总是处在被误解之中。虽然由误解——也许说“误读”更中听——而受到启发乃至形成新的创见并非不可能，但这毕竟不符合积极对话的要求。当

① 黄玉顺对此文的正式回应《论生活儒学与海德格尔思想——答张志伟教授》，见《四川大学学报》2005年第4期，人大复印资料《外国哲学》2005年第12期全文转载。—— 编者注

② 黄玉顺：《生活儒学导论》，《原道》第十辑，北京大学出版社2005年1月版。

然,这并不意味着我的意见一定是正确的,不过是一种批评性的参照系而已。

关于海德格尔与中国哲学的关系是近年来比较受人关注的问题。一方面借鉴西方哲学构成了中国哲学研究的一个生长点,另一方面更重要的是海德格尔的确与中国哲学有其因缘。我也曾经写过海德格尔与老庄的论文,那里面关于老庄的理解肯定是外行的,在论文中我就一再声明我是从海德格尔对老庄的解读来理解海德格尔的,而不是通过海德格尔对老庄的理解去理解老庄,我的学术背景肯定会影响我对中国哲学的判断。我们当然希望看到学贯中西的专家,这也不是不可能,只是太难了。我们的中西哲学比较研究刚刚起步,最应该做的是基础性的研究和个案研究。

一、现象学、存在哲学与中国哲学

如果中国哲学与西方哲学都可以叫做哲学的话,那它们一定是完全不同的两种哲学形态。虽然不同,毕竟可以相互比较,取长补短。在大多数情况下,中西哲学之间处在互相补充的关系,不过现象学是一个例外。在某种意义上说,现象学不是一种理论,而是一种理论视野或者思维方式,这就是所谓"面向事情本身"。正如海德格尔所说,语言是存在的家。从广义上说,"家"即本源之源始境域,"面向事情本身"就是回溯到本源处,回归家园。欧洲人有欧洲人的家,中国人有中国人的家。现象学的好处是不会强使中国人去生活在欧洲人的家中,也不会迫使欧洲人生活在中国人的家中,而是让个人面向自己的家。

由此,我以为黄玉顺的论文一开篇便提出了一个具有方法论意义的问题:我们的立足点是我们的"生活世界"(并不仅仅是胡塞尔意义上的生活世界,而是"事情本身"的意义上"本源境域")。古、今、中、外在此汇集,并因此而获得其意义。的确,单纯的中国哲学或单纯的西方哲学没有意义,它们的意义源自生活世界,换言之,我们的生活世界是我们的理解的"先验视域",一切理解在此基础上得以展开。我之所以强调这一点,是因为有感于学术界过分拘泥于中西哲学的差异，好像一定要先“站队”——立场：你是从中国哲学的立场看待西方哲学，还是从西方哲学的立场看待中国哲学。其实，我们可以站在更本源的立场看待中国哲学和西方哲学。

另一方面，黄玉顺在与现象学－海德格尔对话的过程中展开其“生活儒学”的思想，也是有意义的。张祥龙尤其推崇现象学作为中国哲学返本开新的生长点。因为现象学不同于任何主客二元框架下的概念式的西方哲学理论，它倡导的是本源性的构成性原则。尤其是海德格尔，他要回溯的是没有任何先在之物的构成性、生成中的源始境域。对海德格尔来说，认识、知识尤其是科学知识属于派生性的，本源境域不是“知”而是“行”（生存）的境域，这就是“生活”。在我们面前的世界成为我们的认识对象之前，我们早已生活于世界之中，与这个世界水乳交融，不分彼此。这个先于一切知识、科学、理性的“生活世界”——由生活而形成的世界，才是真正意义上的活水源头。显然，这种试图超越主客二元式认识论框架从而回归本源境域的运思道路，与中国哲学不谋而合。

不过，此前现象学与中国哲学之间的关系，基本上是作为研究方法而引入的，例如北大哲学系有博士生以现象学方法研究《论语》等，也有很好的思考。例如《论语》是孔子与弟子们在不同场合对话的记录，基本上都是“小零钱”，没有“大钞票”。然而，那些鲜活的对话场景隐而不显了，一切都变成了抽象的观念。从现象学的角度研究《论语》，就是还原到那些特殊场景中去再现孔子的思想。不过，海德格尔与中国哲学之间的关系主要体现在他与道家思想的亲缘关系上。不是以现象学为研究儒学的方法，而是在对话中回溯“生活”这一本源境域，或者说，儒家思想与“生活”这一本源境域之间可以建立建设性的积极关系（生活儒学），这是论文的独到之处，也是需要充分论证和说明的。对此，我没有批评的资格。我的工作是就论文涉及海德格尔的方面给予评论。

二、海德格尔与中国哲学的因缘

在西方哲学中，对中国哲学有帮助同时又不会陷入不中不西的尴尬境地的，现象学即使不是唯一的，也是首屈一指的。作为现象学运动的一员，海德格尔尤其值得重视，因为他与胡塞尔不同，直接就与中国哲学有其关联。

从一般的理论上讲，现象学和海德格尔的存在哲学的主旨在于克服西方哲学的主客二元式的认识论思路，试图回溯到主客未分的本源境域，这与并非认识论类型的中国哲学不谋而合。我之所以说海德格尔尤其值得重视，是因为胡塞尔毕竟还在坚持西方哲学的科学思维方式，而海德格尔则是打开了胡塞尔加在“存在”上的“括弧”，将胡塞尔悬置的“存在”释放了出来，深入到了更本源的境域。另一方面具体说来，海德格尔在上个世纪30年代思想转向之际就已经可以引用老庄了，40年代更是曾经与台湾学者萧师毅共同翻译老子《道德经》，50、60年代则多次引用老庄。所以，说海德格尔与中国哲学具有某种亲和性并不过分。在中国研究现象学的人十有八九亲近海德格尔，这很能说明问题。当然，这也与中国知识分子的人文情怀有关。

一般地说，西方哲学的科学思维方式是一种向上抽象的思路。从各式各样的树抽象出树的概念，以为各式各样的树的本质。从花、草、树、木……中抽象出“植物”的概念，以为花、草、树、木……的本质。依此类推，直到最高的普遍性，那就是万事万物共同的本质——存在。这种科学思维方式认为这个抽象的过程是越来越摆脱主观性走向客观性的过程，殊不知始终在主观性的范围之内。胡塞尔包括海德格尔则试图走另一条相反的路：不是向上抽象，而是向下回溯，回溯到真正本源的境域。不是通过抽象超越主客之间的界限，而是通过向下回溯，回溯到主客未分的源始境域。因此，主要是海德格尔，在某种意义上走出了本质主义的困境。

海德格尔非常重要的一项贡献就是重提存在问题。

三、关于存在与此在

从巴门尼德开始，存在即为形而上学的对象，但海德格尔却说形而上学遗忘了存在，一部形而上学史实乃“在的遗忘史”，皆因形而上学混淆了存在与存在者之间的存在论差别，以追问在者的方式（科学思维方式）追问存在。海德格尔重提存在问题，其立意在于不是把存在看作名词，看作认识的对象，而是看作动词，看作动词不定式（zu sein，to be），他要消解的就是存在的现成所予性以及主客二元式认识论框架。一切在者都因存在而存在，但在者一旦存在成为在者，存在就隐而不显了。因此，我们必须找到这样一种在者，它不仅能够提出和追问存在问题，而且它的存在就是存在的显现，这就是我们向来所提的在者——海德格尔称之为 Dasein。Dasein 之为 Dasein，就在于 Sein ist da：存在在此存在出来。不能把 Dasein 与 Sein 看作两个东西。Sein 不是存在者。或问：这不是把存在与存在者区别为两个东西了吗？不然。只有存在者才能是一个东西，或许多东西中的一个东西，存在不是存在者，存在不是东西，存在不能当做东西看待。并没有一个“存在”可以成为认识或者言说的对象，就此而论，“存在不在”，存在“显现”。所以我说存在不是名词而是动词，而且是动词不定式——存在是不定的、未定的、可能性的境域。

我们或许因为海德格尔在前期的《存在与时间》中分析的归根结底是人而视之为主观主义－主体主义，其实不然。在《存在与时间》中，海德格尔不说人而说 Dasein，乃在于强调人这种在者是通过存在而被规定的，而不是通过生物学意义上的族类来规定的。Dasein 之所以能够成为 Sein 显现的境域，就在于 Dasein 的本性是 zu sein。Dasein 是密林中疏朗见光的“林中空地”（Lichtung）。

论文中多次说海德格尔的 Dasein 是主观性的规定，窃以为这是一个误解。Dasein 这个概念表明的不是任何先在的本质规定，而是由存在规定的“去存在”的“生存活动”（Existenz），就此而论，Dasein 是非现成性的、没有先验本质的、始终处在去存在之中的在者。Dasein 没有现成的本质，而是在让存在显现的方式中获得自身，因而从理论上说，Dasein 不可能规定存在是什么，它的作用是或者使存在显现，或者不使存在显现。当然，不使存在显现并不是不显现，而是非本真地显现，因为 Dasein 无论如何都是去存在的生存活动。因此，Dasein 不是人，不是生物学族类意义的人。作为人的人是有规定的，作为 Dasein 的人是没有规定的，换言之，Dasein 是可能性的存在。就此而论，Dasein 不仅不是主观性的规定，而且恰恰是反主观性的。

首先需要注意的是，存在不是认识对象，存在与此在乃为一体。此在以存在为本源，它出于存在，且显现着存在。存在通过此在显现自身，无此在，存在不在——不是不存在，而是不显现。对海德格尔来说，除非我们说清楚了此在，否则一切存在论都是无根的。所以，对此在的现象学分析——海德格尔称之为生存论存在论分析，就构成了基础存在论——一切存在论的基础。不过，基础存在论是要为存在论奠基，而不是为形而上学奠基，尤其不是为以往的形而上学奠基。传统形而上学不可能因为基础存在论的奠基而获得新生，形而上学完成－终结了。

海德格尔的前期思想不是没有问题的，否则也就不会发生思想的转向了。然而，我们似乎应该把海德格尔自觉的主张和不自觉的局限性区分开。例如，海德格尔所说的 Dasein 在存在论－存在者状态上的优先地位，并不关存在的事——他不可能将 Dasein 设定为“向来”“领先”于存在，而且存在也不是异于生存的东西。生存这个概念本身表示的就是存在的显现（Eksistenz）。

海德格尔的问题不在这里。

海德格尔的确面临重蹈形而上学覆辙的危险：当他试图通过对 Dasein 的生存论分析建立基础存在论的时候，由于过分强调了 Dasein 的作用，大有 Dasein 决定 Sein 的危险。Dasein 是“能在”——对 Dasein 来说，“是，先于所是”。就其本真状态而论，它始终处在“去存在”的过程之中，面临可能性筹划自身，正是通过它的去存在，存在得以显现。而这就意味着 Dasein 怎么存在，存在就怎么显现。后来法国存在主义（萨特）就是充分发挥了海德格尔前期的思想——个人与自由，走向了存在主义的人道主义，这是海德格尔无论如何不愿意看到的结果。

我们需要把海德格尔前后期思想分开考查，虽然一脉相承，但思路是不一样的。

四、关于形而上学

论文中多次提到形而上学（形而上学的奠基讨论的就是形而上学），并且在注释中说明是在中西共通的意蕴上使用这个概念。这一点问题比较大。

形而上学是一个专有名词，是西方哲学的核心概念，但却不是中国哲学的概念。虽然 metaphysics 的译名出自“形而上者谓之道”，但中国哲学在翻译 metaphysics 之前好像没有使用过“形而上学”这个概念。这是其一。其二，形而上学为西方哲学所有，乃出自西方哲学的“科学情结”，体现的是科学思维方式。这无论在海德格尔的批评，还是就形而上学自身而言，都是如此。显然，中国哲学没有这样的形而上学。第三，形而上学最重要的标志就是关于存在的科学，形而上学是研究存在的，在这个意义上，16 世纪出现的本体论（存在论：ontologia）是作为形而上学的同义语而构造的。我们中国哲学并不把存在当做哲学的研究对象，而且在黑格尔之后，尤其是 20 世纪西方哲学以反形而上学为基本特征，这就使我们在使用形而上学这个概念时几乎没有多少选择的余地。更何况海德格尔从来不是要重建形而上学，当他说哲学的终结的时候，主要说的就是形而上学的终结。就此而论，重新奠基也不可能改变形而上学的命运，所以海德格尔思考的是在哲学终结之际思想的任务。海德格尔更多地讲“克服”形而上学。因此，形而上学这个概念在海德格尔这里基本上是贬义词。为形而上学“奠基”也好，寻求形而上学的“本源”也好，说的是以往的形而上学没有基础，未及本源。有了基础，通达了本源，建立起来的就不再是形而上学了，而是存在论。形而上学终结了，完成了，作为一个事实，是不可能通过奠基和溯源加以改变的，那是西方文明的天命。海德格尔甚至说，即使让西方文明再来一遍,它还是会走到这条路上去。

形而上学乃为西方哲学所专有,我们没有必要使用这个过了时的而且成问题的概念。

那么,海德格尔在什么意义上说哲学的终结?

用海德格尔的话说,我们不能从消极意义上理解"终结"——这样理解的终结是"单纯的终止",不再有"继续发展"。相反,"关于哲学之终结的谈论却意味着形而上学的完成(Vollendung)。但所谓'完成'并不是指尽善尽美,并不是说哲学在终结处已经臻至完满之最高境界了"。① 在他看来,哲学的终结是这样一个位置,"在那里哲学历史之整体把自身聚集到它的最极端的可能性中去了"②。早在希腊哲学时代,哲学的一个决定性特征就已经显露出来了,"这就是科学在由哲学开启的视界内的发展"③,科学从哲学中分离出来独立发展,恰恰是哲学的完成。所以海德格尔又说:"哲学之终结显示为一个科学技术世界以及相应于这个世界的社会秩序的可控制的设置的胜利。哲学之终结就意味着植根于西方-欧洲思维的世界文明之开端。"④

那么,哲学终结了,有可能有一种既不是形而上学又不是科学的思想吗?海德格尔从来没有想过构造一种不同于以往形而上学的形而上学来解决一切问题。哲学成为形而上学就意味着哲学终结了。海德格尔寻求的是"思想"。

五、人的有限性——关于康德与海德格尔

这也涉及作者的另一篇论文《形而上学的奠基问题——儒学视域中的

---

① 海德格尔:《面向思的事情》,商务印书馆 1996 年版,第 59 页。
② 海德格尔:《面向思的事情》,商务印书馆 1996 年版,第 59 页。
③ 海德格尔:《面向思的事情》,商务印书馆 1996 年版,第 60 页。
④ 海德格尔:《面向思的事情》,商务印书馆 1996 年版,第 61 页。

海德格尔及其所解释的康德哲学》。[①] 作者说,海德格尔与康德对人的有限性的规定必然导致不可克服的理论困难,而儒学认为人是既有限而无限的。儒学的观点我不懂,我只想为海德格尔和康德辩护,并且说明为什么和在什么意义上他们坚持人的有限性。

首先需要明确的是,无论康德还是海德格尔都不是把人仅仅看作有限性的存在。与此相反,人的有限性倒是开启无限性的通道。海德格尔的Dasein并不是暗渡陈仓式的走向"人的有限性",它明目张胆地主张有限性。《存在与时间》标题就已经说明了这一点——形而上学向来要超越时间通达永恒,而海德格尔一上来就把存在与时间和有限性联系在一起。

先说康德。海德格尔的确称赞康德发现了人的有限性,但是我们不能因为海德格尔这么说我们就这么理解康德,也还要看海德格尔所说的有限性是什么意思。不说海德格尔,我们看一看康德的观点。我们都知道康德的一句名言:"我必须限制知识,为信仰留地盘。"完整地说,康德把人称为"有限的理性存在",因而人同时是两个世界的成员:作为有限的自然存在物,人是自然界的一员,与万物一样必然受自然法则的限制,没有自由。但是另一方面人又是有理性的,因而有可能按照理性法则而行动,只不过理性法则对人而言不是必然遵守而是应该遵守的法则,所以理性法则对人就表现为"应该"做什么的道德法则(定言命令)。我们都知道《实践理性批判》中最后康德那段脍炙人口的话,他把"头上的星空"与"内心的道德法则"相提并论,以前者说明人的有限性,而以后者来超越有限性:当我们按照理性法则而行动的时候,我们就是在自己立法自己遵守,自由即自律。

再说海德格尔。《存在与时间》的确强调人的有限性,但是人的有限性,或许说Dasein的有限性更合适,是一种非常独特的有限性,因为Dasein是"能在"即可能之在,其生存乃是在可能性的境域中筹划选择,我愿意借用一个概念,称之为"有界无限":Dasein终有一死,但Dasein只要活着就面

① 黄玉顺:《形而上学的奠基问题——儒学视域中的海德格尔及其所解释的康德哲学》,《四川大学学报》(哲学社会科学版)2004年第2期;人大复印资料《外国哲学》2004年第5期全文转载。

临着可能性,海德格尔则试图将“存在到头”的死亡观代之以“向终结存在”。只要 Dasein 本真地生存,他就始终是可能性的存在,唯其如此,存在才于其生存中得以显现。换言之,Dasein 是而且始终保持自身为 zu sein(to be)。Dasein 虽然首先是一个有限的在者,Dasein 虽然终有一死,但 Dasein 之 zu sein 面对的却是无限的可能性,不如说就是可能性本身,这不是从在者而是从存在的规定。

六、真理:无蔽－遮蔽

海德格尔哲学有前后期之分,虽然问题始终如一,始终是存在问题,但解答存在问题的方式发生了变化。论文批评海德格尔主要基于前期思想,有一些问题在后期的海德格尔那里获得了某种程度的解决,这是我们需要考虑在内的。

例如真理－无蔽－解蔽。前期的海德格尔的确执著于 Dasein 的显现以获得存在的无蔽(aletheia),不过从 1930 年《论真理的本质》开始,海德格尔的思想发生了转向,很重要的一个问题就是不再突出通过 Dasein 而使存在解蔽,而是更强调遮蔽－非真理的维度。用海德格尔的话说,遮蔽比解蔽更源始。

当海德格尔通过对思想、诗、语言等问题的思考直面存在问题的时候,其思想与中国哲学的关系更值得研究。顺便说一句,海德格尔的确曾经用道来解释 Ereignis,但 Ereignis 并不就是道。学界迄今为止没有定译。Ereignis 本义为“发生”和“事件”,乃一个十分普通的德语概念,只是海德格尔使用之后神秘了起来。这个 Ereignis 亦即存在的发生,即比存在更源始:一切在者因存在而在,那么存在呢?存在不在,存在“有”——es gibt。这个 es gibt——给出存在的发生就是 Ereignis。在某种意义上可以这么说:在者因“存在”而存在,“存在”则不因什么东西而存在(它自己就是存在),“存在”“发生”。“存在”的“发生”就是 Ereignis。

七、存在与时间

以形而上学为核心的西方哲学是一种概念哲学，我们可以称之为“向后看的乌托邦”：它寻求先于一切的先验本质（理念、绝对），把宇宙看做是这一先验本质的展开和发展，而其完善和发展作为从潜在到展开，从目的到目的的实现的“圆圈”，体现为一种或者唯一的一种自我运动、自我证明、自我完成的“科学”，最完善的体系就是黑格尔的绝对唯心论。在海德格尔看来，当形而上学在物中寻找本质寻找存在的时候，形而上学执著于在者而遗忘了存在：在物中我们只能找到“物性”而找不到“存在”。“存在”要存在出来，“存在”要显现为存在，需要一种在者不是凝固的现成所予的东西，而是开放的、未成定型的、始终处在去存在之中的 Dasein。这就是我们向来所提的在者。就 Dasein 的生存而言，存在不是“什么”，不显现为“什么”，是且始终是“显现”，过去的形而上学出于科学思维方式总是在寻求存在“是什么”的那个“什么”，海德格尔关注的则是这个“是”（to be）。就此而论，Dasein 就是 Sein 显现的时间结构，Dasein 就是 Sein 的时间化。海德格尔对 Dasein 的生存论分析试图揭示的就是 Dasein 通过什么方式让“存在”显现——它不是让存在成为这样或者那样，这其实是不可能的，而是让存在显现自身。Dasein 就是 Sein 显现的“通道”，这个“通道”就是时间结构。

这就涉及了 Dasein 生存之统一整体的统一性：Sorge。陈嘉映旧译为“烦”，新译为“操心”。我比较倾向于张祥龙的翻译：“牵挂”。俗话说：“赤条条来去无牵挂。”人来之后，去之前，是为牵挂，最根本的就是牵挂。为什么？因为人虽有限，但却是指向未来的可能性的在者（Dasein）。人作为 Dasein 是没有本质的，它在生存过程中赋予自身以意义。由于人作为 Dasein 具有“有限的自由”，它面对无限的可能性却只能从中选择某种可能性去实现，这便有了“牵挂”。“牵挂”（Sorge）不是贬义词，说的恰恰就是人作为 Dasein 的“本性”。

时间即是"牵挂"的方式。海德格尔的时间不能从通常的时间去理解,它不是以过去为核心,从过去、现在到将来的无限绵延,而是以"将来"为核心的立体三维结构。那么,如何使 Dasein 明白它不是由过去规定的,而是由将来规定的? 这就是生存论的死亡概念。死亡不是"存在到头",而是"向终结存在"。死亡是一种使一切可能性不再可能的可能性,先行于自身、先行到死、提前到死中去,是一回事。明白这一点,Dasein 就是能在,就是自由,当然是有限的能在,有限的自由。由于存在总要通过某个在者而显现,因而可以说恰恰 Dasein 因为其有限性,才有能在,才有自由。

我之所以要简略地说明存在与时间,是想说明在前期的海德格尔,Dasein 的生存,也可以说 Dasein 的"生活世界"就是形而上学的"根",但形而上学没有把根扎在这个活水源头,所以它是形而上学而不是存在论,所以形而上学终结了,完成了。之所以会这样,是因为 Dasein 自始就已经沉沦,一向是以非本真的状态生存着的。由此可见,生活虽为哲学之根,但生活也可以遮蔽自己的根,这之所以可能,就在于 Dasein 是自由的存在。因而海德格尔要做的工作就是如何使 Dasein 从沉沦的迷梦中惊醒过来,立足自身而在世。

海德格尔的前期思想出发点就是 Dasein 的 to be,作为一种在者的 to be。此后的所有一切都可以从这个 to be 推出来。

八、几个问题

虽然我对生活儒学并不知情,但既然以"生活"为根本,而且通过与现象学和海德格尔哲学的对话,就有一些问题,其中包括海德格尔前期思想面临的问题,需要深入思考。

个人感觉,以"生活"为本源境域,与海德格尔前期的思想比较接近:Dasein"在世界中存在"——在世,其活水源头是 Dasein 的 to be:Dasein 因 to be 而形成了世界(Umweit),万物因 Dasein 的使用而"物尽其用",显现其存在,这是一个物我不分水乳交融的源始境域。问题是:

(1)“生活儒学”所说的“生活”是什么样的“生活”？它的“活水源头”是什么？“活”在什么地方？当然我们也可以问：谁的“生活”？谁在“生活”？“生活”如何避免主观性和人类学？

(2)作为源始境域的“生活”是如何可能的？这是一个康德式的问题。海德格尔的基础存在论就是为了回答这个问题的。对我们来说就是：什么保证了“生活”的“本源性”？

(3)有没有一种纯洁的“生活”？就海德格尔的哲学思想而言，作为源始境域的“生活”不存在真假对错的问题，其问题是本真还是非本真的存在的问题，因为无论本真还是非本真都源出 Dasein 的 to be。

(4)在海德格尔看来，Dasein 生存的非本真的状态形成了传统形而上学，本真的状态则是存在论的根基。换言之，形而上学根源于 Dasein 的沉沦，在的遗忘的根本原因在这里。问题是：首先，中国哲学有形而上学吗？如果有，与西方哲学的形而上学是什么关系？不同于西方哲学的形而上学的形而上学还是形而上学吗？重建的形而上学还是形而上学吗？形而上学能够重建吗？

现代新儒学之诚论的问题性和意义

——与黄玉顺教授谈“生活儒学”问题

杨万江

编者按:此文是知名的民间学者杨万江先生对黄玉顺“生活儒学”的批评。这种批评基于作者对“生活儒学”的这样一种理解:“生活儒学的主要关注是我们关于我们生活的一切话语、概念、逻辑和制度是否与人类生活本身是切实一致的关系。”然而我们不得不遗憾地指出:这种理解其实完全误解了生活儒学的“生活”观念,倒是很有些传统形而上学的“形上/形下”二分法的意味,即“生活本身”(形上)和“一切话语、概念、逻辑和制度”(形下)的二分,而不理解生活儒学首先就是要“破解”这种形而上学观念。作者将现代新儒学要做的工作定位在“以出世的空无之超越精神而开入世的积极进取之成就精神”,这同样是一种典型的传统形而上学观念架构。

我认为,讲哲学要强调一种哲学的问题性,一种新的哲学那一定是提出了新的问题或是老问题的新关注。我不喜欢在与海德格尔的哲学对照中来谈论,好像黄先生所谓“生活儒学”只是在哪点上对海德格尔的哲学有所改进似的。其实,“生活儒学”应当可以从自己的问题意识来讲,就是说,我认为,“生活儒学”的基本问题和意义就在于人类生活在形而上学的对象化关系中被思维、被言说、被制度化、被理性化和概念化的时代里,人类生活本身可能被完全失去自身的意义,而“生活儒学”强调人类生活本身是一切形而上学及其论证中的话语、概念、逻辑和制度的真正基础、来源和目的,因此,“生活儒学”的主要关注是我们关于我们生活的一切话语、概念、逻辑和制度是否与人类生活本身是切实一致的关系。在我看来,这实际上就是“诚”，像生活自身显示的那样生活，本真地生活，回到生活本身，并保持生活自身。这样一种哲学是中国文化传统的基本立场。

黄先生坚持论说“生活本源→形而上→形而下→生活”的“观念奠基关系”，我们的分歧是，我认为任何认为世界是由一个由之而来的起点往后展开的论说都是形而上学的或形而上学的本体论思维方式，无论这样的起点被认为是“从存在到存在者”论说中的“存在”、“无中生有”中的“无”，还是黄先生“生活本源→形而上→形而下→生活”中的“生活本源”。只要某个词被置入这个基本的形而上学的本体论思维方式中的起点位置上来言说，就不会因为它是这个词还是那个词而改变它依然是一个形而上学的本体论概念，从而也就不会是前形而上学的。真正的前形而上学是相对于形而上学的世界而言，被形而上学所思维、言说、制度化、理性化和概念化的生活世界本身。生活世界本身是形而上学那些观念言词概念和逻辑的受害者，还是一个被识别和打扮得据称真实（知识论）、善良（伦理学）、美丽（美学）的新娘，是一个人类生活之“诚”的价值和态度下的哲学问题。形而上学用一套话语在认知的、伦理的、美学的言说中作出对或者错、善或者恶、美或者丑的判断，并深刻地渗透到人类生活的方方面面，似乎生活世界本身就是形而上学说的那样，或者说形而上学就是生活本身，至少是生活的一部分。我们生活在思想中，生活在语言和概念中，生活在各种被反复严密论证“如何可能”的逻辑和科学及其产物中。但这依然只是一种关于生活世界本身的一个人为人智创造下的“文明世界”，上帝是不是对人类思想下的文明世界发笑，我们不得而知（天何言哉?），但人类自身却以这一切是否与我们自身的生活与目的相符合来判断（诚）。相符合的时候，我们说这是我们的理想，这是我们对“诚”这样一种价值的实现，这是一种“天（生活世界本身）人（形而上学人为人智创造下的“文明世界”）合一”。可是，当我们保持这一态度的时候，我们需要有一种方法、甚至功夫来守处于生活世界本身之中，并形成对形而上学所思维、言说、制度化、理性化和概念化的文明世界的进入和退出的精神视角。

在我看来,各种形而上学常常使我们成为“瞎子摸象”中的“瞎子”,或者是我们“横看成岭侧成峰,远近高低各不同”的那种对山岭的“看”和“此山中”那样被给定的视角。我们活着时,看不清活着的自己,但我们死掉后是不是就可以看清自己了?就变得要么我们不知道要么已经是生死异处的非在场性问题了(“未知生焉知死”)?于是,我们开始尝试在今生今世的此生此在的精神可能性中来寻求一种对自己和世界的超越性的视角。在我们的精神中,生活世界是“显在”的(显示为一种存在,是不是还有没被显示的那就不可知或者不置可否),可是,我们的文化传统和先哲们发现人的精神功能却可以尝试把世界“坐忘”了。

尽管生活世界总是被形而上学的世界所思维、言说、制度化、理性化和概念化,但在我们的精神能力中它可以被取消,一个被取消的世界在人的内心中就是“无”(禅宗)或者叫被证成的“本心”(王阳明心学)。儒家心学的基本思想正是要靠“心的功夫”来练就一个“虚静”的“无”的场域,而世界如何从“无”中被显示出来的体用发生论是在“虚静”的“无”的场域中才成为可能的。在一个“虚静”的心灵中,生活世界才会被显示出来,并看清它的“来龙去脉”。“虚怀若谷”,才会“有容乃大”。在这里,死之“空无”与生之“空无”的区别就在于,死之“空无”是人不在场下非生性的“空无”。生之“空无”是人在场中的有“生生”性和能够显示存在的“空无”。“空无”的“生生”性就是爱。整个生活世界由之而显示出来,所以是大爱。能够看到寂灭之中生机盎然,并充盈着感恩的情怀,乃是大爱之人慈悲为怀的禅宗之境。人的存在及其本分来之不易,感恩戴德,谢天谢地,①并在人的基础本分之上成就自己人之为人自身可能性的自由发展(“成己”),即是儒家

---

① 此处“天地”指作为容纳覆载万物,“有容乃大”,并具有“生生”性的“空无”场域。所谓“天地之大德曰生”,“生生之谓易”。在宗教性层面,“上天”或“上帝”的观念是作为一个超验的存在者而“生生”的导出观念或对“生生”之来源的追溯性解释观念,在宋明儒的工作后,道家和禅宗的“无”和“空”,在作为生生之追溯性来源和显示存在的意义上被消化在儒家天地作为容纳覆载万物,“有容乃大”并“生生”的场域观念中,而人格性的“上天”观念,在宗教性层面继续保持着自上古以降的面貌。—— 原注

传统的入世精神了。以出世的空无之超越精神而开入世的积极进取之成就精神，这是现代新儒家要做的工作。

所以，我不赞成说生活本身即是“无”，而是说，形而上学化了的生活世界在我们的精神上被取消后，当然就是“无”啦！而“无中生有”的任何再过程，都意味着一个更加体现诚这一价值的修正的形而上学化了的生活世界。这样，我们就找到了控制人类创造世界及其产物，而不是人类被自己的创造所异化的基本立场和方法。这也就是我讲现代新儒学之诚论的一个意义所在。

对“生活儒学”的批评

——致黄玉顺先生的一封信

葛安台

编者按：此文是牟宗三和唐君毅两先生的弟子、旅美学者葛安台先生致黄玉顺的一封电子信件。此信的内容不仅涉及一般的儒学、哲学的问题，而且尤其涉及现代新儒学、现象学的若干重要问题。作者对黄玉顺的“生活儒学”思想进行了评论。我们以为：一方面，作者的种种担忧、质疑，为各种庸俗化、低矮化“生活”的想法提了个醒儿，且其担当意识亦可与黄教授为同道；但另一方面，作者基于现代新儒学（熊、牟、唐）后学的立场，一味强调那种具有强烈的传统形而上学色彩的“创生心”与“般若共法”，这是不可能理解“生活儒学”的。①

此信传杨祖汉先生（并请转吴汝钧先生）、林安梧先生、周博裕先生、FSCPC（李淳玲小姐或 FSCPC 的朋友可否将此信转给李明辉先生?）、陈明先生、蒋庆先生。——作者

玉顺先生：

《述神》蒙贵网站采用②，您的识量非一般所能及，首先表示感谢。

其次，你说我没有了解你所说的“生活儒学”是什么，那么我愿再作以下的答复，以为说明。

① 具体辨析，可参见黄玉顺教授：《现代新儒学的现代性哲学·导言》，中央文献出版社 2008 年 2 月第 1 版。——编者注

② 葛安台先生《述神》一文首发于中国儒学网（www. confuchina. com）。——编者注

先只简单指出一点:中国哲学的核心,如果不是全部“中国人所习的哲学”的话,至少是“转化为现代哲学的中国哲理”。

“外国哲学”当然仍须“如其所是”的学习之,讲述之。在熊、牟、唐之后,有三条路可走:

一是亦步亦趋的复述/演伸/应用。(就此点而言,台湾的李明辉先生最可谓忠实无违而择善“固执”;如果不是“排他”的话,杨祖汉先生亦可称忠实,而现能主持台湾“新儒家”代表刊物。故我们不妨说李先生与杨先生或有点可比拟为阳明门下的钱绪山。只不过,不但完全没有独立运思的能力,而不可能真可称为“钱绪山”,且亦曾说牟宗三对“上帝”是“存而不论”的杨先生现在不知执“著”(平声)什么。自称是新儒家左派的林安梧先生拒绝刊登敝文,故亦不知他在想着些什么。现在他亦已在七月份《鹅湖》推出了他的“后新儒学”规模。他也说他是“生活”儒学。)

二是重新安排时空、数学与逻辑,即所谓的“量论”。这是牟宗三所曾从事但并未完全成功的,亦是今天讲现象学者不能不自知者。(台湾的吴汝钧先生不能在此方面真正为之,却反而一头走到偏路上去了——此“偏”与王龙溪之偏不同——而自欢喜赞叹。大陆的现象学者则恐怕还不必有吴先生在“创生”与“有/无”问题上的用心/警觉。)

三是彻底明白/分别何为“自然”,何为“精神”,以彻底解决宇宙“体/用”的问题,黑格尔/马克思所留下的问题,①与最终的“创世主/上帝”的问题(这不但是唐君毅“精神/人文”哲学犹待吾人省思的部分,也是熊、牟、唐三先生如何圆通融和的部分)。

上所说之一是任何人皆可为,亦皆不能不经过。二是我当年所曾想从事而愧不能者(我曾想从王浩先生学点数理逻辑,但他却说“逻辑是末道小技”)。我亦因自认无法有力辩证牟师而不敢立言。我们或可期望中国人现之讲习现象学将来能与数理逻辑结合,而再出一如青年牟宗三的天才而

---

① 是“自然”“异化”为“精神”(或“世界”)(更正确的说,是“自然”“意识化/精神化”为“世界”),而不是(如黑格尔哲学所指向的)“精神”“异化”为“自然”(或“世界”)。——原注

为之。三却是我今已有悟而能明白说出者,而虽然不能从内部建立时空数学与逻辑,却能从外部指点出其真相/定位。有一天若有人真能建立"量论"(中国哲学今后的 Holy Grail),那将是中国哲学完全站立起之一天,但亦无法逾出我今之所说也(即可是牟先生在祭悼唐先生文中所说的"文化意识宇宙"明确具体落实为人所"创/生"的"精神宇宙",但人之为"创世主"仍不能违于"自然";而且,人是宇宙"创世主"之观念若不成立——在"宇宙/自然"中"创世"之"人极"——则即使关于时空数学与逻辑的谜思也不必能真正解决)。

"生活儒学"所说的"生活"虽甚佳,但那是不够的(也说服不了现象学者或甚至由海德格尔所领军的存在主义)。"生活儒学"(不管是海峡哪一边的)并没有真正知道牟宗三所说的"创生心"①和"般若共法"是什么("般若"在台海彼岸沦为"一本光明/同归于道"的"解业"论)。愿百尺竿头更进一步。释老若一时仍难掌握,(黑格尔的)"精神"总应该还能知(至少在敝文出现以后)?(康德是人人皆可不服气,但却不是人人皆可绕过去。胡塞尔/海德格尔真绕过去了吗?)

附上从今年三月到现在我所写的一些信,希望能有助于你进一步了

---

① 牟宗三的"创生心"若不被了解,而人亦必要打破砂锅问到底,追究牟宗三心目中宇宙本体最终性质的话,再加上联想到所谓"坎陷"说,则牟宗三系统亦会被视为带有此种泛黑格尔色彩,虽然牟宗三哲学在此问题上实无明确的承诺。以传统词语说之,牟宗三哲学在宇宙本体论上只是一个"心"与"气"不离不杂,既不说"心"在"气"中,亦不说"心"在"气"外。"坎陷"论虽实只是一个认识论,而非本体论,但终亦不能免于本体论上的追究、联想或非难。此亦所以有人会把牟宗三的"创生心"联想为类似于(黑格尔)"绝对精神"。若仔细读牟书,尤其是《心体与性体》,会发现牟宗三很少说"宇宙本体论",而总是说"本体宇宙论"。为何会如此(与众不同)?对从不"随意妄下一语"的牟宗三来说,这是偶然的吗?他的"本体"指"心","宇宙"指"气"也,若说"宇宙本体论",则是"气""大"或"高"或"首出"于"心",这是他绝不能接受的,也就是他最忌讳的所谓"唯物论",故他甚至曾说"什么体用不二,心物不二,都是庸俗之见"。(他也曾痛骂我"附骥熊先生,以体用不二为万灵丹"。我自知尚说不过他,亦语太急切,故立即认错道歉,他也立即欣然接受。)故牟宗三之"心""气"不离不杂虽然仍只是个无决断的"绝对在"的"自然",但亦绝不会是如黑格尔式的将"精神"视为"宇宙/自然"的"本体"。故,认为"创生心"类似于"绝对精神"者,是既不知什么是(黑格尔)"绝对精神"、更不知什么是(牟宗三)"创生心"的瞎比附,只是整天捧书而实未见一字之"好人专干坏事"者也。(能自己运思的钱绪山绝干不出这种坏事)(更岂说得出"对上帝存而不论"这种浑话?)——原注

解。我在《述神》一文中原曾称道“生活儒学”和陈明、林安梧与吴汝钧等人与大陆现象学圈的一些见解，但以我从未发表过文章而恐人以为有附丽之嫌（也更担心会使我的中心主旨被转移或误解），因而全删掉了。我衷心期盼大家不论所见为何，能共同为中国的前途思考奋斗，而这个奋斗只能以恢复孔子之为人类至圣/神的地位为最大目标或共同交集。但可惜的是人却各持一见而互相抵消，而之所以如此，也往往是因为人不敢或无法以上所说之共同目标为明揭之共同目标而有以致之，否则大家必非不能彼此包容。（“不与夷狄主中国”的蒋庆先生虽最敢大声明说，可谓最有汉子气，但若不能真有得，即可被视为所谓“原教旨”，或甚至有可能被误会为“义和团”）。今中国摇摇欲起，美日谋之日急，台湾却不识大体而甘为人卒，两岸何去何从？孔老之道不明，“上帝/神道”迷思不破，终是无法与人见真章也。马克思在中国的功过/意义到底为何？今后如何定位？岂不都仍是问题？愿共思之。

现在，再回到“生活”问题——

先如此问一个问题：什么叫“生活”？什么叫“思在”？

首先，开门见山地（点出一个小秘密，a tip）说：我现在附上给你看的几封信，比较是“生活”；你所开列出来的“生活儒学”规模，仍比较是“思在”。

（林先生的“后新儒学”亦只能是转说转远的“思在”哲学，未真正明白什么是“创生心”与“般若共法”故也，故“创生”化为“（存有）X 态”，“般若”化为“（道言）解业”，而总名为“一本光明/同归于道”之“道言/解业”论。）

“言说/思在”不能只靠你指出它只是“言说/思在”，它就可不只是“言说/思在”了，——正如“生活”不能只靠你指出它是“生活”，它就真可是“生活”；更如“业”不能只靠你说它是“业”，它就可“解”了——否则我早在十余年前就可开始立言了。（除非你开宗明义地说：我今天所说的不是“哲学”，我只是写诗或打禅。但你能或愿如此否？写诗或打禅亦须有写诗或打禅的技巧入路与氛围也。若非在此氛围内，人必可问：你何不去种田算了?)(而我也果然就到餐馆送货切菜去了。)

“生活儒学”说中国人并未“失语”,这是对的,亦确是不同于大陆上的“原教旨/义和团”之处。在台湾,则好像比较没有人担心“失语”的问题。但这并不是台湾人高明之处,而是根本没有人关心或察觉,即使是号称新儒家信徒者也好像没有人察觉此问题之严重:即如果中文日趋概念化而“不知所以然”的话,——且莫言知不知“返”,因为已经没有什么“返”的可能,故在“返”(传统)的问题上,没有什么失语的问题,故中国人今天在“语言”的问题上,亦只能“顺其然”,而不能“违其然”,但是,若只知“顺其然”,而不知其“所以然”的话,——则不只中国人会“失语”,即连全部“哲学”本身(不论东西)亦将永劫不回。中国人(或全部东方人)失语不失语,根本问题还不在西方名相或观念之移植(故“我海他川”之类的说法虽是有觉有警,但这是不够的),而是语言本身概念化的问题。概念化就是西方话语最大的霸权,也是今天世界历史不能逆的方向(除非核战毁灭世界,人类重头来过?但金岳霖岂不已经说了,由“能”到“式”是“道”的方向?人类即使重头来过,能不也是这个方向?)。今天即使有人说“去概念!”,也仍是个“概念”也!这恐怕是连作为一个哲学家的德希达都不见得能或敢明确说出者,——他如果作为一个普通人或普通文人,能不能感觉到,那是另一回事——因为他毕竟不懂东方,至少是中国,语文,无从真正体会/对比。(从来布尼兹、叔本华,一直到海德格,西方人亦岂不早已只闻其味而不知其故呢?)西方的文学或艺术也常常反叛“概念”,①血腥的(公私)“政治”亦岂不以“实在”为上。但那仍都只限于“表现/performance”(其实也就是“生活”!),一涉及“理论”,则还是乖乖回到“概念”的牢笼。在康德、黑格尔已笼罩一切的智思之后,叔本华、齐克果、尼采又挣扎些什么呢?(一个微小的建议:现之凡说“生活”者,Rudiger Safranski 的三本传记《叔本华》《海德格尔》《尼采》可找来看看,若无兴趣全看,只要挑其中有关康德、黑格尔的部分看亦可,看他们如何用“生活”——或名“意志”,或名“实存”,或名“超人”——来抵抗康德、黑格尔(与胡塞尔)的天罗地网?“生活儒学”不经过“般若共法”对“概念/思在”“荡相/遣执”的“生活”,就已超过此三人的“生活”?甚至康德、黑格尔的“思在”?——胡塞尔的“意向性”亦岂脱得出“思在”?)(不要小看这种传记,那不是一般蛋头学者写得出来的。)(在海德格尔所谓的“实存”之外,岂不还有个已懂得“闭嘴”的维根斯坦呢?)

我在十几年前就说,中国语文“在作用中定义/思在”,西方语文“在定义/思在中作用”。而我却还是不敢说话。“生活儒学”无论如何操作“生活”,能高出此一说否?人也不能永远只是互相跟帖或到处演讲吧?(如果一辈子做此事,则或可算是打破“思在”而真“生活”,——也就是上所说的“表现/performance”,——但此与今日所谓“哲学”何干?宋明儒学大部分

---

① 这就是牟宗三所曾说的,西方在智思/分析哲学传统之外的“生活”传统,所以他才能说中国的智慧是“综合的尽理/气”,而不是如西方智思传统的“分解的尽理”。“气”本身在西方亦属一更广大的“生活”传统,今天即使最尖端的数理/自然科学,如数理逻辑,量子理论或超弦论等等,固然亦非单一的“概念”所能掌握,但若不能化为单一的“概念”,则这些“理论”即不能称“确定”,即使能“应用”。这就是被称为“亚里士多德以来最伟大的”逻辑家 Godel 所带来的所谓“数学危机”所警示于人类者。(这固然是“生活儒学”或一般哲学家们或已知的东西,但“概念/思在”的必然/必要性——无所逃性——恐还不是人所尽知,故不能不重申之。)(西方人若真知此无所逃性,但又实不能逃之,即不会敢随便成为所谓“无神论”,或至多成为“神秘主义”者。而今天中国人若不能知此无所逃性,却又敢自称是“无神论”,则恐将沦为所谓“不知类”或甚至“无所忌惮”。今天中国人对“自然”之判准或回忆,若不能脱出西方式的“绝对自然”——或称“自然绝对在”——的牢笼,即亦永不能脱出西方绝对“思在”或绝对“意识”的“罗己”牢笼,再如何说“生活”,说“实践”,说“存有”多少“态”亦仍是“思在”。若不是“思在”的话,唐先生所谓的“遍德流行境”等说法不早就可成立了吗?何须再去说什么“生活”?说多少“态”呢?过去台湾有个傅伟勋先生还说一心可开“十门”呢!)——原注

都是在互相讲论中弄出来的,但今日是此环境否?1986 年我初读《欧洲科学危机与超越现象学》时就曾对王浩说,这些话语都是宋明儒心灵才说得出的话语。王浩虽然不懂,但亦未有任何反驳。现在讲儒学与现象学者或许懂,故或许现在应有人出来大声疾呼:"回到宋明生活!"?但恐怕又会有人说:"回到先秦生活!"呢?不是有人去找更古老更神秘原始的"巫史传统"去了吗?)(今天西方林林总总的"New Age"、"Inspirationals"、"Mental Gurus"不都也是"生活"吗?而且往往还真能是"直指人心"的"生活"呢?这虽然是西方一直都有的"神秘主义"暗流,——其实也就是西方"萨蛮"!——不是今日才有,但现所谓的"后现代"呢?不也是想要跳脱"思在/理性/概念"?不也是"多彩多姿"的"生活"吗?"生活儒学"何不干脆与"后现代"挂钩呢?不是更多"趣味"?台湾的"后新"、"后牟"者不也在此用心吗?故"生活儒学"又更有何高呢?)(一个人类学家张光直先生能让中国的哲学家们如此心折,好像发现新大陆一般,张先生亦不朽矣,可入儒门四科之列。)("生活儒学"之"生活"若不经过"般若共法"和"创生心",有一天人或会将其与 Georg Simmel——此公与胡塞尔是同辈,亦相往来——的"生命/生活哲学"相比附。那也是无所不包的前于"存在"的"生活"。)

(你与人的辩论亦未成功:虽然你实有高于其之见——到现在居然还有人说什么中国没有形上学,这种人旧称"一阐提",现或只能称为不认识中国字①的中国人,连西方人亦必知的"经"(宗/教/教化)"论"(哲学/理论)之别都不知道,所以竟还有什么"大钞票"与"小零钱"的谬论。这也就

① 说到"中国字",现在大陆流行说"汉语"、"汉字",连"中文"都不大说了,有一天会把"文"之古义亦忘掉(已经忘掉"理"了,其余更不用说)。若说"语"可以兼顾"phono"与"logo"之义,那么"字"呢?"汉字"不过是由永字八法构成的一堆符号罢了,能有"文"的意思吗?从"文王"开始,过去数千年中国人为何那么喜欢"文"这个"字"呢?(什么叫"钦,明,文,思"?什么叫"文心雕龙"?什么叫"王文成公"?)现在又有什么"英字德字法字日字俄字"吗?"英文德文法文日文俄文"都还是"文",为何自己反而是"字"?如此而能"我海他川"吗?有如此买椟还珠的吗?"中文系"怎么办呢?要改成"汉语系"吗?长于"还原"的现象学家们为何不在此动动脑筋呢?看到了什么大钞票与小零钱呢?——原注

是仍停留在上世纪八十年代“河殇”的那类人——但你并说不出来也。一直强调“生活先在”也只是同语反复而已。你总不能永远说人不知你所说的“生活”是什么吧?)(“失败”亦不一定不好,象山与朱子辩“太极”是彻底的失败,而且败得很不好看,但这无妨象山之伟岸。)(“生活儒学”对“良知”与“良能”的解析固甚佳,但在今日“哲学”必不能不以概念语言为之的情况下,若不先经过“般若共法”则必不能达到“创生心”的地步,因此也必不能达到象山的地步,更不要说评点象山为“粗些”的阳明,何况竟然还有什么“生活”先在于“道德”的说法,对“道德”的原始义真了解了吗?岂不落回“唯气”或“唯物”的“生活”呢?“生活儒学”能以此而高过“道言论”否?)

不论是“儒学”或“哲学”或“生活”,也都不是“请客吃饭”也,更不会是“开会/发表论文”,不论你叫它是“生活”,或“思辨”,或任何什么名堂。

因此,若不能明白对话(“各自表述”虽还只是初步,但亦已不容易了,在此向你致敬),“生活”什么呢?两千多年前,“造次/颠沛”,“与点”,“唯诺”,就已是最高之“生活”了,宋明儒者之师友往来(讲友/学侣/家学/同调/共参/一传二传三传……)就已是最高的哲思生活或文化生活了。我现在仍认为那是人类最高境界的宗教/哲学“生活”,——化《五经》之“宗/教”为《四书》之“学/论”,以《四书》为主脑,以《五经》为本体,但二者仍是一体,而相出入/互证[①]——不能回到那种世界,能谈什么“生活”?柏拉图哲学以对话方式呈现(此可称为 Dia - Logism,以别于黑格尔完全思在的 Pan - Logism),不也已是“生活”?今日在哲学上,在纸上(就算在“网上”好了,更即时一点,更 virtual 一点?),说“生活”,还真有什么新意吗?至少/何况,在熊、牟、唐之后?何况,最后还是得去“说”它呢?(维根斯坦为什么不

① 但即使是一体而相出入,亦须有个主从,故只听说“四书五经”,岂曾听说“五经四书”?此即朱子之所以伟大,之所以在中世而犹能独称“子”——转“周孔”为“孔孟”,至阳明而臻其极。“经史子集”仍只是个笼统无主从的“书库”,即使在后来之四部中,《四书》已列于“经”部,但亦仍是偏于“失神”之始于唐人之“共和”。——原注

大喜欢说话呢？为什么叫人“Don’t try to improve the world, just improve yourself”呢？与维根斯坦比较起来，同庚同语的海德格尔还真是个菲力士汀人！讲了一大堆的海德格尔与讲得不算多的维根斯坦，哪个比较“失语”？甚至“失格”？牟宗三岂不懂海德格尔？但他为何还是较钟情于维根斯坦？并不只因早年是数理逻辑出身也！牟宗三中年后抽不出时间去好好读海德格尔？实是一眼即已看穿其极限也——故至写《圆善论》时仍判之为“头出头没，纠缠不已”——全部的存在/实存主义高不过牟宗三的一篇《文殊问疾》，那就已是牟宗三对海德格尔的总答复也！今天讲存在/实存主义者谁写得出一篇那样的文字？）

牟宗三哲学在“创生心/般若共法”“无执/圆善”之后还得去说个所谓“分别说/非分别说”，以“再”破“思/在”（“再”字吃紧）——“创生心”“般若共法”其实就已破过一次了——这是比康德用“判断”（其实就是想要“生活”！）来连接“现象”与“物自身”更彻底者（此二者都仍是在“思在”中的东西！从“纯粹理性批判”到“实践理性批判”到“判断力批判”，就是一步步走向“生活”的过程，但结果能不仍是“思在”吗？否则，仍须要有个黑格尔、马克思、存在主义等等吗？），“生活儒学”的立足点已高过于此？一不用说“创生”，二不用说“般若”，三不用思考/安排“背反”的问题、“无限”的问题等等，就能打破“思/在”？就解决了“坎陷”问题？就能“生/活”起来了吗？以批判康德起家的“乐感文化/实用理性”不也早就是“生活”了吗？现在所谓的“存有 x 态”、“纯粹力动”、“政治外王”、“即用见体”、“巫史传统”等等，不也都自以为能解决“坎陷”问题吗？不也都是“生活”吗？不也都是“实存”吗？那么，谁又是“原教旨”呢？“生活儒学”岂能不也有一分吗？（真的有比蒋庆或上述任何论说更不“原教旨”吗？更能“生活”吗？）

引进原就比较不在“生/活”传统之中的、无论如何都难以在“思/在”传统之外的外人之说，才能/就能/反而能起死回“生”？中国人固然并未/尚未“失语”，但是，所谓东方人“西化”或“现代化”的过程，其实就是向洋大人学“概念化说话儿”的过程，这就像过去乡下人进城，必须学着城里人说话，才能生存。（去看看牟宗三在《五十自述》第一章中所提到者。）“现代化”的过程就是博士们到海外去取得一张“概念化说话儿”的资格证书，回来教同胞们概念化说话的过程。洋博士们教土博士们，土博士们又教土硕士们，土硕士们又教土学士们……这就是“失语”的过程！尚未至其尽头罢了。（故胡适一类人物在此方面之顺时开新固然无过而能领风骚，但在抑制传统话语上之无识霸道，则真是罪大恶极，不负其名。退之文起八代之衰，适之文定几代之衰？胡氏亦不朽也。）从清末民初到现在，一百多年过去了，——从黑格尔的《精神现象学》到胡塞尔的《意典》不过就 106 年（那大致就是严复的《穆勒名学》到现在的时间，但西方哲学在那百年内已出入云水几度身？）——唯一懂得什么叫“概念化说话儿”的是谁？唯一知道什么是或不是“比较哲学”的是谁？曰：一个只从山东到北京求学的土老儿牟宗三也！（现在现象学的方家们将《Ideen》译为《观念》，“观”什么“念”呢？观理念？观意念？观概念？还是观观念？不如说“观世音”“观自在菩萨”算了，还让人知道在说些什么。真将胡塞尔别立于柏拉图传统之外了吗？真的就能不“本质论”了吗？）“生活”固然甚佳，但跳脱得了“概念化”的牢笼？韦伯之类的西方思想者，愈说什么“牢笼”，就愈是入于牢笼而不自知。那是西方“话语”（也就是今之提倡“十字架上的真理”的刘小枫先生所谓的“大理”，但刘先生又懂了什么“精神”，懂了什么“创世主”呢？）的宿命，即使德希达亦只能在这范围内挣扎。实在摆脱不了时，那就还是只有请“上帝”出场。连概念话语都尚未学通（甚至连自己在“概念化说话儿”都不自知）的中国人能藐视“思在”？能不懂“上帝/创生者”？能把老释忘掉否？光一个“生活”就把“生活儒学”以外的东西都超过了？光讲“现象学”（洋唯识），“生活世界”，“存在主义”者就已挟海德格尔、胡塞尔而超黑格尔、康德，甚至笛卡尔、柏拉图？

何况（就不“东西”比/较，而只“西西”比/较吧）：

胡塞尔/海德格尔再如何说“生活”，说“实存”，又高得过马克思的“活”？直接生在康德、黑格尔后的马克思岂不嗤之以鼻，视为“鬼窖活计”

"拨弄精神"呢？尼采、维根斯坦亦岂不在一边冷笑？我过去曾说过，关于马克思与中国，在五十年的脉络内——就从1949年算起吧——牟师是对的；在一百年的脉络内，熊师会是对的。故国土分裂，已冒出之智慧再度飘零，是民族的厄运也。而今后中国若又与美日起浩劫性冲突的话，则不知会是何结果？——今逢抗日血战结束六十周年，吾人在纪念/庆祝之余，仍不能不惧，岂不令人感慨系之。吾人实不能不说："紫金冤魂未宁前，抗日战争无胜利！"中国人何胜利之有？

中国人一忘原始"自然"何义，二忘"创世者"何在的"生活"，能与"上帝""神/佛"的"生活"抗衡？（若只就此而言，大陆官方之坚持所谓"唯物"虽是错的，但坚拒教廷和外来传教者之干预在目前来说确有不得不然之苦衷，而坚持"自然/人本"立场则更是对的——这也算是"天之大公"，间接为儒道保留了最后一块基地吧？）在台湾，即使信奉新儒家的，亦不知暗里夹了多少"神/佛/仙/道"在里面？台湾社会的神鬼迷漫就更不用说了。而为何会如此？即是一因"世界"即是"精神"仍不明（老实说，这就是牟宗三/康德绝对压倒唐君毅/黑格尔的结果。今天海峡两岸的儒学者，甚至现象学者，亦都是被牟宗三一人所笼罩，而却都自以为能越过牟宗三），二因"人"即是"创生者"更不明也（故即使被牟宗三笼罩，亦不是真消化了牟宗三）！大陆官方只讲"唯物/自然/人本"，哲学界只讲巫史/乐感、生活、政治外王、现象学等等（叶秀山先生绕来绕去讲"人有一个世界"，什么"世界"呢？这"世界"到底是什么呢？），真能抵挡得住耶稣，或甚至只是个如某某功之类的所谓"新兴宗教"吗？"宇宙"是"自然"，"世界"是"精神"，此若不能明，今天人类又如何在"自然"和"精神"之间取得平衡呢？如何讲"大自然/生态/环保"呢？"人"若非即是"创生者"，则各文明（众神）之间又如何最终和平呢？

"生活"确是个好词，囊括性甚强，但必须有个根本坚实的内里，才站立得起也，"人不能不是儒家"也才能真正成立也。过去人岂不曾将熊十力比附为柏格森（"生活"固然与"生命"不同，但不知"创生者"的"生活"能强于

“生命”？不知“释老/般若”的“生活”能包容/化解“生命”的暴流?)？以“仁是敏锐的直觉”为儒家开出一条生路的梁漱溟岂不又落回释氏？(而甚至胡乱评点熊十力?)能说“花果飘零”而总结二十世纪中国人最凄凉意象的你的同乡唐先生在“哲学思在”上与“生活实存”上，于儒释道耶皆亲和，那也是真正的“生活”，但哲理上达不到牟先生的高度，今日唐先生的哲学即不如牟先生的“活”，“生活儒学”已高过唐先生否？已消化唐先生的“精神”否？(我过去曾认为，胡塞尔、熊十力、维根斯坦、海德格尔和牟宗三——以生年序——是二十世纪的五个哲学家，唐先生因哲理逻辑性不够强，不与焉。但现在我看到了唐君毅为黑格尔在中国保留了一线生机。)(日本的京都学派，就像日本文化本身和日本禅一样，是个变种，但那也足够日本人自己受用的了，——唐先生亦颇尊重日本文化，甚至连胡兰成亦乐予接纳，——中国人却到现在还不识熊、牟、唐，拿什么去与人论说？能不继续飘零?)(故今有个必沦为日人附庸的“纯粹力动”也。)(台湾亦有个奉胡兰成为宗的一大文学家派。)(台湾亦早就有“谈缘说命/论爱道情”以教莘莘学子谈恋爱谈感情的“生活”者了。他们即使没赶上什么现象学/海德格尔，可都还是亲炙过唐、牟，甚至还研究王船山的哟——“道言论”者的那顶艺术家小帽可谓得“论爱道情”的船山学者的真传。)故“耕耘”是好的，当然也不必问“收获”。但耕什么，也必收什么也。(台湾的“生活”者，“解业”者，难道没有在“耕耘”？他们又岂必问过什么“收获”了?)

众方家们，人已指出，下土不够深，却都还只能转首以避？而拒答？都愿泥牛入海，万马不回？……诸多好秀才，都要等到七八十岁再来懂？非不能深入传统而亦被列为“新儒家”之一的钱穆先生——虽然有其学生为其叫屈，而不甘列于其中——可是过了九十岁才悟一个“天人合一”的哟。他之前难道不曾懂过?

再次一问众方家，我已将《述神》投诸于此，都能指教否？或是“此山我已开……”？(oops, there goes another tip……)(天机泄露已够否?)(或许，根本没有什么“天机”，而是任何已入中年的“过河卒子”都已知道的东西?

只是我自己一个不知人情世故的与世隔绝者还蒙在鼓里罢了?)(百家争鸣还是万马齐喑?)儒徒或中国人真的有比耶佛教徒或东西洋鬼子更温良恭让、更大公无私、更闻过而喜吗?(看看台湾那后新后牟一本空明同归于道者。)("道"只有牟宗三所说过的"顺成"过程,——"坎陷"即使说不通,也是一种"顺成"观念,故"坎陷"又名为"开",——又何曾"错置"过了?在时空的那一点上被"错置"了?可回"时空隧道"去将其扳正?)(或仍较朴直的[①]大陆新起儒者或许也不一定真知道什么叫"一本空明/同归于道"?又有何异?又有何高?虽然,不知可能比知还好一点,可免于逃"秘"之诡——光明与无明同体也:古今中外一切神佛道术的藏秘库也。周家老大亦必深厌者也。)

今天,只要是"哲学"就必是"思在"。中国过去只有"哲理",没有"哲学",故在"生活"中讲哲理(这是"生活儒学"已知的)。即使"佛学"亦不是严格希腊意义的"哲学"。西方/希腊哲理以"思在"为"生/活",但没有耶教的"创世/创生"义。中国传统哲理儒道两家皆以有"创生"义之"生/活"为"思在"。道家是由思而逆/返之"自然创生",儒家是能以道家为戒之兼顾顺/逆之"觉/感创生"(在"自然"中的"仁""诚""神"等)。儒道都是为原始《易》之所涵。宋明儒者起于大乘佛学和禅宗之后,即使亦知"般若",能用"般若",但却不能明确地分析/穿透以讲之,只有到现在的牟宗三才能定案。(故不能明"般若共法",即不能真明"创生"。西方人亦必定必须先能了解老释,才能真正了解儒家,但今之中国人亦必不能不步上此途矣。否则必只能随西方人之后,视儒家只是个"无神论"的,或最多是"自然神"论的,格言话语/生活系统,连佛老都超不过。今之儒者难道最多也只能到"波士顿新儒"的程度?)孟子之"心之官则思"确是"生/活"中之"思在",没错,而这也就是今天一切讲"巫史",讲"乐感/实用",讲"政治外王",讲"即用见体",讲"存有 x 态"等说法所能基本直觉到而能掌握者——但亦只有

---

① 此一"朴直"实即来自于对"释老"尚嫌陌生,只记得一消化了一半的"心体与性体",却几乎完全忘了"才性与玄理"和"佛性与般若"。——原注

“生活儒学”一词能总括之。此所以“生活”确是个好词。但今天“生活”若不是“创生”之“生/活”,则只是泛泛的人类一直都在“生活”着的“生活”。西方智思的哲学传统其实到黑格尔/马克思/尼采就已(以思而在耳)“生活”完毕了。即使胡塞尔、海德格尔、德希达等也逃不出此“思在”的牢笼。所以“上帝”亦岂真曾“死”过?故今天若真讲“生活”,其实大可不用谈什么“哲学”,除了敬天或畏神/佛外,只要“摸着石头过河”就是了。这也是古往今来,不分东西,匹夫匹妇都知道的道理,还须要学院温室中人去讲一大套哲学来告诉他吗?——告诉不了的结果是什么呢?不就还是一起“下海”讨“生活”吗?哲学家们各据一山头,不也就是“讨生活”吗?(如果不是周先生临终所说的“讨替代”的话。)——何况,另一位可能不懂什么哲学玄理的四川前辈已总结一段痛苦的历史教训而明说之,而换得今天中国的一丝安定与希望?今天,(包括现象学方家们在内的)哲学家们有比从来就在海中沉浮奋斗的人更知什么“生活/世界”吗?为什么所谓的“知识分子”曾如此被糟蹋/瞧不起过呢?书空咄咄,立言千万的哲学家们在“斗争”时出过什么力?能派上何用场呢?帝王将相们,真正的革命家们,舵手们,甚至,恕不客气地说,能娱乐众生的歌伶艺旦们,为什么要瞧得起你什么知识分子或什么哲学家呢?

最后,愿引牟师五十多年前《说怀乡》一文的最后一段以为总结:

> 吾友唐君毅先生曾云“人自觉地要有负担,无论是那一面,总是痛苦的”。此言甚善。一定要以天下为己任,一定要以道为己任,其生命中总不免有破裂。即偏倾在某一面,而有了个沉重的负担。若是生在太平盛世,则不识不知,顺帝之则,岂不是好?否则,若只是顺艺术性的兴趣之鼓舞,则亦随时可以起,随时可以止。此亦是充实饱满之自娱。再不然,上上者“无适也,无莫也,义之与比”、“无可无不可”。此是大圣人之圆盈浑化,若没有先天的根器,很难至此。不幸,生在这个崩解的时代,既不能不识不

知,顺帝之则,复不能只是顺艺术性的兴趣之鼓舞以自娱,更无大圣人浑化之根器,则其破裂偏倾而有担负之苦,亦势所必然。我以孤峭乏润泽之生命,只能一往偏倾,求其生命于抽象之域,指出时代症结之所在,凸出一思想系统以再造。甘愿受此痛苦而不辞,则亦安之若命也。我们这一代在观念中受痛苦,让他们下一代在具体中过生活。

牟师的“坎陷”哲学虽然不能真正开出“具体生活”,而逗引出了今天各家争鸣,这就像朱子/康德之后仍须有阳明/黑格尔,但众方家们,都真知了牟宗三哲学吗?

其实,还是那句话,我今愿响应“生活儒学”的号召,贡献一文于此,以明何谓真正的“生/活”。只求众方家或有个答复或指教就可以了。(我若亦能被视为“生活儒学”的一员,则亦是我无上的光荣。)

都愿否真正来到“生活”的“现场”?(如您所说,“在战斗中成长”?)

就以“生活”作为一个平台,让哲学“活/动”起来,如何?

都多拿点(真正能体现在熊十力、牟宗三身上的)汉子气出来吧。

那或许才能真正从新中国已有的鲁/闻(战斗)精神继续向前走,而走向固有的鲁/闻(自然/中和/人极)精神哟。

葛安台

写于 2005 年 7 月

体在成仁与生活儒学

吴伯天

编者按:此文作者根据自己“体在成仁”的观念,对黄玉顺的“生活儒学”提出了批评。作者以其“存在主义儒学”的论说方式,从五个方面来批评“生活儒学”:1.“生活”、“爱”都是“大词”,不能回到生命的“私人化”的“在境”;2.生活儒学中“在”与“思”的奠基关系是“叠床架屋”;3.认为生活儒学关于“儒家独特的生活感悟是仁爱”的说法是一种独断论;4.认为“诗”是自我关怀的“真”,而后才扩充至于“一体之仁”;5.儒家之仁爱的关键在于“一体分殊”。这些批评显示了作者与黄教授对于“存在”观念有着完全不同的理解。作者所谓“在”,作为“体”,恰恰正是传统形而上学的主体性哲学的“大词”。然而生活儒学认为:作为本源境域,“存在”(生活)并不是什么“私人化”的体验,毋宁说,这里根本还无所谓“人”(个体、主体)的问题;“诗”乃是本源地言说着的“生活感悟”,而与“自我”(主体性的事情)无涉;“思”的层级转换打破了“在”(即生活)的本源性,这才有主体的诞生,也才有爱的“分殊”;因而,“在”与“思”之间乃是从生活本源到形上建构的奠基关系。

一、反对大词

海德格尔虽然提出了存在(Sein)与存在者(Seiende)的区别,但在他那里,“存在”无论是名词还是动词甚至是动名词,都是大词(大词是波普尔的说法),“存在”成为大词后,就会变成某种“存在本身”或“存在整体”而不知所云(成为黄玉顺先生言的“乌有先生”),而遮蔽对“在”的领悟。

生活或爱也是泛词或大词，也会遮蔽对“存在”的领悟，也会变成某种“生活本源”而不知所云。正如张志伟教授言：“生活虽为哲学之根，但生活也可以遮蔽自己的根。”

而“反观”使人“当下”回到生命的“私人化”，是私人化在境或独境（如人饮水，冷暖自知），如此界定的“在”就不再是“大词”了。“大词”对“独境”失效。

在即自在，即观自在，即反观观自在。因此，海德格尔的“此在”（dasein）的问题在吾这里没有任何地位，甚至没有必要。为什么“大有 Dasein 决定 Sein 的危险。”是因为“此在”也是个大词。

虽然黄玉顺先生言：“生活儒学从来不想贯彻海德格尔：生活儒学是儒学，而不是所谓存在哲学。”但不管它是“儒学”，还是“存在哲学”，“观自在”都是它们的起点。黄玉顺先生又言：“事作为存在本身，也就是生活本身；所以，事不是物、即不是存在者。事情本身，就是生活本身。”可见离开对“反观”的领悟，悬搁了“在境”，“生活”、“生存”、“存在”、“事情”就会混淆视听。

二、“观”与“思”：思在境中

笛卡尔的“我思”的发现，标志着近代哲学的“主体”正式建立起来，而“我观”的发现，则标志着“在”的呈现。笛卡尔言：我思故我在。按思维之不自返律，思与反思不同时，反思后于思，是反思后的推理。我“观”我在（观自在），则是种直接性、明见性，当下自在，当下呈现，不需 ABC 分析推理。由此可见，“观”比“思”更源始，反观比反思更源始。并且吾“观”吾“思”成立，而吾“思”吾“观”则不成立。因此“境”比“思”更源始，就像“内感知”时，“像”在“境”中，“思”时，“思”在“境”中。

因此“主体”的确立，在于“思”（如孟子言：心之官则思），而实体确实是以主体为前提的，如黄玉顺先生言：因为我们思考实体的时候，实体已经被客体化，这就意味着此时主体本身已经先行确立起来了。

海德格尔说哲学的终结的时候，主要说的就是形而上学的终结。事实上，形而上学并没有终结，只要“我思”在，主-客体架构就在，形而上思考就会继续，仍然在自己的视域中发挥作用。所以吾在《存在主义儒学》中区分“实在与存在”，把实在视域的知识领悟为“智”，把存在视域的道说领悟为“慧”。并指出如果用“实在”话语表达存在是失语，反之亦然。

即使“在”比“思”更源始，“思”在“境”中，但“在”与“思”之间并没有可奠基的逻辑关系。但观者、被观者、思者只是一心。

“在”有万端，有时“现境”为“思”，有时“现境”为“天下何思何虑”。禅学也不反对“思”，因为“无思”无疑是木头人，而是主张“思无思”，于“在境”中“念念不动心”。

黄玉顺先生试图建立这样一种“奠基关系”：生活本源（生存领会）→形而上学→形而下学（科学），其实这只是种“形式”上的层级架构，这种“头上安头”、楼上建楼、心上安心，使得生活儒学的合理精神被体系所窒息。“在”为“思”奠基，就像“艺术”为“科学”奠基一样不搭界，二者系不同视域的智慧，所以“良知”不必“坎陷”“认知”。

黄玉顺先生言：“这里我特别想说的是：当我们这样来看的时候（生活本源→形而上→形而下→生活），这是观念的奠基关系；而反过来看的时候（生活→形而下→形而上→生活本源），则是境界论的问题。观念的生成和境界的提升是两个正好截然相反的过程。”但于“当下”，背负着这么多的形而上、形而下、或观念或境界去生活是不是太“累”了，其实这正是另一种沉沦于“生活”，此时“反身而诚”，便知“道在目前”。

三、如何“观”就如何“在”

你如何“观”，你就如何“在”。生活还是要落在“观自在”上，才是当下生活，正是由于“观自在”，所以人天然是存在主义者，并非天然是儒家，因为只有“观自在”而通达“一体之仁”的仁者才可称为儒家。有我之境与无我之境（这里我们不是从“艺术境界”去谈，而是直说“在境”）都是“反观”

所摄,“有我之境”不过是带我相的“观”,“在境”故“隔”,而“无我之境”则是去我相的“观”,“在境”故不“隔”,此即“一体之仁”。仁者通过去我相的“观”而达“一体之仁”或无我之境。“以物观物”即去我相的反观,也即佛法言的“中观”、“观无观”或“无分别智”,无分别智不是“不分别”,而是不著分别,是去我执、法执的“观”。所以“观”是门艺术。

生活总是当下现在,而不是生活在别处,并且也没有一个黄玉顺先生所言的“永在”的生活,因为离开了“观自在”,一切不在。仁者于事上观自在,于物上观自在,“反身而诚、乐莫大焉”(孟子)。“体在”即“观自在”,“成仁”即“得自在”。

当黄玉顺先生强调先行于此在、先行于人、先行于任何存在者的“作为大本大源的生活本身”的时候,正是悬搁了“当下在境”而谈生活,生活就成了空中楼阁。

黄玉顺先生言:“生活显示为生活感悟——显示为生活情感、生活领悟。而没有生活情感,就没有主体性的人:没有仁爱,就没有仁者;没有母爱,就没有母亲。”事实上,当下观自在,当下现性情,所以“在统性情”。但情感性并非主体性的前提,主体性的前提是“我思”。而且“没有仁爱,就没有仁者;没有母爱,就没有母亲。”也是伪命题,因为也可以反过来说:“没有仁者,就没有仁爱;没有母亲,就没有母爱。”

黄玉顺先生言:“生活本身之显示为情感,绝不仅仅是爱。”是的,在有万端,仁有万端,情有万端,爱只是情之一端。但他又独断地说:“儒家的独到之处在于:在所有情感中,爱是先行的。”“儒家一向认为生活首先显示为仁。我已经说过,生活并不仅仅显示为仁,但首先显示为仁。舍此,便不再是儒家。那么,儒家何以如此认为?这恰恰是儒家独特的生活感悟:儒家首先把生活本身领悟为:作为生活情感的本源之仁——仁爱。”如果这种“一向”的“首先性”只是种“独断论”,那么黄玉顺先生把他的“哲学帝国主义”(陈明先生言)建立在这样的“生活本源”上,根基也未免太不稳了吧?

四、如何“在”就如何“诗”

古人言：诗者，吟咏情性者也。西方诗人也言：诗是情感的自然流露。

但孔子言的“兴于诗”与主体性是如何挺立起来的没有任何关系。前面我们说过了挺立主体性的是“我思”，而诗不过“我在”的表象，“存在是语言之家”。如果诗完全成了表象的技术，那么就成了语言游戏（将来的智能电脑可以批量生产），就不是诗了。

吾曾言：诗本质是自我存在的反测（反观）。观自在，现性情。境总是情境、总是性境，“现”境的总是情，总是性，故在统性情。在有万端，故性有万端，情有万种。“在”的呈现即是真，但有本真的与非本真的在的区别，情也有本真的与非本真的情。正是反观观自在使生命当下回到私人化、个体化、根本孤独感，才从日常情感、公众情感的沉沦中回到本真的情。

如何“在”，就如何“诗”，否则就是伪诗。因此诗首先是种自我关怀（体在），脱离自我关怀的终极关怀往往是伪诗，去道说与“自我存在”无关的存在本身（“乌有先生”）甚至道说某种真理性，也是伪诗，因为存在总是自我存在，在无真理。自我存在的呈现即真，它是本己的虽然它不一定是本真的，比如它有时是带我相的“观”，“现境为烦或妄”，呈现的是“有我之境”，有时则呈现“无我之境”（一体之仁）。所以诗是从真到善到美（真善美），而不是善真美（若此则以善伤真，以善伤美，善是伪善，美是病美）。

“体在成仁”，在诗中的表现即：从“在”中领悟“一体之仁”，从“自我关怀”中升华出“一体关怀”，此即孔子言“兴于诗”的意蕴，所以孔子言的“为己之学”与“成仁之学”并不矛盾。

五、爱与一体分殊

黄玉顺先生言：“爱是本源性的，这是我的一个基本观念。第二条，古今中外，只有儒家才谈过这样的爱。”但这样的爱究竟殊胜在何处？黄先生也没有说出所以然。

世界其他宗教、哲学谈“爱”、“博爱”也很多，比如红十字会就是基督教博爱的实践者，比如台湾慈济功德会就是佛家大爱的实践者。爱也是智慧，儒家的根本智慧是“一体分殊”，儒家对爱的智慧的领悟是既爱有等差（爱有分殊）而又一体之仁，这就比墨子的“兼爱”、基督的“博爱”、佛家的“大爱”、杨朱的“私爱”更有智慧，由此安立情感世界。

爱是什么？爱就是一体之仁，它是使人要与整体在一起的动力，这种很深的驱动力融合我和你变成一个整体。爱就是因为我们与我们存在整体的分离，出自这种分离。要回归到那个整体的渴望产生了，渴望与它融为一体。

爱有分殊（爱有等差），于家的一体之仁，于国的一体之仁，乃至扩充至于天下的一体之仁；于亲之一体之仁，于孺子之一体之仁，于民之一体之仁，于鸟兽之一体之仁，于草木之一体之仁，于瓦石之一体之仁，乃至扩充至万物一体之仁。一体之仁的扩充或致良知，就是儒家的“大人之学”。一体之仁，小人也必有之，但小人自小、自隔、自蔽、自私尔。而私己往往障蔽我们领悟整体。苟有私己之蔽，则一家未必一体，苟无私己之蔽，则天下一家，世界一体。

相对于万物一体，诸如家的一体之仁、国的一体之仁又是分殊之爱。所以分殊中有一体，一体中有分殊。所以儒家的“一体之仁”正是一体分殊的根本智慧的反映，并非简单的“一视同仁”，而“麻木不仁”则是一己之私隔绝一体之仁，正是爱的丧失。“一体之仁”，是无我相的“在”，是“全然的在”，是“大自在”。

生活敞开儒学，儒学化成生活

——评黄玉顺“生活儒学”

邓曦泽

编者按：此文初稿作于2005年2月。作者试图以同情了解之态度来对“生活儒学”进行解读，认同黄玉顺对现代新儒家的批判、通过“破解—回归—构造”而让儒学“回归生活”的理路。但作者的解读更多的是从与“西学”的二元对峙中展开的，认为对儒学做形而上学的解读是错误的，对儒学做西方形而上学的解读乃是错上加错。这里显然存在着对于生活儒学的“生活”观念的误读。因此，对于生活儒学力图扭转传统的“无根的”形而上学以通达生活本源的“超越”方式，作者似乎并不理解。排斥“超越”的先验含义，这固然是不错的；但以一种“越过、超过”（越过西学话语、超过现代新儒家）的意味来理解生活儒学，这恐怕完全误解了生活儒学的用心。

儒学指什么呢？通常而言，它有几种区分角度：其一，是儒家与道家、佛家等的区分。这是从学派角度的区分，儒学只是并列其中的“多”中之“一”。其二，也是儒家与诸子百家的区分，但其间不是并列关系，儒学是大体，是主流，是圣学，是道学。只有儒学才做到了“述而不作”（《论语·述而》①）、“祖述尧舜，宪章文武”（《中庸》②），真正秉承了道统，诸子百家只是道统之流裔。其三，是儒学与西学的区分。在这种区分中，儒学代表着

① 《论语》：《十三经注疏》本，中华书局1980影印本。
② 《礼记》：《十三经注疏》本，中华书局1980影印本。

中国文化。但是，黄玉顺提出的"生活儒学"之儒学，[1]却不在意于上述区分，而在意于：一种生活——儒学的生活、儒学地生活。那么，"生活儒学"的提出缘于怎样的历史境域？它由这种境域敞现了怎样的问题意识？它在对这种问题的解决中提供了怎样的思想方案？它为此而赢获了怎样的通达方式？

一、现代新儒家的歧出所导致的问题

确实，儒学的本质就是一种生活：儒学是一种生活样式，样式展开成样态。因此，"生活儒学"之提出，首先是一种不幸，因为它直接挑明了一种现实处境：儒学已经远离生活；但同时，"生活儒学"之提出又是一种幸运，因为它提出了真正的切要的问题，为儒学重新呼唤生活、回归生活提供了问题之缘。

如果承认亚里士多德所说的西方哲学源于惊异，那么，中国学术却源于忧患："作《易》者，其有忧患乎？"（《周易·系辞下传》[2]）至于中国现代学术，更是直接起源于忧患：它不是因为学术而产生，而是因为生活而产生。我们今天的"学术"，无法回避的历史境遇乃是：它是"道术将为天下裂"的产物。道术分裂是一种生活样态的瓦解，而这种生活主要以"儒学"的样态呈现出来，或者"儒学地"呈现出来。

道术为何分裂？这是生活给出的。道术不等于今天的专业化、体制化的学术，而是一种生活样态的浓聚。道术分裂也不是一种学术被证伪而退出了学术界的视野，而是一种生活样态失去了其历史的合理性，转向一种从古没有的"新"生活——现代生活。"现代"也是生活给出的，它乃是近代以来中国遭遇西方而失败后，对自己的生活进行反思和选择的结果。这个反思的进程是这样的：某些精英最初认为中国败在器物（经济）上；甲午战

① 黄玉顺：《面向生活本身的儒学——黄玉顺"生活儒学"自选集》，四川大学出版社2006年版；《爱与思——生活儒学的观念》，四川大学出版社2006年版。

② 《周易》：《十三经注疏》本，中华书局1980影印本。

争之后发现中国不仅经济落后，政治也落后；再追问政治落后的原因，原来是因为中国文化（主要是学术）落后。由此，中国落后、国之不国的原因和责任就归咎于学术。在这个逻辑之下，并在救亡图存的强烈诉求下，试问：学术何以能成立？从国之不国必然推论出学之不学（中学之不学）的结论。因此，欲强其国力，必先强其政治；欲强其政治，必先强其学术（文化）。而学术肯定是西学为优，哲学又是其核心。现代学术建构，首先是承认中西之别、中学西学之别的，而且认为西方优于中国、西学优于中学，并将之作为学术设定。于是，用西学来改造中学，创建现代学术，遂成风潮。不管这个反思逻辑对不对，它是清季民初的部分精英的实际想法。① 所谓"中国哲学"，也是因此而生的。

"现代新儒家"就是这样的"中国哲学"。因为：儒学代表中国文化，在"国之不国而学之不学"的逻辑下，它就命运多舛，近代的反古思潮的矛头指向儒学。而同时，有一批精英，不甘于以儒学为代表的历史－传统－文化在反古思潮中覆灭，奋跃而起，重建其合法性，由此而产生了现代新儒家。当然，并不是说只有现代新儒家才导致了学术－生活问题。现代新儒家既不是以西学解释中学的始作俑者，更非唯一者。西化派也是这样做的，而且先于现代新儒家，后者乃应前者而起。

但是，现代新儒家之为"儒家"，乃儒学之歧出，它是近代中国的生活－历史境域的歧出的结果。为什么？因为：现代新儒家重建儒学的方式是对儒学进行现代化（"儒学的现代化"）。如何现代化？就是以西学来解释而重建儒学，并主要借用的是前现象学、即形而上学的西学。儒学被形而上学化，不但不能回归"大本大源"而重建，反而导致它越来越远离生活家园。因此，黄玉顺说：现代新儒家似乎离我们最近，其实最远——离家最远。②

---

① 梁漱溟：《东西文化及其哲学》，商务印书馆 1999 年第 2 版，第 13－15 页；牟宗三：《关于文化与中国文化》，见《道德的理想主义》，台北学生书局 1987 年修订第 3 版，第 252－253 页；罗志田：《国家与学术：清季民初关于"国学"的思想论争》，三联书店 2003 年第 1 版；《裂变中的传承——20 世纪前期的中国文化与学术》，中华书局 2003 年第 1 版。

② 黄玉顺：《生活儒学导论》，载《面向生活本身的儒学——黄玉顺"生活儒学"自选集》。

这在“内圣开出新外王”这一著名命题中可见一斑。直到今天，人们仍在喋喋不休地讨论“内圣如何开出新外王”，但是，科学和民主早已在中国（含台、港、澳）以及儒家文化圈的一些国家结出了或丰硕或稀疏的果实。因此，学术界的讨论竟是如此地远离生活，生活竟是如此不客气地与现代新儒家开玩笑。

由此，黄玉顺提出了一个严峻的学术－生活问题：学术如何回归生活？

黄玉顺说：“现代新儒家作为我们回归的出发点。”①诚然。这不仅仅因为：现代新儒家在历时性上离我们最近，我们非常直接地感受到它、甚至被它笼罩着，稍有不慎，就可能被它进一步拖出我们的“田园”而使之“荒芜”；而且因为：它离我们最远——离我们的生活、我们的源头活水最远，以至于除了一种强烈的文化悲怆之外（我们为之动情），我们不知道他们在说“什么”。他们所说的“什么”（如“内圣开出新外王”），竟然经常与我们的切身处境没有实际关联，以至于陷入了生活意义的困境。所以，这个“出发”之“点”不是现代新儒家给我们创造的成果、打下的基础，而是留下的问题：

学术如何回归生活？生活如何敞开儒学？

二、生活儒学所宣示出来的旨归和任务

正是因为生活在现代新儒家的困境中（“因为什么”），才使生活儒学以“生活儒学”被命名，呼唤一种儒学，一种生活（“为了什么”），并确立了生活儒学的旨归。何谓旨归？旨归就是“为什么”。“为什么”有两个维度：一是“因为什么”，二是“为了什么”。“因为什么”是对生活的回溯，在生活时间上指向过去，是过去的生活境遇产生了生活问题（或者生活困境），因此这个“为什么”是就“因为什么问题”而问，使当下生活以问题聚集而呈现出来。但“任何发问都是一种寻求”②，问题指向、敞开出可能性，使未来的生活在问之所向中到来。所以，“为了什么”就是对生活的展望，在生活时间

① 黄玉顺：《生活儒学导论》，载《面向生活本身的儒学——黄玉顺“生活儒学”自选集》。

② 海德格尔：《存在与时间》，三联书店1999年第2版，第6页。

上指向未来，是为了达到某种目的，解决生活问题，因此这个“为什么”就是“为了达到（解决）什么”而问。而无论是过去还是未来，都以生活的当下——当下问题——聚集而呈现而敞开，是故，“为什么”实际上是两个问题的一体化：“因为什么而为了什么”。生活问题总是对当下生活的疑问，过去了的问题就不再是问题。因此，无论“因为什么”还是“为了什么”，问者总是处身当下生活境遇并由此发问。旨归，就是在“为什么”之问中显现的。

生活儒学之旨归乃是：因为儒学、尤其是现代新儒家在形而上学化中遗忘了生活这个大本大源，并导致了学术－生活困境，而儒学的本质乃是生活，所以为了回归生活，必须解蔽形而上学对儒学的雾障，敞开儒学的生活本质，使儒学即使在形而上学建构中也不至于遗忘大本大源，使儒学敞开生活－学术、学术－生活之一贯。

立此大者，生活儒学的任务立马前来报到。在旨归的统率下，生活儒学有几重相互贯串的任务：

1. 破解

首先是破解“儒学形而上学”。黄玉顺认为，所有为万物提供最后根据的努力和这种努力的路径，以及因此而形成的理论都是形而上学。儒学也有如此建构。儒学为天地万物（当然包括人）建构了一套形而上学的根据系统，天道（或名为道、天等等）是终极的（最后的）作为根据的存在者，由之衍生出天地万物。笔者认为，传统儒学有无形而上学，也许是个问题；但现代新儒家一定是形而上学的。并且，无论儒学有无形而上学，生活如何敞开儒学都是问题，尤其对于现代新儒家。但形而上学是必要的。如果没有，一切具体的（也就是形而下的）建构如政治制度、伦理规范以及自然科学的规范都将立之无据，言之无理。黄玉顺借助康德的话说，人天生就是形而上学的存在者（对这句话，也许可以修正一下：人后天地必然是形而上学者），就是说生活离不开形而上学。但是，形而上学不是凭空从天而降的，它导源于生活。形而上学要成为真正的实在的形而上学，就一定不能遗忘自己的源泉——生活。唯其如此,形而上学才是生活(的)形而上学。否则,它将沦为无根(的)形而上学,并自以为是,阉割、褫夺生活。形而上学不仅导源于生活,还应该"为了"生活,复归于生活。这样,在分殊处看,形而上学的两边都是生活,其关系是:形而上学是生活的中介。(这已是形而上学的言说了)形而上学只有明白了它的来龙去脉,才可能慎终追远,才可能是本然的生活形而上学。但是,今天的形而上学既遗忘了自己的生活的过去,也遗忘了自己的生活的未来,以为形而上学就是形而上学,是自为本源的,并陷入一种形而上学狂妄,认为自己就是"哲学的科学",而"唯有科学才能决断",决断各种世界观,[①]决断生活,以致凌驾于生活。

虽然形而上学导源于生活,但是,生活不是形而上学的根据——生活不是根据,形而上学也没有根据。根据本身已经是形而上学建构的产物了。因此,黄玉顺说,生活儒学从破解入手,但破解不是解构,因为生活儒学认为"形而上学本身就是为生活所涵摄的事情"[②],形而上学既是生活的派生物(建构物),也在生活之中。问题的关键不在于形而上学是什么,在哪里,如何成为它自身,而在于:我们如何对待形而上学。如果认为形而上学是无父无母的孙猴子(其实,孙猴子也是从石头中蹦出来的),那它岂不要使天翻使地覆,成为生活的超越者,自以为是,决断生活,从而"以理杀人"?反之,如果认为形而上学是生活的中介,"反者,道之动"(《老子》第40章[③]),则形而上学回归自身并回归生活。所以,破解不是反对、瓦解、消除形而上学,而是为了解蔽,让它"回复到先行于任何形而上学构造的生活本源"[④]。因此,"破解是为了回归",破解已经走在了回家的路上。

2. 回归

回归,是由破解自然而然地打开的第二重任务。在生活儒学之前,有

① 胡塞尔:《哲学作为严格的科学》,商务印书馆1999年第1版,第65页。

② 黄玉顺:《生活儒学导论》,载《面向生活本身的儒学——黄玉顺"生活儒学"自选集》。

③ 《老子》:王弼《老子道德经注》本,《诸子集成》本,中华书局1957年版。

④ 黄玉顺:《生活儒学导论》,载《面向生活本身的儒学——黄玉顺"生活儒学"自选集》。

一些类似“回归”的工作,如现象学还原。哲学家们认为至今为止找到的根据仍然不是绝对的、自明的,还需要进一步深挖。“还原”就是为寻找那个绝对的根据而进行的。因此,这种还原难以摆脱形而上学窠臼。而回归不是为了找到绝对根据,而是回归生活本源。回归生活不是历时性地回到过去。过去已经过去了,不可能再回去。因此,生活儒学之“回归作为一种向某种‘目的地’的进发,亦即:从最近的地方向最远的地方进发。以历时的眼光看,这个最近的地方无疑是现代新儒家,而最远的地方则是战国儒家;但是从共时的眼光看,这个最远的地方其实正是最近的地方,因为回归就是‘回家’,就是回归我们自己的生活。现代新儒家作为我们回归的出发点,乃是最近的地方;然而它恰恰是最远的地方:现代新儒家是一种离家最远的儒家形而上学”①。现代新儒家、战国儒家等等,在根本上都不是或者不仅仅是一个“历时性”概念,而是“历史性”概念。在历时性上看,最远的恰恰是最近的,而最近的却是最远的,这样的说法岂非自相矛盾?然而,这既非形式逻辑的自相矛盾,也非辩证法式的诡辩,而是从历时性向历史性的生活回归,因此,黄玉顺说:“对此,我愿意这样来表达:历史就是现实生活;或者说,历史不过是现实的生活感悟的一种样式。”②对这个表达,我宁愿如此补充:生活流成历史。在历时性和生活－历史性上彻底地理解远与近,也才可能真正彻底地理解生活儒学之回归。

3. 构造

不是为了回归而回归,蜷缩在枯井中坐井观天。回归是为了敞开生活－儒学。回归在生活中的作用乃是“为了夯实这种构造的地基”。因此,生活儒学的第三重任务前来领命:构造。构造乃是去生活——生活敞开儒学,儒学化成生活。

生活并不拒绝形而上学,因为形而上学并非生活之外的他者——“生活之外并无所谓存在,生活之外一无所有”。也许应该反过来说话:形而上

① 黄玉顺:《生活儒学导论》,载《面向生活本身的儒学——黄玉顺“生活儒学”自选集》。
② 黄玉顺:《生活儒学导论》,载《面向生活本身的儒学——黄玉顺“生活儒学”自选集》。

学不应该拒绝生活,一旦拒绝,它就会沉沦,丧失源泉,最终枯萎。形而上学之本然与沉沦,并不在于有什么形式的不同,其"区别仅仅在于:这个形而上学本身是否意识到了它自己的生活本源?"①但是,这个仅仅的区别至关重要。唯其有了这种意识和自觉,形而上学才不会狂妄不休。否则就会遗忘生活、蔽塞本源。这正如孙猴子意识到他乃天地之精华聚集于灵石,灵石自化而蹦出了他,他才尽管大闹天宫却又最终回归天地。

是故,生活形而上学与传统的无根形而上学之构造之区别仅仅在于:在路漫漫其修远的上下求索中,不停前进而又不断回首,在回首之际当下返回自己的大本大源,让滔滔不绝的源头活水使自己日新盛德,生生不已,成就生活的形而上学。因此,"从生活本源而通向形而上学的路径","本身仍然是生活的事情"。② 在生活形而上学的构造中,万物不是以传统形而上学的物(thing)的存在者面目出现的。"按照儒家的说法,生活不是'物',而是'事';在现代汉语中,'事'即'事情'。但这事情不是西语所谓'事情':在西语中,'事'与'物'是同一个词:thing。这是因为,在西方形而上学中,一切事情都已经被器物化、客观化、对象化、实体化了。"③这是符合儒家的语境的实情的。《大学》之"格物",就是"来事"或者"会做事"的意思:格,来也;物,事也。④ 生活形而上学之构造,不是要给一切存在者化的万物(thing)一个秩序(万物是要在事－情中才成为万物并有秩序的),而是要给生活之事－情一个规范。这是基于形而上学的形而下学构造,即规范、制度等等的具体安排。在这个生活本源－形而上学－形而下学的构造中,三者是一贯的,所以都是生活的,都是儒学的。

这三个任务,都不是要去超越传统形而上学,不是要去完成寻找绝对根据的任务,尤其不是要超越现代新儒家。生活儒学认为,根据并非本源,

---

① 黄玉顺:《生活儒学导论》,载《面向生活本身的儒学——黄玉顺"生活儒学"自选集》。
② 黄玉顺:《生活儒学导论》,载《面向生活本身的儒学——黄玉顺"生活儒学"自选集》。
③ 黄玉顺:《生活儒学导论》,载《面向生活本身的儒学——黄玉顺"生活儒学"自选集》。
④ 孔颖达:《礼记正义》,《十三经注疏》本,中华书局1980影印本;朱熹:《大学章句集注》,《四部备要》本,中华书局1957年版。

生活才是本源。在当前的传统形而上学的语境中，首要的不是顺应之，而是摆脱之，扭转之；首要的不是寻找根据，而是敞现本源。生活儒学的三个任务，一贯起来，在目前就是：扭转传统形而上学。

三、在生活与去生活所逼显出来的通达方式

无论历时的还是历史的远与近，黄玉顺认为，生活儒学都面对着儒家形而上学，这是生活儒学在生活的当下际遇。“在生活”在生活时间上指向当下，它是我们不可逃避的生活处境，同时也是使我们的问题或者困境得以成立的可能性。尤其是现代新儒家，是我们所有人（当然是指学术界）的历史必然性。

现代新儒家是什么？是历史－生活的产物。即便说我们可以暂时回避国家、民族、中国与西方、中学与西学、中国与非中国的世界等等，我们也无法回避现代新儒家给出的具有历史必然性的学术处境。并且，当我们追溯现代新儒家如何成为“现代”“新”“儒家”时，中西关系、中学与西学的关系这些问题就必然到来——历史－生活地到来，进入我们的视野——历史－生活的视野。我们无法回避这样的历史事实：是西力东侵、西学东渐引发的中华民族的全方位的回应、自卫与反击，才导致了“现代新儒家”的产生。诚然，如果没有中西冲突，儒学并不一定能摆脱形而上学，但这种所谓的形而上学绝对不是“现代新儒家”。当谈到现代新儒家时，我认为，必须介入西方这一冲撞进来的历史性维度。也正是现代新儒家造成了有别于以前的儒学的独特的、更加严峻的学术－生活问题和相应的学术言说－建构方式，并构成了我们的、尤其是生活儒学的当下处境。这个处境是：

现代新儒家建立了一套迥异于传统儒学（不管它是不是形而上学）的方法和相应言说方式（方法以言说方式表现出来），并以之建立了现代新儒家形而上学。他们力图以这种言说方式来通达儒学之真谛，阐扬儒学的时代价值——现代价值，再以之改造生活，建设现代化新生活、新中国，从而复兴儒学和复兴中华民族。其方法和言说方式，就是以西学解释中学。本

来,在方法和对象上,儒学和西方哲学都是方法与对象的一体,自己是自己的对象,自己是自己的方法,因此二者都不存在一个外在于它的对象和方法。但是,现代新儒家(以及"中国哲学"甚至中国的整个现代学术)则不同,在其中,哲学仅仅是方法,而儒学仅仅是对象,方法与对象是分离的。

我们今天的学术,都整个地笼罩在这个处境中,不但遮蔽了生活,而且遮蔽了历史-传统-文化。更为严峻的是,在某些情况下,这种遮蔽被遮蔽了,这种遗忘被遗忘了。不知迷路,焉能知返,又如何能返?

今天,许多人不断地批评现代新儒家,认为其以西解中的方法和言说方式,乃是"失语症"、"汉话胡说",等等。当然,这种批评是应该的。但是,吊诡的是,人们似乎不能明确地意识到:我们是用现代新儒家的方法和言说方式批评现代新儒家,批评者与被批评者其实很可能是一回事,从而陷入了一个怪圈——旧的批评者被新的批评者以同样的方式不断地批评。新的批评者在他批评之际,就已经成为了被批评者,而且是自己把自己置为被批评者。因此,新的批评者不断冒出来,情况却基本上依然如故——儒学远离生活。对现代新儒家的批评,还有一种更粗劣的方式,就是在对象上批评之,认为现代新儒家不应该使用西方的那种理论做方法,而应该使用这种理论做方法;不应该那样解释,而应该这样解释。因此,我们仍然延续着现代新儒家给出的歧途,甚至越走越远。这歧途,乃是黄玉顺的、是我们的、是生活儒学的出发之点,是必须应对的困境,并必须摆脱它,扭转它。唯其如此,才有出路——通达生活大道。

"如何"扭转呢?这个问题自行前来问。这个问题即是:以什么样的言说方式通达生活-儒学之大本大源,通达形而上学,通达形而下学?

言说方式当然是重要的,甚至是唯一的。《周易》说:"乱之所生也,则言语以为阶","言出乎身,加乎民,行发乎迩,见乎远。言行,君子之枢机。枢机之发,荣辱之主也。言行,君子之所以动天地也,可不慎乎?"(《周易·系辞上传》)因为,我们除了言说,还能做什么呢?语言-言说即生活。一切物,都是在语言-言说之中到场而成为物的,并派生为存在者化的物。

对于任何一个物,我们说它是什么,它就去是什么;说它不是什么,它就不去是什么。说“道是本质”,道就去是本质,而不能不去是本质。这不是说,我们要用工具化的语言制造生活,作关于生活的报告,而是说,言说与生活是一贯的,我们如何言说,就如何生活;如何生活,就如何言说。我们沉沦地言说,就沉沦地生活。而当我们本真地言说时,生活就如其所说的展开。

关于言说方式,黄玉顺说:“儒学复兴运动所面临的语境,可以区分为两个方面:一方面是观念的语境,另一方面则是现实的语境。就观念语境看,在深层观念上,儒学的复兴面对着当代哲学或者当代思想……但是,这种观念的语境有其现实生活的渊源,观念本身也归属于生活。因此,儒学的复兴,首先面对着现实的语境。这种现实语境,就是我们身处其中的当代生活样式本身……我的出发点始终是我们当下的现实生活。”①无论观念的还是现实的语境,肯定都是语言之境,甚至有可能是符号化的语言构成的语境。但问题是:语言如何通达生活呢?“生活既不可言说,也可以言说。这取决于我们的言说方式。存在着两种不同的言说方式:一是符号的言说方式,一是本源的言说方式……本源的言说方式绝非符号的言说方式:这里,言说是‘无所指’的,也就是说,生活不是一个符号的所指。如果说,符号的所指是一个存在者,一个‘物’,那么,符号的言说方式是‘言之有物’的,而本源的言说方式则是‘言之无物’的。在本源的言说方式中,言说本身就归属于生活本身……当然,生活也是可以、甚至必须被加以符号化地言说的……”②我们当然期望有一种迥异于现代新儒家的有效的言说方式,展开随时啜饮源头活水的新生活——这正是去生活。这是中国学术的诉求,是生活儒学的祈望,也是儒学复兴的必然乃至唯一之途。

我们必须明白,我们笼罩于现代新儒家的言说困境,这是现实。但这

① 黄玉顺:《面向生活本身的儒学——“生活儒学”问答》,载《面向生活本身的儒学——黄玉顺“生活儒学”自选集》。

② 黄玉顺:《面向生活本身的儒学——“生活儒学”问答》,载《面向生活本身的儒学——黄玉顺“生活儒学”自选集》。

个现实是言说的沉沦,故我们必须摆脱这个困境,这是展望。我们努力去做,尝试言说一种新的更本源的言说方式,这是振作。由于困境樊篱重重,我们暂时不能完全摆脱沉沦,解蔽语言,这是无奈。如果我们幻想一下子摆脱沉沦,这是狂想。但如果我们沉溺于目前的言说,则是奴才。需要指出的是,摆脱言说困境,并不是排斥西学,而是回到生活本源,再回头接纳西学,使西学也成为中学(这个"中学"不能换成"儒学"),让西学丰富中学而不是让西学掩盖中学(佛学东来就是一个成功的范例)。

"生活儒学"当然祈望成为生活－儒学,但是,目前,它还只是一种理论。这种理论目前的根本任务是扭转,打开一种新生活的可能性而不是现实性。建构"生活儒学"理论,在言说方式上,当然要从现实(困境)出发,当然要努力去做,但是我们必须考虑一些言说的权宜之计。因此,黄玉顺借助了西学作为"拐杖",所以才有了诸如此类的分辨:生活儒学的致思进路,看起来相当于胡塞尔、海德格尔的奠基,却并非那样的奠基;生活儒学的破解,看起来相当于通常所谓的解构,却不是这样的解构。[①] 这些分辨在说什么?在言说生活儒学的当下之在与未来之去的缠绕。生活儒学处身沉沦的语境,但它与胡塞尔、海德格尔等进行区别,这说明它尚走在探询本源的言说方式的路途中,而不得不借助种种"拐杖"。借助拐杖却没有忘记,我们并没有完全放手迈步,还是拄着拐杖的瘸子——这是无奈,但更是振作。所以,这些分辨暗含的乃是:生活儒学借助拐杖,但生活儒学绝不是拐杖;我借助拐杖,但我绝不是拐杖——借助拐杖,乃是为了抛弃拐杖。

生活儒学力图扭转传统的无根的形而上学,扭转以沉沦的言说建构起来的学术－生活困境,而敞开新的视域,敞开超越的可能性。

我们通常说的超越,不是先验哲学中的超越,而是超过、越过的意思。这种超越,必须承认超越的前提。必须给出三者,超越才是可能的。一是现实:当下的生活处境("现实是什么?");二是目的:未来的生活样态("为

① 黄玉顺:《生活儒学导论》,载《面向生活本身的儒学——黄玉顺"生活儒学"自选集》。

了什么?”);三是方式:找到从现实出发而通达目的的比较妥当的方式即道路(“如何通达?”)。这三个问题及其答案并非独立的。没有目的的映照,我们无法弄清现实是什么,也就无法探索妥当的方式。然而,对于我们的学术现实和生活现实而言,三个问题都还是晦暗不明的,至少是不够明朗的,更难说已经上路。生活儒学在这种现实处境中孑然而起,既不承认现代新儒家的背离生活的路径,也无法直接孔子的生活儒学,故根本还谈不上去超越,也无所谓去超越谁。

不但尚无超越的可能性,生活儒学的扭转的任务也是任重而道远。我们离家实在太远,以至于那种认为可以很快回家的想法肯定是狂想。这个扭转的任务,是生活儒学的任务,但不仅仅是黄玉顺的任务。这个任务也许就要通过代际接力才能扭转乾坤。但是,毕竟我们已经意识到了真正的问题,开始了扭转。而且,这种扭转不但已经在破解,而且在回归,走在解蔽生活的路途中,敞开了新的可能性。

生活、哲学与信念

——评黄玉顺的"生活儒学"

任文利

编者按：此文是北京东方道德研究所副研究员任文利先生对黄玉顺"生活儒学"的评论。任先生与黄教授同出于蒙培元先生门下，共同接续了蒙门的"情感儒学"基本精神，认同仁爱情感的本源意义，坚持儒学重建的信念。① 但由于在"哲学"观念上的分歧，他们对于"儒学的重建"有着不同的看法。作者坚持"哲学"的中西差异的方法论前提，认为黄先生的生活儒学的"哲学体系"构造是中西文化遭遇中的一种尴尬。黄玉顺对此作出了正式回应，要点如下：第一，仅仅从中西文化对立来理解"哲学"，那是一种"现成化"的"前现象学"的思维定式，而生活儒学正是要解构此种观念；第二，"仁爱"之为本源不单是我们族群的信念，而是生活本身的事情；第三，生活儒学"双重奠基"的观念层级划分，乃是思考儒学问题、乃至思考任何哲学问题的一个基本的思想视域。②

近年来，"儒学复兴"与"文化保守主义抬头"逐渐重新进入现代中国人的生活视阈，黄玉顺先生的"生活儒学"观念也随之一同进入人们的视野。借用黄先生的"生活儒学"话语，"儒学复兴"或"文化保守主义抬头"是一桩"事"，而非一个贞定下来"事件"、"物件"。作为正在发生的"事"，给予

① 参见黄玉顺、彭华、任文利主编：《情与理："情感儒学"与"新理学"研究——蒙培元先生70寿辰学术研讨集》，中央文献出版社2008年2月第1版。—— 编者注

② 黄玉顺：《论儒学与哲学的关系——对任文利先生批评的回应》，《学术界》2007年第4期。—— 编者注

其某种盖棺定论式的言说显然为时尚早。作为“事”中之“事”的“生活儒学”同样如此。然而,如此诸般事情却有很多耐人寻味的头绪。

一

有人指出,近年来兴起的“儒学复兴”运动是多元的、全方位的,政治、文化乃至宗教等等层面,均有所触及。当然,如此诸层面的“复兴”仍停留在纸上谈兵的阶段——这一点本无可厚非,大抵是“儒学复兴”运动参与者作为“学”者的本分事。不徒“复兴”的方位是多元的,参与者的态度也是大相径庭的。有被视为“原教旨主义”的,有被视为“实用主义”的,乃至绵延上千年的“儒家”、“儒学”、“儒教”、“儒者”等符号,其“意谓”从未有如是般的模糊、混乱,让人一时眼花缭乱,无所适从。无论如何,对于有情于“儒”的,这未尝不是一件好事。“儒”作为一种称谓的符号已经重新进入大众“生活”的视野——虽然目前也只是停留在符号、称谓上的进入,但未始不是儒“学”“在”生活乃至“去”生活的前奏。在如此背景下,黄先生“生活儒学”的出场不失为一桩有意义的事。

对于正在发生的“儒学复兴运动”,黄先生有所评述,并提出了自己的一个“信念”:“我所持有的一个基本的信念:‘儒学’的复兴,虽然并不等于、但无疑首先是儒家‘哲学’的重建。”①我们知道,“儒学复兴”运动看似囿于中国当下的一个小圈子,但却有着广泛的文化背景。从“哲学”观念上讲,则是“哲学”如过街老鼠、人人喊打这样一个大背景,如罗蒂的“后哲学文化”,德里达的“解构”,使传统意义上的“哲学”(特别是“形而上学”)从未如此这般晦暗,由此而波及于“儒学”研究。以当下在中国大陆比较流行的“汉学”为例,曾经比较流行的以西方“哲学”学科来比量“儒学”变得不再那么时髦,而以西方的“史学”、“社会学”、“人类学”等学科重新打量“儒学”不知不觉中成为一种时尚。比较有代表性的如2004年出版的余英时

---

① 黄玉顺:《面向生活本身的儒学——“生活儒学”问答》,见《面向生活本身的儒学——黄玉顺“生活儒学”自选集》,四川大学出版社2006年版。

先生的鸿篇巨制《朱熹的历史世界》对于“哲学”的“宏大叙事”的某种程度上的拒斥，这在儒学学界甚至激起了一场不大不小的争论，与余英时先生唱对手戏的多是曾经作为儒学研究中的“显学”的以牟宗三为代表的港台新儒家的余绪。在这场没有胜负的争论中，余英时先生对于哲学“宏大叙事”的冷幽默的确比较能够反映这个时代面对哲学时的尴尬。无论有意无意，“儒学复兴”运动的倡导者们多顺应时代潮流，避开了“哲学”这样一个过于沉重的话题。如此背景下，黄先生坚持“儒家‘哲学’的重建”乃至儒家“形而上学”的重建的信念无疑具有特殊意义。

反思儒学发展的历史，儒学的历次复兴首先不能离开思想层面的创新。所谓“思想”，如以传统的语言讲，其核心的内容在于“道”的阐扬。如果不是太斤斤计较于名言的话，视“道”为“哲学”、“形而上学”的核心内容当无不可。这里，我们之所以如此审慎，源于另一个曾经喧闹一时的“事件”，即所谓“中国哲学的‘合法性’”或“中国有没有哲学”的问题的争论。黄先生在《“中西比较哲学”之我见》一文中明确地说：“所谓‘中国有没有哲学’的问题完全是个伪问题。”[①]这也是笔者比较认同的一个观点，当然，这个“伪问题”中还有一些比较微妙的意味，如与我们上面提到的哲学在现代世界的处境的某种意义上的关联。德里达先生就曾以比较赞赏的口气说：“中国没有哲学，只有思想。”[②]对于我们这个时代来说，比“有没有哲学”更为迫切的也许是“需不需要哲学”的问题。对于后一个问题来说，如果我们不作过分的学究气的追究的话——没有哲学乃至形而上学，生活将缺乏一种诗意、意趣与希望，而历史也许真的会在现代社会的世俗性中“终结”。对于现代人来说，这无论如何不是一种福音。

正因为这一点，对于黄先生固执于哲学与形而上学的重建来复兴儒学

① 黄玉顺：《“中西比较哲学”之我见》，见《面向生活本身的儒学——黄玉顺“生活儒学”自选集》。

② 《哲学与思想之辨——王元化谈与德里达的对话》：见《德里达中国讲演录》，中央编译出版社2003年4月版，第139页。

的态度我们表示赞同。同样的原因，我们对于黄先生“回归作为大本大源的生活本身”重建儒家哲学、形而上学的主张表示赞赏。

二

然而也正是鉴于这样一种前提性的共识，对于“生活儒学”中重建哲学与形而上学的相关问题令笔者感到困惑，这里不妨提出，以就教于黄玉顺先生。

在《生活儒学导论》开篇有一段话如此说：

> 生活儒学在总体的致思进路上，是在与现象学——胡塞尔（E. Husserl）、舍勒（M. Scheler）、尤其是海德格尔（M. Heidegger）——的平等对话中展开的。这种对话既非“以西说中”，也非“以中说西”，因为按照生活儒学的想法，任何现成地摆在那里的“中”（如所谓“中国哲学”）或者“西”（如所谓“西方哲学”）都是子虚乌有的东西。这种对话实质上是我们自己的生活的展开，亦即生活本身的一种显示形态。①

这里，黄先生对于“哲学”的观念采用的是一种普遍主义的态度：“任何现成地摆在那里的‘中’（如所谓‘中国哲学’）或者‘西’（如所谓‘西方哲学’）都是子虚乌有的东西。”然而，在黄先生“生活儒学”的系统陈述中，我们却时而可以体会到“中”与“西”相遇时的尴尬。就其整体架构而言，“生活儒学”更多地体现出来的是“西方哲学”的意味，而作为主体的“儒学”则稍嫌支离破碎。

何谓“哲学”？在这一点上黄先生比较称赏海德格尔的一段话，曾在《“中西比较哲学”之我见》与《生活儒学导论》中两度征引：

① 黄玉顺：《生活儒学导论》，《原道》第十辑，北京大学出版社2005年1月第1版。

> 哲学即形而上学。形而上学着眼于存在,着眼于存在中的存在者之共属一体,来思考存在者整体——世界、人类和上帝。形而上学以论证性表象的思维方式来思考存在者之为存在者。因为从哲学开端以来,并且凭借于这一开端,存在者之存在就把自身显示为根据。……它是实在的存在者状态上的原因,是使对象之对象性得以成立的先验可能性,是绝对精神运动和历史产生过程的辩证中介,是那种价值设定的强力意志。①

在《“中西比较哲学”之我见》中,黄先生并给出一个简单明了的概括:“简而言之,思考存在者整体、存在者之为存在者、或者所有存在者的终极根据的东西,即是哲学。这个根据(Grund)本身仍然还是一个存在者(das Seiende),它的实质就是主体性、实体性。”海德格尔的概括是从西方哲学的历史出发作出的,应该说不失为一种比较精当的表述。而对于“中国有没有哲学”我们前面提到的这一问题的回答,黄先生也正是根据这一定义式的陈述加以判定的。这里,黄先生以孟子的心性论为例,指出孟子所说的“先立乎其大者”就是要首先确立“先验的心性”的主体性也即实体性。而以“此天之所与”而言,“天”是作为“一切存在者的最后根据、最初根源”绝对实体。这样一种“六经注我”的方式多少有些不那么让人信服。

按照笔者的理解,西方哲学之所以始终比较关注“存在者之为存在者、或者所有存在者的终极根据”这样的一个问题,是与其“理性”精神对于天地万物之真、妄的特别关切相关联的。变化莫测的世界何以是真实的?人的理性何以能够认识事物自身?② 本质与现象、实在与现象、物自体与现象

---

① 海德格尔:《哲学的终结和思的任务》,收入海氏自选文集《面向思的事情》,陈小文、孙周兴译,商务印书馆1999年第2版。

② 在《面向生活本身的儒学——“生活儒学”问答》一文中,黄先生这样表述这两个问题,并把它们归结为一种前提性的“相信”:“我们的主观意识如何可能确证客观的实在?内在的意识如何可能切中外在的实在?这在哲学形而上学的理论上是永远不可解决的问题,它仅仅是一种‘相信’。”这样一种陈述方式相对而言笔者以为更贴近于“中国哲学”。当然,这个问题本身在“中国哲学”的框架中是不会被作为“问题”提出的,当然也谈不上对该问题的“消解”。

等等的划分是与此类问题相关的。而中国的古先圣哲一开始就没有如此的焦虑，品物流形、鸢飞鱼跃的世界对于他们来说更多的是一种既成事实的认定。庄子云："六合之外，圣人存而不论；六合之内，圣人论而不议。"(《齐物论》①)这种态度应该说是比较有代表性的。举一个例子，创世的神话与末日的惶恐预言在西方比较流行，但在中国古代则罕见此类无稽之谈。如朱熹在被询问及"天地会坏否"的问题时，曾如此回答："不会坏。只是相将人无道极了，便一齐打合，混沌一番，人物都尽，又重新起。"②如此言说方式与对于世界末日的恐怖意味迥然不同。

那么，中国的古先圣哲无此焦虑，他们关切的又是什么？或者换句话说，中国"哲学"的主要问题是什么？这里我们不妨借司马迁的一句话来回答："究天人之际。"古先圣哲所关切的就是处身天地间的人的"受用"问题，借用黄先生的话，可以称之为"生活领悟"，在"生活领悟"中达成价值的安立——所谓"安身立命"。如果用中国"哲学"对西方"哲学"加以判释的话，那么海德格尔所言的西方历史上沿革的哲学、形而上学问题终究是"弄精魂"。也许有人会说"思考存在者整体、存在者之为存在者、或者所有存在者的终极根据的东西"最终也可以说是为了"价值"的安立，然而以此安立价值却是误入歧途，所谓"大而无当，往而不返"。

三

以上所论是笔者在"哲学"的观念上与黄先生的歧义。进一步而言，黄先生的"生活儒学"的"哲学体系"的架构也是让我们感到困惑的。

黄先生将其"生活儒学"体系分成如下三个层次：生活本源、形而上学与形而下学。三者的关系如此：生活本源是形而上学的"地基"，形而上学为形而下学的"基石"。其中，形而下学即指科学、伦理、技术、制度等各具体层面所要探讨的问题，与以"存在者整体"为对象的形而上学相比较而

① 《庄子》：王先谦《庄子集解》本，《诸子集成》本，中华书局 1957 年版。

② 《朱子语类》卷一：中华书局 1994 年版。

言,它以"某个存在者领域"为言说对象。这里我们可以看出,黄先生之所以如此执著于"形而上学"的重建,多少有些项庄舞剑意在沛公的味道——即为形而下学的科学、知识论、道德规范、制度安排的成立奠定坚实的形而上学的基础。这可以说是西方"哲学"的传统态度,这一点在中西"哲学"与文化的交通中也常常困惑着中国学者。如现代新儒家牟宗三先生所说的"道统"与"政统"、"学统"的关系即与此相类,而牟先生苦心孤诣地炮制出"良知坎陷"说来自然离不开如此架构的一种预设。

回到黄先生的"生活儒学","形而上学"与"形而下学"的关系究竟如何?笔者倒是更称赏冯友兰先生的一种说法,哲学或形而上学不是"太上"科学,它是一种"无用"之学,但可以"提高人的境界"。"提高人的境界",其实是作为"究天人之际"的"形而上学"[①]的题中应有之义。[②] 它与形而下学的关系虽然不是风马牛不相及,但最多也仅仅是一种非常宽松的"范导"关系。如非要找一个词汇概括一下二者的关系,我们不妨用一个意义模糊而吊诡的汉语词汇:"莫须有。"[③]在黄先生《面向生活本身的儒学——"生活儒学"问答》一文中,有一段非常精巧的论述,指出从"情感之思"向"认知之思"这样一个过渡的过程,并就在此过程中如何曲折地产生"表象"、如何曲折地产生"主—客"二分的认知结构有所说明。在笔者看来,所谓由"情感之思"而发生"认知之思",一如由"形而上学"生成"形而下学",这一过程均是"莫须有"的,是中、西两种哲学遭际时的一种尴尬。这当然与我们上文提到的中、西哲学"观念"本身的差异有关系。"情感之思"与价值的安立有直接的关联,于"认知之思"究竟意味如何,却很难说得清、道得明。

就黄先生"生活儒学"的三个层级而言,笔者比较欣赏的是"生活本源"这样一个层级,并以为"哲学"、"形而上学"尽于此就可以了,不必如黄先生

---

① 笔者并不认同冯友兰先生"新理学"体系中的"形而上学"架构。关于中国的"形而上学"的论述,可参见拙著《心学的形上学问题探本》中的《导论》部分。

② 任文利:《心学的形上学问题探本》,中州古籍出版社 2005 年版。

③ 即"不必有"、"或许有",语意在模棱两可之间。

所言，必须要由“主—客”二分而为形而上学另辟蹊径。黄先生对于“生活本源”的论述往往能够契接中国古先圣哲的智慧，如以“生活首先显示为生活情感：没有生活情感的所谓‘生活本身’是不存在的，或者说，是不可思议的”。[①] 不过，这里却蕴涵有一些比较有意思的问题意味。在前面质疑黄先生的“哲学”的观念与体系架构时，我们始终坚持这样一种方法论的前提——即“哲学”的中、西差异。我们知道，这是黄先生一直坚决反对的，但黄先生与此相关的论述也并未能使我们信服，所以笔者仍有上述疑问。不过，对于坚持“哲学”的中西之异的方法论前提我们并没有过多的说明，这里，我们想借助于黄先生对“生活”与“生活情感”的论述对此有进一步的说明。

在清华大学人文学院讲演《从“西方哲学”到“生活儒学”》中，黄先生曾如此说：“那么，生活是什么呢？这样的问法也是不合法的，因为生活不是‘什么’。…… 我们不能说生活是什么；我们只能感悟生活。”[②]虽然如此，但黄先生所说的“生活感悟”是有实际内容的，其内容即我们上文所引述的“生活情感”，进而归结为原始儒家所说的“仁爱”、“恻隐之心”。这里，我们不禁要问，黄先生何以如此言说“生活”？他所凭借的又是什么？“生活首先显示为生活情感：没有生活情感的所谓‘生活本身’是不存在的，或者说，是不可思议的”中的“生活情感”，我们未尝不可以如此置换：“生活首先显示为理性：没有理性的所谓‘生活本身’是不存在的，或者说，是不可思议的”；未尝不可以如此置换：“生活首先显示为生命意志：没有生命意志的所谓‘生活本身’是不存在的，或者说，是不可思议的”；也未尝不可以如此置换：“生活首先显示为生活欲望：没有生活欲望的所谓‘生活本身’是不存在的，或者说，是不可思议的”。如此置换并非无的放矢，如果让西方哲人言说“生活”的话，未必不会得出这样的结论。即以中国哲人而论，受佛

① 黄玉顺：《面向生活本身的儒学 ——“生活儒学”问答》。

② 黄玉顺：《从“西方哲学”到“生活儒学”》，见《面向生活本身的儒学——黄玉顺“生活儒学”自选集》。

教的影响,梁漱溟先生即以“没尽的意欲”言说“生活”。

“生活首先显示为生活情感:没有生活情感的所谓‘生活本身’是不存在的,或者说,是不可思议的”这样的命题不是什么“分析命题”,从“生活”到“生活感悟”到“生活情感”,显然是有所“综合”的,但这种综合也谈不上“先天”的。我们有如此置疑很正常。当然,言说者也可以给出自己的“道理”,但这种“道理”充其量只能是一种“劝导”,而并非什么先验的必然性的说明。虽然如此,笔者仍然愿意“相信”黄先生所说的“生活”的本、根在于儒家所讲的“仁”、“爱”。何以如此呢?源自我们“族群”的“信念”。这种“信念”,就是“我们”的“哲学”、“形而上学”得以成立的一个“预设”的前提。作为“信念”,我们很难以理性的普遍性表徵它,①因此有族群、地域与历史的差异。“信念”作为“哲学(形而上学)的预设”,在一定的族群、地域与历史时期,又有其相对的普遍性。虽然如此,它仍然只是“信念”,是族群中的个体可以质疑,可以选择,也可以不选择的。之所以有“哲学”的“中西”之异,就是源自历史所赋予的不同的地域、不同的族群的不同的被给予的“信念”——中西“哲学”都是如此。

行文至此,虽然对黄先生的“生活儒学”有种种质疑,但我们仍然很高兴地看到,“生活儒学”并没有放弃“我们”的“信念”。需要声明的是,这种态度并非源于我们的固步自封。我们说,“信念”对于个体来说,是可以选择的,而在当下中西交流如此频仍的大前提下,也为这种选择提供了更多的可能性与现实性。但是,对于“族群”来说,“信念”却是无法选择的,因为它是历史的绵延性所给定的。在漫长的历史发展过程中,已经植根于“族群”的文化、心理与“生活”的方方面面。就中国而言,儒家哲学的“信念”是包袱也好、福音也好,在可见的未来,国人仍将背负着它继续生活下去。

① 在笔者的理解中,“理性的普遍性”是西方哲学中的另一虚妄,而所谓“理性的普遍性”究其实,不过是在一个族群内部的大多数成员能够“相信”、接受与认可的基础上发生意义。基于此,西方哲学中所谓的“先验”、“必然性”、“普遍性”概念均须重新打量。与此相关联的所谓“逻辑”的普遍性,提供给我们的只是某种“形式”的普遍性,或“空”的普遍性,却不提供什么“内容”,而“生活”恰恰是有“内容”的。

这也是我们今天坚持儒学复兴的一个重要前提。当然，复兴的过程中，可以在不同文明的对照中对此“信念”有进一步打量、审视乃至重构，但却不能绕开它。基于此，黄先生的“生活儒学”无疑值得我们更多地去期待。

多元化的儒学面向

——在四川大学“儒学研讨会”上的报告

干春松

编者按:这是中国人民大学干春松教授于2007年9月9日在四川大学“儒学研讨会”上所做的学术报告的现场录音整理稿。报告中多有对黄玉顺“生活儒学”的评论,主要是两个方面:一方面是肯定性的,认为生活儒学乃是当前“儒学复兴运动”中关注形上层面的一种理论建构的努力;另一方面则是批评性的,认为生活儒学“出入西学”的方式,未必能建成儒学复兴共同认可的形上基础。这两方面的评论其实基于同样一种误解,就是以为生活儒学是一种形上学。站在“制度儒学”的立场,作者认为当前儒学复兴最应该做的是“制礼作乐”的形而下工作。此后不久,干春松教授又发表了一篇正式的评论文章《儒学复兴声浪里的“生活儒学”——评黄玉顺重建儒学的构想》[①];随之,黄玉顺也做出了正式回应《生活儒学:关于“实践”的一种“理论”——答干春松教授》[②],读者可以参看。

…………

如果一定要讲一个题目,那就是我平时和黄玉顺教授经常说到的,如何理解当下的儒学状况。尽管我们之间进入问题的方式特别不一样。当然,我跟他和陈明其实在某种程度上是比较相像的,具体怎么相像呢,我等

---

① 干春松:《儒学复兴声浪里的“生活儒学”—— 评黄玉顺重建儒学的构想》,2007年11月9日《文汇读书周报》。—— 编者注

② 黄玉顺:《生活儒学:关于“实践”的一种“理论”——答干春松教授》:《杭州师范大学学报》2009年第3期。

会儿再说。有些同学在报纸上或网上可能看到了，最近我和陈明有过一个对话，谈近十年来儒学研究的一些问题。今天的报告呢，我就进一步谈一下我自己到底是怎么看这个问题的。另外，我还想大致讲一下我对现在"儒学复兴运动"的一些看法。这是黄玉顺教授起的名称，黄玉顺教授特别善于起名字、说警句，包括"人天然是儒家"、"儒学复兴运动"等等，这些说法黄玉顺教授都用得很早，现在基本上也就成为通用的名词了。

虽然我和陈明对话的标题叫"儒学的影响力其实还很小"，好像是这样一个标题吧，但事实上进入新世纪以来，儒学研究出现了许多新动向，值得我们关注。2007 年夏天在北京开过一个会，叫"孔子与当代世界"，但这个会基本上不是我们儒学界的或者说哲学界的人去的，大多数人是搞别的学科，象甘阳和刘小枫，还有金耀基、张德胜等香港的，是一些搞社会学、政治学的人参与。我自己也一直在反思：到底从什么样的一个角度，我们能称为"儒学复兴"？到底该怎么来理解这么一个事情？或者说，现在国内对儒学的研究到了什么样的程度？有什么现象值得我们注意？

刚才在来这里之前，我向黄玉顺教授介绍了一些情况。法国高等社会科学院有一个中国问题研究中心。他们在发给我的一个计划书里面说，他们确定了未来的一个重要的研究课题，就是中国内地的儒学复兴运动。计划的组织者是杜瑞乐，可能有些同学听过这个名字。我们有时候写文章时提到"大学儒学"，这个词就是他创造出来的，而且也是他用得比较多。

大家都在说、都在用这样一个词，那么究竟什么样的方式叫"儒学复兴运动"？我们平时见得最多的，当然就是在 2005 年武汉的"新儒家大会"上，方克立老师写的一封信提出的要注意研究"大陆新儒家"。所以，当我们谈儒学复兴运动的时候，因为他的那一篇文章，人们就会下意识地把儒学复兴运动和他举的那四个人联系在一起。这四个人大家可能都如雷贯耳，就是蒋庆、陈明、康晓光、盛洪。北京的那个会，蒋庆和盛洪都去了，其他的两个没去。

但是，在我跟陈明的那个对话里面，我说：儒学复兴运动仅仅以他们四个人作为代表,是很不够的。这个很不够是因为现在儒学复兴运动的面向特别多,比如说还有黄玉顺教授的“生活儒学”。当然,我自己还是倾向于认为,我和黄玉顺教授做的是比较偏学术的工作,不像他们四个比较爱对社会发表意见。我们比较接近对儒学的纯学术性的研究,不太掺和一些政治或者社会的问题。那么,从学术的角度来说,即使在哲学方面,角度也还很多。当然,我自己最感兴趣的是一些并不属于人们习惯认为是做儒学的那个范围,比如说刘小枫。刘小枫在北京是有很大的影响的,他很早就在作《儒家革命精神源流考》这样的东西,他后来又做廖平的经学,包括推介蒙文通的一些东西。我觉得他的一个很重要的特点就是从经学的角度,结合施密特和施特劳斯的一些观点来做自己的研究。还有一个也是鼎鼎大名的:甘阳。他的一个很受人注意的口号就是“儒家社会主义”。在“《读书》事件”之前的第六期还是第五期,他发表了《十年·三十年·六十年》,在这里面他就提到“儒家社会主义”这样的口号。这些还都是在相当公共的论域里面的。这几个人都很有名,很有影响。另外一些人,最近也很受人关注,像北大的朱苏力,大家可能注意到他这些年写了很多文章,是从费孝通的一些东西入手,研究费孝通和梁漱溟的一些东西。他的几个学生我现在比较熟,他们做的方式跟我们做哲学的方式很不一样,都是一些相当具体的做法,比如说做儒家的正义观。当然这会有很大的争议,到底儒家的思想能不能用“正义”这样一个概念来阐述。朱苏力在法学领域的影响,可能在座的也知道。他的一个学生就是专门研究古代的法律体系,从古代的法律条文和判例中来讨论正义的问题、公平的问题、刑罚的问题,再把这些问题和中国儒家的观点结合到一起。这些给我们一个特别欣喜的感觉,就是说,现在甚至像陈志武这样的经济学家也在谈儒学,就好像是“天下何人不谈儒”的感觉。虽然他们可能不像我和黄玉顺教授那样,大多数的精力在做这个,但是近几年他们也已经把很多的精力投在儒学上。我个人感觉到,从国内到国外,从学术界的情况来看,“儒学”这个话题已经成为相当受人关注的一个问题。他们所关注的东西不是我们前面说的那四个人所能代表的，还是有更大的广度。

我觉得，“儒学复兴”肯定是要从两个角度去做。这两个角度恰好就是我和黄玉顺教授关心的两个角度：他是关心形而上的一些东西，肯定要有更多的理论上的创造，即它的背后的形而上的一些问题；另外一个角度，就是它跟我们中国现代社会的契合点在哪里。这是他们那些搞政治法律的人更关心的。至于那些搞心性传统和文字考据的人，我个人不太愿意把他们放在这个“儒学复兴”的范围内。我觉得这里面有一个差别，就是有关怀和没关怀的差别。比如说，我自己在上世纪的1994年、1995年就开始对儒学制度化的一些问题进行研究，实事求是地讲，我当时是没有关怀的，我就是觉得这个问题很重要，想研究它，想把这个问题弄清楚。陈明和余敦康先生对我都是这么一个评价，就是说我“幸灾乐祸”，看着儒家的解体，我幸灾乐祸！呵呵！这话最近也还用过。的确是这样的，因为当时就只是觉得这个问题重要。当然现在也还是有一批人，比如说做中国哲学史研究的，在他们背后并没有一种价值的投注。如果他没有更多表现出这样一种价值投注的话，我就觉得他很难说是一个自觉地在做儒学复兴工作的人。

当然，这些投注的背后其实也是我们所共同面临的问题。大家可能都看过任文利给黄玉顺教授写的那个书评。这应该说是我们最近特别头疼的一个问题，就是说，你一方面在做价值投注、文化认同这样的工作，另一方面觉得儒学经过这一百年的西方学术规范的影响以后，它越来越找不到原来的那样一个状态了。我们发现，我们再也无法拒绝用西方的思想方式来解释我们的思想传统。这里我们要先回到杜瑞乐的那个所谓的“大学儒学”的问题。

这个杜瑞乐是一个特别有意思的人。他进入这个问题是从中医进入的。中医是个相当有典型性的事件。我们知道，以前的中医就是一个老中医带着几个徒弟在家里教学，学号脉，学望闻问切。新中国成立后建立起一批中医学院，建立起来以后，中医就变成了课堂教学，就跟我们教哲学似的，老师在上面讲，怎么把脉，告诉你几个原则。但是这样的一种教学方式其实完全同西医的教学方式是一样的。且不说中医学院里面要上很多西医的课,杜瑞乐发现,这样的教学方式,一个最大的问题就在于:中医能不能这样教,即能不能通过中医学院这样的方式来教?他调查发现(法国人爱做那种人类学的调查),大多数中医学院毕业的人都改成西医了,或者说根本没学成中医的那一套东西。他是从中医来讲那个更根本的问题,即儒学的问题。中医当然是个问题,但在传统意义上,它是个"技"的问题,最关键的是这个"技"背后还有一个"道"的问题。"道"的问题就是儒学的问题。所以他后来比较关注我做的制度化儒家问题,因为我做的那个问题跟他有关系。他发现,原来我们儒学的教育,即私塾、书院,或者还有官学,即一些官办的学校(书院大多数时候是私学),学生学习的方式都是晴耕雨读,不是完全现代意义上的"教育"。杜瑞乐在研究中国近现代教育以后发现,整个现代教育体制建立起来以后,儒学必须适应现代的大学教育。以前北大在做最早的教学计划的时候,就是把"五经"分了,《周易》分到哲学门,《春秋》分到史学门,《诗经》就分到文学门,根据它更像是一个什么样的学科来判分。虽然说有孔门十哲、孔门四科,有德行、文学、言语、政事,这当然也可以看做是一种"学科",但不是现代教育体制中的"学科",或者说两者之间的标准有很大的不同。但是进入现代教育以后,儒学就完全变成一块一块的东西。杜瑞乐认为,这样的模式就叫"大学儒学"的模式,和传统儒学的模式是完全不一样的。这样的模式的一个最恶劣的结果就是儒学变成知识了。

由此我们来看黄玉顺教授的"生活儒学",他的那个"生活"与我们的日常生活好像没关系。经常有人质疑:它到底是一个知识的体系呢,还是一个行为的体系?我们说,儒学原来是一个知行合一的东西,它当然不是为了知,知是为了行。而"大学儒学"呢,它就是知。我想在座的各位,考中国哲学史也好,跟着这边学儒学的课程也好,并不必然有这样的一个预设,说我要成为一个儒者。我上这里来学习,那么我就是要掌握中国哲学的知识。儒学是在中国哲学里面,以前基本没有太单独的"儒学"的说法,就是

“中国哲学”。你就是学一个中国哲学而已，并不一定要有很强的价值投注。价值投注有时候对于你的学术研究反而是个问题，要是有过多的价值投注的话，你就会发现你的研究会有很大的障碍。现在的儒学研究者几乎无法回避这样的困境，黄玉顺教授在做“生活儒学”的时候，我们会发现一堆胡塞尔、海德格尔的东西，我看了都经常头皮发麻，有时候会被他带着走。而我自己承认我研究的很多框架来自于知识社会学的那样一些东西。知识社会学也好，胡塞尔、海德格尔也好，都不是我们土产的，就是一个外来的东西。但是我们现在几乎无法拒绝。我想，这是“大学儒学”这样一种方式出现以后，对儒学研究所产生的障碍。

因此，我们需要思考这样的问题，即到底用一种什么样的方式来分析儒学在传统社会的存在状况才是最好的。1998 年的时候我刚好去美国参加他们的一个读书班，那个读书班主要就是读福柯的书，我就被那个框架给吸引了。大家都知道，就是那个三角框架，即知识、权力、真理的那样一个框架。福柯认为，整个的社会知识价值体系是由这样的一个三角形的框架构成的。所谓的知识，拿儒学做比方的话，在孔子的时候，或者说在最早的时候，它是一套包含着操作、包含着背后的宇宙观那样的一个知识体系。人类社会的所有知识体系，古代的知识体系，尤其是儒家，由于它有很强的入世性，就会很自觉地去找一个权力的支撑。所以才有孔子周游列国、孟子到处走动的那样一个过程。那么，当时机发展到一个阶段，比如说汉代那样的一个特殊的时期，整个社会的合法性和正当性需要一套价值观念来作为它这个社会稳定的保障的时候，它必然会寻找一种知识体系来作为它的合法性和正当性的依据。所以，儒学，即“马上可以得天下，马上不能治天下”这样一套理论就在汉代的儒生和权力系统的互动下建立起来。这就是知识和权力之间的关系，这是相互的需要。

知识体系需要权力体系作为它的依据。不知道黄老师怎么想，我觉得我们每个人大概都有这样的一个冲动或者说是希望，就是希望自己写的东西被更多的人所关注，因为我们认为我们是在做一个很重要的东西。这是你在进行一项工作的时候的前提。谁都不会说，这个东西对我完全没意义，否则我还要花工夫去想它干吗？做完以后，你当然是需要有更多的人来同意你的观点。对于一个思想体系来说，它可能就需要一个更强力的机制才能发挥它的意义。这就是知识和权力之间的关系。

那么真理呢？当权力要让知识作为它的合法性和正当性的依据的时候，权力必须改造这个思想。改造这个思想的过程就是把这个思想真理化的过程。这就是儒家经典化的过程。我个人认为，儒家经典化的过程就是一个知识体系凭借权力的作用使自己逐渐变成为一个真理体系的过程。当知识被装扮成真理以后，对于权力有很大的作用。权力可以凭借这样一个是真理的东西，作为它权力的正当性的依据。

这样就产生了知识、权力、真理的三者互动。对于知识来讲，建立起这样一个架构，有一个很大的好处，这就是我说的那个"制度化"的过程。从汉代独尊以来，儒学，最初是经学，隋唐之后成为选拔官员的机制的重要一环。一旦成为大家上学必须要考的科目，那么不管你喜不喜欢这个东西，你都要读它。你要是不读，或者你要是不学这些东西，你就不能成为硕士、博士了。对于这些东西，你没有什么可以讨论的。儒学也是这样的，在古代如果说你想"朝为田舍郎，暮登天子堂"，当然打仗建功立业是一方面，宋以前可能还有一些家族制度，但是最直接也最合理的方式就是考试。考试制度当然有一个很长的发展过程。我们知道，汉代时是孝廉制度，真正的科举制度是到隋唐以后才逐渐完善地建立起来的。这个科举制度的建立就是为整个儒学的这个三角框架建立起了一个轴。有了这个轴，所有的官员，所有的权力体系，除了皇帝以外，其他的官吏阶层都要通过科举考试。这就意味着，所有的官员都必须先掌握这一套知识体系，当这些人通过这些考试成为权力体系的一部分的时候，他要为自己或者为整个统治找到依据，他就必须强化儒学作为真理的特点。

所以，儒学的传播都是由这样一套机制建立起来的。我自己就是从这样一个角度来分析儒学在传统社会中的状况的。因为有了晴耕雨读，所以它深入到民间。当然，还有书院。对于书院的功能，我觉得大家应该有一个更清醒的认识，书院其实有点像考研培训班和高考辅导班，它这样的功能其实是很明显的，大家都可以看到，它大多数的功能就是在做一个考前准备和强化的过程。当然你会说，不能把书院简单化，朱熹的那个白鹿洞书院还请陆九渊去讲学，阳明后学通过精舍搞讲会活动，但是我说的是一般的状况。那么，我们现在怎么样做儒学？我们现在的“儒学复兴”会面临这样的一个问题。按照我的那个博士论文的讨论，就是儒学解体了。解体就是，它本来是靠什么制度而建立起来的，如果这些制度都被放弃了，那么它就是解体了。这是我研究的一个重点。

比如说科举制度在1905年被废除，变成了现代教育，就是我刚才讲的那个杜瑞乐的分析。科举被废除以后，你掌握儒家的知识，大家在这里学儒学，不是为了当官，而是为了学位。那么儒学就不成为每一个学生所必须学的东西了，而且儒学也不成为你升官的唯一途径、或者说一个最重要的途径了。这时候，留学、法科或者其他一些科目成为最重要的途径了。这是教育制度上的一个很重要的变化。还有，像政治和法律的体系，从《临时约法》开始到1921年左右颁布的中华民国宪法，基本上是以否定儒学在传统法律里的意义作为宪法制定的原则。现在我们看法学界前几年争吵的一个核心就是，该学英美法系还是该学欧洲的大陆法系。他们关注的问题不是我们的法律跟传统的法律到底有没有关系。这是一个很重要的问题，就是说，大家的问题不是说儒学在不在，而是那个东西好像根本没存在过。

这种制度化的解体的高峰就是五四运动。五四运动就是把整个儒学拉出来作为一个替罪羊，就是把整个中国的所有问题都归结到儒学身上。我觉得它就是使得整个儒学解体的一个登峰造极的东西。因为它最初所面对的就是袁世凯要恢复帝制、立儒家为孔教那样的一些情况。我曾经写过一篇很长的文章，说“五四”以一个非常激烈的反传统的面貌出现，它所找的一个矛头的就是儒学。20世纪整个中国所面临的一个问题就是怎么把儒学的东西扫干净。大多数时候，最起码从1919年到20世纪末基本上一直都在做这样的一些工作。所以现在所面临的一个问题就是，当你提“儒学”的时候，马上就会有很多的“帽子”过来，比如说“儒棍”等这样一些“帽子”。他们几乎不看你在讨论什么东西，只要你同情儒学就是“儒棍”。现在很大的一个趋势，在北京我接触到很多人，依然是这样。

当然，还有一个我们经常不太容易回答的问题。有一个朋友，他完全是个商人，他找我就是问一个大家可能经常会被问到的问题，即：你说你们做儒学的，现在说要复兴也好，要干吗也好，它到底有什么用、它到底能干什么？我觉得这是一个比较麻烦的问题。要我说，我经常会这样回答，我说：当我们的制度完全从西方移植来的时候，我们会发现我们的制度的效率很差。我们名义上已经把所有的制度都学来了，我们的法律体系甚至到了我们都不知道究竟有多少法律的程度了，但事实上的结果还是有所谓的“有法不依”的情况，而且这种情况还很多。但是这里面有两说。有一种说法认为，之所以出现这样的情况，就是你们儒家的流毒还在那里，你看还有裙带关系、家族主义，这些都是你们儒家的东西才导致的结果。另一种说法是，像朱苏力和冯象，他们说这个制度无效的原因，是因为这些制度在建立的时候，没有接上传统价值的那个弦。你那个制度也好，那个制度背后的价值也好，完全是从西方进来的，它跟中国人的生活和价值的理想是有很大的距离的，所以这个制度是无效的。这是一种比较偏保守的分析。但是难题就在这里。陈明也好，其他的谁也好，我不知道你有没有被人定位为“保守主义者”？原来我们想编一个“保守主义文集”。陈明比较愿意自己被人视为保守主义。但当你被贴上“保守主义”的标签以后，在中国就很成问题。因为当你在说制度没有接上传统的价值的时候，他首先会说，因为你是个保守主义者，你不是个自由主义者，或者你不是个新左派，所以你才有这样的想法。有这样的想法完全是因为你基于你的立场，而不是基于社会问题，或者不是基于一个超越于立场的问题。还有一些问题我们会经常被问到的。比如说，有人会问你：你是否承认自由民主这些价值的普遍性？或者我们会说我们有一些普遍的价值，比如说“己所不欲，勿施于人”这样的一些原则，那么，我们这些原则和那些所谓的自由民主的价值到底是怎么进行协调的？当我面临这种问题的时候，我经常很难回答。为什么很难回答呢？当你把你的一套理论讲出来的时候，他们说：这太啰嗦了！或者更多的人，他不太同情儒学或者文化保守主义的立场，他就会说你这是自说自话，法制不健全完全就是因为你们儒学的东西太多了才会这样。你现在还要接上那个价值，那不是就要更乱了嘛，更是裙带关系，更是家族主义等类似的东西了嘛。这对于我来说是一个内在的难题。

面对现在所出现的我刚才列举的那么多的儒学复兴流派，我们如何来评断儒学复兴的一个可能的方向，或者说是什么样的方式可能是更有生命力的，我们需要一个什么样的价值作为它的依据。现在要是完全从影响上来说的话，作为儒学的一个代表，蒋庆是最被大家公认的一个人物。在蒋庆的思想里面有太多的愿景的东西，比如他的“三重合法性”。当然这跟他的立场有关系，他完全是一个公羊学的立场。他这样的方式有一个很大的好处，就是它惊世骇俗。比如说他要建立儒教，从三重合法性来重新定义中国政治的合法性，事实上就是要以儒家思想来取代马列主义。这是蒋庆的那个“上行路线”和“下行路线”的问题。上行路线不光包括建立儒教本身。有时候一个事件本身也有上行和下行。比如说建立儒教，他认为一方面要有国家的儒教协会，一方面要有老百姓的儒学教育。但是还有一个更大的上行路线，就是他要在整个上层建筑的范围给它来一个彻底的颠覆。这也是蒋庆为什么将他自己的理论命名为“政治儒学”的原因。事实上，从广义上来讲，我研究的“制度”问题也是一个政治问题，但我之所以不愿意用“政治儒学”这个词，或者尽量少用“政治”这个词，完全就是为了避开这个问题，因为政治儒学已经被蒋庆定义化了。我觉得他的这个东西要从两方面说,它有时候有一个副作用。我刚才说了那么多,就是说,我们的很多准备工作其实还没有做好。无论是形而上的理论探讨也好,还是形而下的制度探讨也好,但是有了蒋庆这样的东西以后,事实上把这个合力变成了一个困境。比如说我现在要编一个儒学复兴的文献的话,在内地基本上就出版不了,就因为有这样一个很激烈的路线。

另外一个人康晓光的情况其实也差不多,有时候甚至还更过。康晓光的策略其实也是在试图讲一些理论,比如说,他认为"仁政"才应该成为所有政治的理想典范。康晓光和蒋庆有一个特别共同的地方,即他们都试图否定民主制度的价值。所以,这样就会在大家心中强化我刚才讲的动不动就跳出来说你是"儒棍"的那样一种倾向。蒋庆和盛洪的那个《以善致善》的讨论不知道你看过没有,还有康晓光做的一个访问,都是这样,都是强调儒学的"仁政"才是比现代的民主制度更合理的一种制度,而不是说这两种制度之间到底是什么关系,他直接就做这样一个判定。

这四个人里面,我们之所以说陈明跟我的立场更接近,是因为陈明要相对温和些,他的"即用见体"据说也是黄玉顺教授给他取的名字,而且好像也是在这个会议室作报告的时候提出来的。他的那个东西当然也有他的麻烦,我们古代的人爱讲"明体达用",他这个"即用见体"很多人认为很危险,所以被称为"儒奸"。这些都是反儒人士爱给大家取的名字。但他的那个"即用见体",或者"即用现体",或者"即用建体",无论是哪个,都有一个困难,即:当我们在讨论儒学的时候,儒学的价值是先在的、还是后建立起来的?在汉代也有这个讨论。孟子也讲过这个,孟子讲"先立乎其大者",当然是"体"在前面。那"即用见体"呢?是要建立在"有效性"的基础上的,这其实是不得已而为之。但这里有一个困境,即:是否谁更有效、谁就更应该成为那个"体"?这样一来,儒学就有可能成为在更多有效性比较中的一个存在体。那么很多人就会说,儒学之所以被打成那样,就是因为它的“用”不行啊，近代以来它不好用啊。这当时在某种程度上几乎就是一个共识。现在的形势其实也没有太大的变化。我跟陈明沟通很多，我认为他现在基本上是没什么主张。他一直在说要把《王道和霸道》这本书写出来，我们已经等到眼睛都快望穿了也还没见到他有什么成果，连文章都基本上没见着，还是只有“儒学联合论坛”上的那篇“即用见体”，而且还是四五年前在你们这里产生的那篇。这就说明他这样的一个“即用见体”的学说本身也有一些难以克服的困境。而像黄玉顺教授的那个“人天然是儒家”，起码是有一个“先”，有一个像程朱一定要强调的那个“自家体贴”的那样一个“天理”，一定要强调“理”的逻辑上的先在。当你反过来说“理”要通过“用”来证明的时候，那这个“理”就有一个很大的问题。所以对于陈明来说，他的难题是很大的。所以我觉得陈明要做的工作很多。陈明的理论本身的确有很多不太容易说清楚的问题。

我们继续回到那个问题，即儒学的前景可能是什么。我觉得如果现在一定要让我来做一个判断的话，我就要借用那个词，即太“初级阶段”了。因为大约从1994年以后，到现在也就是十几年的时间，大家才开始正儿八经地做这样的一些工作。一方面我觉得理论准备完全不够。通观以前比如说宋明理学之所以能够称为“新儒学”，是因为有二程兄弟他们开始“体贴”天理。有了一套新形而上的宇宙观的理论出来以后，才能够把“朱子家礼”等这些东西带出来。那么在我们现在这个时代到底能建立一个什么样的形而上的东西？比如说，“生活儒学”能不能成为共同认可的形而上的基础？我自己觉得怀疑。因为我知道一方面黄玉顺教授的书基本上是以谈话的方式来言说的，也就是说都是不太正规的，谈话的东西有好处，就是可读，但是它有些东西的阐发估计非得有几大批判那样的东西才行；另一方面就是像他有很多现象学、海德格尔的东西进来。你现在必然要“出入”各类的东西，就像当年宋明儒学的“出入佛老”，“出入”是必然的，但是这样的“出入”到底要“出入”到什么程度，我觉得这是一个特别值得焦虑的问题。我觉得这个问题是整个儒学复兴的特别大的问题。

蒋庆也好,康晓光也好,都成问题。尤其是康晓光,他以前是不太接触儒家经典的,他的一个最严重的问题就是他对儒家的内在的东西的了解是比较少的,我的意思就是说,现在大多数从事儒学复兴运动的人,我刚才举的那些例子中,除了陈少明教授和黄玉顺教授这两个人做得比较形而上,其余大多数都是在做形而下的工作,包括朱苏力,包括我自己在做的工作。我基本上还没有能力上升到背后的那个问题,因为我觉得那些具体的问题还没有处理好。我一方面觉得这个问题很重要,另一方面觉得在进行这方面工作的人很少。这是供需矛盾最尖锐的。另外呢,现在因为媒体的介入,导致儒学的一些讨论有些怪异,开始朝着多种多样的方向发展,有些甚至是我们始料不及的。比如说斜刺里杀出个像于丹这样的人,谁也不知道她以前是做什么研究的,她自己也承认她不是做儒学的。比如我2006年在美国的时候,还真有不少人请我去作报告,但是他们感兴趣的不是我研究的这个东西,而是他们打听到来了一个做儒学的,他们无一例外的提了一个要求:先跟他们讲讲于丹是怎么回事。我跟他们说我没看过于丹的书,但是他们不信,说你做儒学的怎么能不看于丹的书呢?另外在我们稍微严肃点的研究的人里面,现在也是越来越抵抗不住媒体的诱惑。所以有人批评我和陈明对话,说我是因为想出名,我按捺不住了。我觉得这完全是他的一个错觉。当然我认为要是我自己来说的话,这太偏学术,不太适合于周刊,所以才找陈明这样一个经常爱放“奇谈怪论”的人。的确,我们这边很多人因为受媒体影响,喜欢做一些短平快的东西,更容易被大家所了解的一些东西。当然客观上也是因为媒体需要量太大,现在需要太多这方面的稿子,所以才会有这样的状况。所以说,现在基本上还是处于很初级的阶段,即使是冯象、朱苏力也只是做了很初步的工作。

所以说,要怎么看现在这个儒学复兴运动,现在最多的应该做什么样的工作,要我总结的话,就是做两件事。一件事就是形而上的事情,必须有、而且也希望有更多的人来做这个事情。“出入”哪里我觉得都不是个问题,而是说“出入”以后,最后出来又是一个什么样的东西。我觉得特别需要有多种多样的东西的期待。如果十年以后还是“生活儒学”的话，如果还是只有黄玉顺教授和陈少明这两个人的话，我觉得肯定是个悲剧。这样的话，十年以后，儒学本身的成长性肯定会受到很大的阻碍。另外一件事，如果一定要我们这些进行制度研究的人说儒学复兴最应该做的是什么事情，那么我自己在那个对话里面说，最应该做的事情就是“制礼作乐”的工作，比如说怎么进入这个法律体系，怎么进入现代的那些制度体系。这个我觉得是个漫长的过程。

比方说，我就觉得中国现在面临一个没有国家礼仪的时代，现在中国是一个礼仪缺失的时代。我在北京经常开玩笑说，中国的国家领导人去世的话，都不知道该用什么礼仪安葬。去年（2006 年）我在美国华盛顿的时候，刚好福特死了，美国就做了一个国葬。这件事给了我很大的启示。他们的国葬基本上是根据他所信仰的宗教，比如说他信仰天主教或者基督教，那么就有相应的仪式。这就牵扯到所谓的“公民宗教”的问题，就是说它可以是一种仪式，但它不一定归属于某一教，它可能是超越具体的宗教的，但是它是一种仪式的东西。那么我们中国呢？似乎有点乱。国家礼仪是缺失的，民间礼仪问题就更多了。所以我觉得如果从这样的一个角度渐进地来进入我们的生活，一方面可能不太具有政治的冲击力，另一方面又能发挥儒学在礼仪方面的丰富资源。所以，我自己觉得一方面是形而上的建构，另一方面是礼仪，那可能是最迫切的。“制礼作乐”做的人其实很多，但不一定要做得像以前那样，它也有一个所谓的“出入”的问题，不一定说《礼记》里面怎么写的，我们现在就要恢复成那样。我们必须建立起一套能体现儒家说的“慎终追远”背后的价值观的礼仪体系。

总的来讲，一定要说儒学复兴的话，它还是一个相当漫长的路。现在有一个好的方面，就是中外都关心这个事情，走到哪里都在讲这个事情。我有时候开玩笑说：现在请我吃饭的人，老板也好，摆地摊的也好，都想知道儒学到底要干吗。坏的方面就是怎么在这种喧哗的社会里真正出现一些能够成为儒学复兴发展动力的东西。这我觉得不是一两年的事情。我觉得在座的可能都是更重要的力量。黄玉顺教授这边做得很多,我挺佩服他,他有很强的人格魅力,能够吸引很多人跟他学习。我自己在人大就经常头大,现在除了有两个本科生还经常跟我聊以外,其他没人愿意跟我聊(笑)。所以,我觉得在座的应该成为儒学复兴的很重要的后备力量。

(整理人:杨生照、王廷智)

请用“仁学”代替“儒学”

——给儒学朋友的一封信

李幼蒸

编者按:此文作者李幼蒸(1936—)是著名哲学翻译家、哲学家,中国社会科学院原研究员、旅美学者。他的评论不仅涉及对黄玉顺“生活儒学”的理解,而且涉及对整个“儒学”的理解。其间对“生活儒学”的评论要点为:生活儒学应该属于信仰系统的研究,是解决伦理学层面的问题;至于要为孔孟伦理学建立形而上学基础则不能、或不必。这些评论基于李先生自己所持有的思想学术立场:“仁学是一个完全的伦理学信仰系统,而且其经验主义本位使其在实践论层次上免除了超越性和形上性的高层理论化问题。”黄玉顺对此文做出了正式回应,其要点为:1. 用“仁学”代替“儒学”是一种“异于约则谓之不宜”的做法;2. “生活儒学”的宗旨朝向现实关切,拒绝“原教旨主义”,但是“生活儒学”绝非从现象学那里“吸取养分”,也绝非仅仅“为新的儒学建立现代化的形而上学基础”,而是有其更为广阔的视域的致思;3. 用“仁学”代替“儒学”的所谓“新型国学的认识论变革”,是基于“认识论”思想视域的,在生活儒学看来,这种视域应该被“存在”或者“生活”视域替代。①

11 月上旬从北京返抵旧金山湾区后连续收到多封来自文、史、哲不同领域的青年朋友讨论学理问题的来信。这些信件所涉及的问题都非常重要和有趣,但又不是容易随兴作复的。四川大学哲学系教授、中国儒学网

① 黄玉顺:《“儒学”与“仁学”及“生活儒学”问题——与李幼蒸先生商榷》,见《四川大学学报》2008 年第 1 期。—— 编者注

主编黄玉顺先生不久前还寄来了文集《面向生活本身的儒学》。自从10月中旬返国参加学术活动以来，我产生了与新时期人文学者深入交流的强烈兴趣。而由于工作繁忙，一时难以如愿。黄先生的文集、来信和两三年来与他网上交流的经验，使我决定趁年节之际借题发挥一下，提出一个虽相关而未必完全切题的普遍性建言，以期调整和深化黄先生有关今日建构新儒学的理念。

记得我的第一篇网文就是张贴在中国儒学网上的。我完全偶然地发现了这个网站，并预感该网站会比一些一般哲学或西学的网站，更有可能刊出我的文章，尽管我并不"属于"儒学界。我对该网站产生信任感，固然因为黄先生是儒学界中少数关注现代西方哲学理论的学者之一，更主要的理由却是黄先生与许多大陆儒学学者一样对哲学事业表现出一种"献身"精神，这使得他们的哲学活动不同于当代西方哲学界纯知识研究类型的学者。不过，通过十几年来的观察，我看出中国儒学界和中国哲学界大致包含有两类学者：一类视儒学是"走向世界"的功利主义捷径，另一类视儒学为"安身立命"的自我精神追求。对于前者，我不免持批评的态度，对于后者我则颇予尊重。通过哲学来安身立命的有为之士，今日已不可多得。毫无疑问，此种倾向是根植于中国孔孟精神的。在此意义上，我的伦理学方向正好与之相合，所以彼此应该有不少共同语言。

黄先生和许多年轻一代国学界朋友都能对跨学科对话持开放的、甚至于积极参与的态度。这就是说，新时期学者已经不能把当前中外国学界和汉学界占据主流地位的学派和个人当做现成的典范了。这种对新型国学认识论变革的期待，客观地反映出时代要求的根本性变化：新时期学术不能不从更广泛领域和更多元化角度来寻找新的国学思考方向。具体而言，那种盲目地朝向外国汉学界学术方向的兴趣开始失去吸引力，人们开始认识到一个基本区别：海外汉学界方向和中国人文科学方向，为截然不同之两事。因为前者没有任何主观和客观条件来为后者提供高层次的和深层的思想指导。实际上，新时期学人必须全面深入地检讨过去、现在以规划其未来。在此民族学术发展的大变革面前，我们都是起始者和探索者；我们的指导是理性精神，而不是海内外学术偶像或“大师”（偶像化和大师化，往往是商业化时代垄断学术、聚势夺名的行销性手段而已）。按照我的理解，黄先生怀有同样的作为学术理论重新探讨者的抱负，而不是满足于追随现成时潮、机会主义地去争名逐利。为此，我才贸然于在此“借题发挥”，从黄先生的讨论学理问题的信件出发，去思考一个更为根本的有关国学学术战略性发展的时代课题：把“仁学”作为一个学科名目建立起来，用以部分地取代极为含混的“儒学”名目。顺便指出，我在此强调的仁学和儒学的对比或对立用法，不仅有其历史上的根源，而且特别有其现代社会文化语境中的根据。这正像是我对国际上的“符号学”标称的通行用法做了特别的意义方面之侧重和调整一样，我对今日“仁学”和“儒学”作为今日中国思想史学科范畴的用法，也做了“语用学的”调整，以使他们承担更准确的意指功能。希望黄先生和读者首先能够理解我对传统思想范畴所做的这种“意义结构”之重组。

我的两卷本儒学伦理学研究未曾译成中文，这使得我的儒学研究未能为国内儒学学者充分了解（黄先生却特别在其网站上刊出了二书的中文详目，读者可参照）。但我的中文版《仁学解释学》以及我的许多相关文章也都表达了我对中国儒学身份的独立看法。我在牟博先生主编的英文文集《智慧的两条道路》中的文章“中国哲学和符号学”发表后不久，我还从网上发现，郑家栋先生在韩国哲学会议上宣读的中文论文中有关儒学的一种“解释学”观点，与我在该文中有关“符号学”的观点说法十分相似，我随即将此巧合告知牟博，并了解到儒学界关于儒学研究的新方法论探讨也颇有兴趣。不过郑先生对西学和港台知识的理解却极欠深入和条理，其学术得以在海内外流行（我和罗蒂亲自听见斯坦福胡佛研究所主持郑家栋讲演会的汉学家墨子刻称，郑为中国今日最佳儒学家。中国哲学于是就是以这种方式“走向世界”的）可证中外儒学颇欠缺清晰思维和严格标准。于是一个普遍性问题出现了：儒学学者如何消化西方理论以及如何将中西学术理论相互结合？进而应该问港台及海外的儒学家是否已形成了足可为大陆儒学效法的现代学术楷模了呢？

中西哲学对话或结合的另一条渠道为中西比较哲学或中西比较文学。前者是以中国学为本位的跨文化研究，后者则是以西学为本位的跨文化研究。前者的天然“盟友”是国学，后者的天然盟友是汉学，而国学和汉学又是“国际儒学世界”的两大支柱。这些学科网络为一切有关儒学的研究设定了研究制度与规范，它们有着强大而稳固的、超越政治立场歧见的“中外学术联合系统”来作为其运作基地，并有效地投入了全球化学术市场运作。在此情况下，儒学学者大多可以参与其“游戏规则”，以确定个人学术方向的选择。黄先生不满足于此现成的制度化儒学渠道，而希图在中西理论汇通层次上求得更具根本性、更具创造性的认知境界。我很敬重此独立学术立场和理论化的治学态度。我看到越来越多的大陆中青年学人已不满足于简单化地沿袭海外新儒家和汉学家的论述了，因为大陆学人今日的理论视野早已超越了海外儒学——汉学综合体的眼界。

黄先生来信主旨大略如下：

a. 所创“生活儒学”意在朝向现实关切，而非限于单纯思想史研究

b. 从各种现代理论中吸取养分，特别是胡塞尔和海德格尔的理论，如后者的“在者”概念

c. 生活儒学企图最终为新的儒学建立现代化的形而上学基础

d. 生活儒学必须避免古代儒家的“原教旨主义”

首先，当代中国哲学和文史学者，应该充分重视和爱护儒学界现存的哲学“使命感”，后者除了反映了学者具有超脱俗常物利追求的人生目的外，而且反映了来自中国思想史的永恒伦理精神追求。后者就是我所说的孔孟伦理学。但是黄先生的问题却不可避免地牵扯到若干重大时代思想困境，其“内心困惑”（如果我可以这样解读的话？身为国内著名学者而不自安，可证黄先生具有不断追求“自诚明”的内在冲动）部分地来自这些客观困境。现代儒者于是首先面对着一个根本性的“二中择一”问题：作为成

功学者,是关心如何获得更有效的达至成功的手段呢,还是关心自我认知满意度的提升呢？这个看似简单的问题,实为今日儒学学者所面对着的根本动机学问题或学术心术学问题。这也是今日全世界人文学者所共同面对着的基本问题:为“成功”而求知呢？还是为“求道”而求知呢？

为什么要区别这个孔孟伦理学所宣讲的动机学问题？如果选择孔孟的“求道”原则(为真理而真理),就须把外成功目标放在第二位:就会是先关注思想内部的“义理”,次关注社会成效的“功利”。具体而言,就会是把学术思想之规划加以一分为二:学术理想规划部分和学术实用规划部分。在两个不同范围内设计不同的实践“程序”。学者个人应该有两套计划,而非一套计划。前者针对于理想层次,后者针对于现实层次。二者之间的关联又属于第三个层次。黄先生的问题其实直接与此学术规划策略学有关:学术理想层次和社会现实层次,实际上应该先分离而后沟通,此“沟通”却并不是指可以把两个层次随意连接起来。因为二者的“关系学”要求更复杂的认知条件准备。海外五十年的新儒家思潮主要就是未能处理好这个学术策略学问题,而后者又直接相关于孔孟动机学。不顾理智运作层次区分的必要而急于贯通之,乃今日各地儒学研究在理论上的根本困难所在。(职业的运行当然是另一回事,什么课题材料(任何一本或一套著作)都可以永远在科教系统内运作下去)

在这里我将向儒学学者郑重呼吁调整两个历史名词的现代用法,即区分中国思想史上的两个标称:仁学和儒学。在古典话语语境内二者之间的异同关系不成问题,但对于“儒学解释学”而言,即对于现代和古典的恰当对话方式而言,我们应该采取对两个思想世界(传统和现代)进行异同辨析时都有效的词语,用以代表新的思考方向和范围。今日海内外儒学研究中存在的普遍混乱性,首先源于未曾对作为关注对象之“儒学”本身的构成加以明确辨析。大家围绕着这个极其含混的汉字“儒学”进行随意论辩,导致在学术思想界内出现了一个充满词语混乱的对话平台。我请儒学朋友们再次重视我一再提出的儒学和仁学二词在语义构成上的歧义。儒学指秦后出现的综合制度性现象和封建政治意识形态。仁学指先秦伦理学思想。一者是集体性制度,另一者是个人性思想。二者在“身份构成”上完全不同。儒学已随封建时代历史的结束而永远逝去,仁学则因针对人性心理特质而可普世长存。

这种“前解释学的”名词混乱性,当然也部分地源于学者目标的混合性:学术研究(A)和信仰主张(B)。如果“儒学”指前者,大致说,所指基本上是明确的,即中国儒学思想史。如果指后者,就会马上遇到“所指”含混的问题。比如说,作为信仰对象的儒学是指中国儒学思想史上的哪一部分呢?在今日世界,你打算提倡古代儒学的哪一部分来作为中国人和世界人的信仰内容呢?你难道不知道儒学是中国封建帝王制度的意识形态么?什么理由使得现代人要把两千年帝王意识形态当做新世纪中国人的信仰对象呢?还不说在这里是否有任何实行的可能性的问题。钱穆和梁漱溟等强调的儒家优秀政治传统究竟指的是什么?他们的思想观念如此混混沌沌,在今日中国急待吸收现代政治学说以创建新型政治社会之时,竟如此肤浅的以为可以通过政治复古主义来“复兴中华”,这是一种什么样的思想水准呢?什么叫“经学”,它是指皇帝制度(硬件)所运用的“神圣”意识形态工具(软件)。今日太空时代和互联网全球化时代,我们重复此类毫无益处并毫无效力的“化石”语言(早经五四学人所痛斥的新读经主义)究欲何为?

但是,另一方面,我当然明白许多儒学学者用“儒学”所指的绝不是这类“封建残余”,而是大有其现代意义的孔孟思想。不过在这里须辨析二事:孔孟不等于儒学;孔孟思想中重要的是其动机或态度伦理学部分,而不是其实现此态度的历史性手段。孔孟解释学需要区分其具有永恒价值的真正伦理学主张和古代为实现此类主张所提出的技术手段(如礼学,孝学,周公,尧舜等等)。质言之,首先区分孔孟伦理学和儒家政治意识形态,然后区分孔孟的伦理态度学(或心术学)和作为其实践手段的历史性知识论(古人已知:“手段”是必须与时更新的)。海外新儒学的最大的“反解释学”倾向就是“泥古”，即用幼稚的直意方式在现时代去重复古代“圣贤”话语，不懂得应当区分历史上的永恒“人性”（善与恶）和知识论/技术论方面的历史暂行性。结果“提倡儒学”相当于提倡复古或泥古。试看今日台湾知识界还剩下了多少“儒家思想”（B）？在台湾长年宣扬无效之后今日又意图通过其国外汉学弟子使其（借助大陆广狭两义“崇洋媚外”之氛围）“转战于”大陆；大陆今已无人至此地步乎？竟连“国粹”亦须经海外权威认可之后才能使国人接受乎？

黄先生的生活儒学理念显然属于上述B范畴（信仰系统）。因此我认为黄先生所最终倾心者，与我的孔孟观没有不同，所不同的是方法论而已。我们所赞成的都应属于孔孟伦理学部分，而非属于帝王经学意识形态部分（他所谓的原教旨主义）。如确，为什么不选用最能代表孔孟精神的“仁学”标称来取代“儒学”标称呢？这种区别的必要性当然基于现时代的社会与文化环境。况且“仁”字的绝妙意涵，还具有丰富的象征学价值（参照拙著《仁学解释学》）。黄先生所关心者实为伦理学层面上的问题。至于黄先生打算为此孔孟伦理学建立形而上学基础的抱负，又因涉及伦理学和哲学的关系方面而非可轻易解决。简言之，后者与今日跨学科理论方向和哲学中心论方向的区别有关。如欲处理这个层次上的问题，黄先生和其他哲学家们还须先从所熟悉的西方哲学史框架撤离一步，以关注当代跨学科认识论问题。那么黄先生和其他哲学家们是否愿意花时间为此开辟新战场呢？此外，即使在西方哲学内部，也须进一步辨析胡塞尔和海德格尔之间的根本区别（这已是涉及三个宽窄不同哲学领域内的问题了：东方与西方，欧陆与英美，存在主义和现象学）。如果连许多西方哲学家都不欲卷入此类复杂理论纠葛，我们能够要求中国哲学家们这么做么？但如果不研究这个现象学运动内部的思想流派区别问题，就不了解为什么胡塞尔要和古典哲学划清界限、而海德格尔反要圣化古希腊哲学一事的来龙去脉了。当所有这些方面还未曾着手解决之时，能够为所谓“儒学”建立“形而上学”的基础么？海外新儒家其实也面对着同样的理论困难，原因在于他们没有对现代西方理论作过全面深入研究，而是欣然自闭于当初社会文化环境和今日学科自治区而自行其是。

那么，面对如此繁杂的学术准备要求和时代迫切道德责任之间的张力关系，有志于思想精神事业者，今日该何去何从呢？在此我们可以仍旧借用前述理想和实用的二分法来加以说明。此处“理想”指理想层次上的学术规划，“实用”指现实层面上的时代关怀；也即区分个人的两套思想实践界域：长远的认知探求和眼下的道义追求。一方面我们有必然涉及古今中外学术背景的长期探索任务，学术理想则务求其高远；另一方面我们又须根据现行条件来规划眼前生存实践之所需。后者是偏于实用性的，经验性的，但其价值性、丰富性和可行性，均足以使之进入现实学术规划范围。这就是：勇于参与组织和创建新仁学伦理学事业。孔孟伦理学是一种验证于两千年的、经验主义和心理实证主义方向的、无超越性前提的、普适于人类各族群的基本价值观系统。其独特处表现在：提出了一种人类历史上无与伦比的伦理主体态度学。不只是像其他人类信仰系统一样提出有关人间善恶问题之公言，而且是独一无二地告诉你个人应该如何面对各种伦理情境去进行正确的人生目标和动机的选择。今日提倡“儒学”，难道是指历史上的儒教软硬制度么？须知，儒学之精华即孔孟学，而其要义在于“君子学”：即心术学，也即动机学。我们应当号召万千人众去读早已过时的那些儒家“知识论”么？我们应当鼓动现代人去机械背诵古代文典么？非也。我们应当在全球商业化时代逆流而进，促使人们关注伦理学层面上的根本信仰问题。“仁学”是一个完全的伦理学信仰系统，而且其经验主义本位，使其在实践论层次上免除了超越性和形上性的高层理论化问题。当然，实际上，仁学可涉及上述理想和现实两个层次而产生不同的知识搭配关系，以及相关于上述理想与现实这两个不同的学术思想实践领域。

“儒学”，今后应该是，借助一切现代人文社会科学手段予以彻底研究的中国社会思想史之对象；“仁学”则可分为两个部分：经验主义的部分，它可直接应用于现代信仰宣导任务，此时它属于 B 范畴；另一个部分可纳入现代新伦理学建设规划，以作为人类伦理学整体探讨的组成部分。理论化的“仁学”研究必将进入当代人文科学复杂的程序而参与人类新伦理学研究事业。黄先生所说的形而上学一类的纯学理建设，即可移入此“高层”学术理想域去经历其长期的、集体的实践进程，后者不必成为个别人之一时创造性实践的目标（须知，像十九世纪德国人那样去创造各种各样形而上学体系的时代已一去不复返了。今日哲学家怎能继续幻想完成某种“哲学体系”呢？牟宗三哲学的落伍性正在于他还迷恋着德国古典哲学体系之观念）。换言之，存在着理论仁学和实践仁学的区分，前者是中国古典智慧如何纳入人类学术思想世界的问题，后者是，经解释学再读解后，立即将其投入社会、文化、学术等现实生活，以作为人类伦理学实践指南的问题。作为儒学核心的仁学，也就是中国的“人学”，它是可以和全世界人道主义精神相通的伦理思想，其内含的主体态度学又可作为全世界人道主义主体实践学之重要基础。今日儒学界的朋友如有“大同世界”之胸怀，何不使之“可实践化”、“有意义化”以及“可与世界沟通化”呢？仁学虽产生于中国古代，却内含有其人类普适性；儒学则属于中国帝王制度史，为中国历史所特有，与世界其他各国无关，并因其与专制主义互为表里关系而与民主时代格格不入。中国学界何必受此封建社会意识形态老古董之累，而自外于新世纪之地球村呢？关心现实的“生活儒学”，正应是一种“仁学实践学”。

我提出的现代仁学任务的构想，一定会被儒学研究者认为过于空泛而脱离社会文化之现实要求。请容我再次提出一个符号学式的思考原则：要分层次、分阶段、分方面地设定和解决问题，不能把各种人生愿望挤在一个箩筐里而至于“治丝益棼”。此外也要能对社会现实方面的重要性和伦理思想方面的重要性加以分辨。顾颉刚在如此“窄小”区域内耕耘一生，却可显示出一种精神的伟大，因为其朝向真理的动机本身伟大；而许多人在如此“广大”的社会领域内毕生作无效驰骋，可能并无伟大可言。思想的“重要性”，不是按照运作对象本身的“宽窄”来衡量的（浮薄之士往往以所选择对象本身的宏伟与否作为个人境界等级的证明），而是按照思想运作的力度及其深层影响大小来评判的。海外新儒家的运作对象是“宇宙、历史、人生”的大千世界，而其运作框架和程序的“不得法”，使其真正的学术成就受到严重限制。简言之，如果目标和方法相互不合辙，就等于是两方面浪费了功夫。伟大感，不依赖于话题的“宏伟”（许多宏大话题都是公言常识而已，而人间势利，以为名气大者说出的常识就会与人不同似的），而是依赖于话题和方法的相互“适切性”。一个人可以“关心”任何话题，但只能“运作”有能力处置的话题。“尽其在我”、“素其位而行”、“学为己”等孔子格言，都是告诉你什么是重要性或“伟大性”之意义所在的。此动机学，孔子早言于两千多年前，而现代儒学家们偏偏借儒教功利主义话语来掩盖其违背孔孟教导的事实。伦理学课题之恰当性选择，因此成为对仁者智慧的最高考验。（试看海外倡言儒家学诸公，他们有多少言论是针对“修身”之论的，又有多少言论是关于如何扩大“儒学”之权势布局的？所运用的是中学材料，而所遵循的是商业化竞争目标。国内呢？“国学”即将成为全球文化商品市场内的新品牌，以召睐于世界，一如“国术”等其他国宝的作用一样。这种倾向是有利于还是有害于中国呢？）

这封长信不能说是针对黄先生的大作和来信所作的适切应答，却希望表达比应答来信更为重要的一种期待：请关心儒学作为信仰价值系统（B类）的儒学界朋友，今后尽量用仁学一词取代儒学一词。你们仍然可以保留“儒学”这个习用词，但可赋予“仁学”一词以越来越独立的地位。这样一来，中国“儒学研究”的生态，不久将可发生创造性的演变，并可有助于将孔孟伦理学精神从儒教封建主义意识形态中解放出来。中国两千年思想史，是儒教制度和仁学精神间相互冲突的历史。本人的英文相关论著（请参照敝人网站英文部内两书的全文刊载）就是展示二者之间的张力关系的。按照我对黄先生的学术思想抱负和《中国儒学网》意旨的理解，建议将网站不妨改称为《中国仁学网》，其正当性和有效性，不久就会逐步显示出来。黄先生友好地期待孔孟学者之间的学术合作。我想，在现代学术语境中弘扬孔孟学理想，将会是儒学朋友们的共同目标。而我期待在新的一年里一个新生的《中国仁学网》，能够进一步凝聚孔孟伦理学之精华，并以其沟通于海内外同好。这个进一步“纯化”孔孟学的对话平台，将一方面区隔于儒学思想史研究（作为与中国古代文史哲艺研究相关的客观学术实践），另一方面区隔于一般哲学伦理学研究（作为现行哲学史学术的一部分）。后两种学术研究任务将区别于提倡特定思想信仰价值的学术网站。学术实践之效果，是依存于学术场地内理性运作的统一性的。也就是：不宜于把各种不同性质的课题系统混杂在一个领域内随意交叉比论。今日人文学者的身份不再等同于百年前的、惯于笼统立论的儒士或文士了；现代学者的思想智慧应该表现在能否提出有效的、有意义的设问系统，而不在于机械化地编排现存历史文本。

从儒学转换为仁学，大大缩小了关注范围，却大大增加了思考和实践的力度。实践仁学，将成为“生活儒学”的有效作用域，深化现时代孔孟伦理学的社会目标和文化目标；理论仁学，将成为与世界主流人文科学和伦理学相沟通的重要基地。前者主要面对于“大众”，后者主要面对于“小众”；一方面仁学者关心于长远，另一方面仁学者关心于眼前。两套目标虽间接相关而不必混同。历史思想标称在现代语境中的替换，导致思想运作的目标和基地内部结构之系统的调整，相信其研究和实践的效能均将随之明显提升。

此外，本信中的建言，还有一个微妙而重要的意思在：用涵义丰富的“仁学”一词克服或消解人们对传说孔子的偶像崇拜：孔子是历史上的导师，而非超自然的神灵。如是，祭拜何为？（现代人身着戏装进行奉孔大典，乃神化孔子之残余表现。仁学者绝不可参与此类闹剧）孔子之言《论语》，乃述而不作，即为民族思想精华的一种“汇编”，非天才孔子的个人发明。这正是作为集体性智慧结晶的孔子思想可贵之处。仁学，不应导引我们参与对孔子作为儒教教主之膜拜，而应使我们尊从孔孟作为思想家以强化伦理实践理性的提升（中国人乐于“崇拜”被神化了的个人，其精神从而极易为各种“伪神”所控制而失去了自主理性和意志）。提倡仁学一词，可以使我们与古代偶像化孔子的传统有所区隔。仁学是在与无数打着孔子旗号而大干违孔之事的历史环境内发展自身的。仁学应理解为一种彻头彻尾的人道理性主义。最后,什么是中华文明精神史上最有价值的思想范畴呢？不是(天)“道”,也不是(帝)“统”,而是“仁”(人之学)。

今日国内外中国学术发展方向问题中的根本认识论误区在于:混淆了“中国的”这个词的准确涵义。中国学术,不应再指古代中国人的学术活动及其结果(如此就会以为典型的中国学术就只能是天道、易经、禅宗等古人在古代环境中使用的名目),而应指现代中国人的学术活动及其结果,因此它可以包括古今中外一切学术内容。“中国学术”指:现代中国人所进行的一切重要思想实践。而古与今之中国人,在环境、对象、目标和条件方面,彼此已有天壤之别了。但是,古代和现代的中国人,却面对着完全相同的心术学问题。孔孟学即个人心术学(绝非儒教所歪曲成的集体霸术学),心术学是今日一切革新之根本,它既是伦理信仰的实践学根本,也是科学发展的理论学根本。

儒学复兴声浪里的“生活儒学”

——评黄玉顺重建儒学的构想

干春松

编者按:此文是中国人民大学干春松教授对黄玉顺“生活儒学”的评论。作者肯定了“生活儒学”试图“向本源处追寻儒学的当下发展空间,这是一个艰难的、却是不容回避的任务”,因而生活儒学的“出场的重要性”是“明确无疑”的;但同时又认为生活儒学毕竟不符合当前儒学的某种“大的趋势”,为此,作者分析了当今儒学发展的“实践化转向”,认为此乃对港台新儒家的那种哲学性、理论性思路的反转,然而生活儒学所做的正是那样一种不合时宜的哲学性、理论性的工作。作者对这种做法是否能保有儒学的价值先在性表示担忧。黄玉顺后来对此做出了正式回应,要点如下:第一,生活儒学拒斥原教旨式的儒学回归道路;第二,儒学本身就是源于生活(实践)而归于生活(实践)的;第三,对“儒家哲学”之“生活本源”的回溯,恰恰显示了儒学的最具有本源意义的价值,据此才可能真正推动儒学的实践化转向。①

毫无疑问,儒学的研究越来越趋向于一种“实践化”的倾向。很多人认为这是“大陆新儒家”和以唐君毅和牟宗三为代表的“港台新儒家”的思路的一种反转。这种“反转”有很复杂的思想和时代的原因。

从时代的角度看,港台新儒家诞生于一个特殊的时代,那个时候,中国大陆正在进行新的意识形态整合,一切外来的和本土的思想资源均被摒

---

① 黄玉顺:《生活儒学:关于“实践”的一种“理论”——答干春松教授》,《杭州师范大学学报》2009 年第 3 期。

斥,儒学面临"花果飘零"的严峻现实,港台新儒家以文化守护者的志愿,试图为儒学在现时代找到"安身处",所以唐、牟从儒家的宗教性、儒家与现代政治理念之间的关系出发来讨论儒家的内在理路,这样,"内在超越"的心性儒学被强调,以"良知坎陷"来解决儒家与民主科学这些"普遍价值"之间的冲突。

从思想的因素来看,在未经多元文化观反省的西方中心主义的文化强势之下,儒学的价值讨论受困于"古今中西"的对置而不能自拔,港台新儒学被迫采取一种防御性的策略,从儒学与西方价值之间的求同的侧面去讨论儒学的"生存合理性"。这样的后果是我们似乎只有通过康德才能理解孟子。

因此,当这样的背景发生变化之后,特别是当大陆重新成为儒学发展的中心区域之后,一种新的儒家立场便出现了:这种立场强调文化的多样性和本土性对于制度和价值观念的决定性意义,因此,反对以模仿的态度去对待西方的制度。这一点在蒋庆和盛洪的讨论中表述得最为清晰。而即使是从宗教性的角度,建立"儒教协会"的呼吁也取代了"内在超越"的讨论。最为关键的是,儒学作为一种民族认同和民族复兴的核心力量成为大陆新儒学的共识。

然而在这样的大的趋势之下,黄玉顺先生的"生活儒学"显得很特别。

之所以说特别,也有两方面的理由:其一,在大陆儒学向实践化转向的时候,生活儒学却是立足于"哲学性"的、"理论性"的讨论,为此进而试图为当下儒学的发展提供一种"本源性"的基点,亦即在"生活本源"上重建"儒家哲学"。其二,如果把港台新儒家的倾向也描述成理论性的话,如果将牟等人的哲学源头看成来自于康德的话,黄玉顺所借助的则是更为晚近的现象学的资源。按黄自己的话说,"生活儒学在总体的致思进路上,是在与现象学——胡塞尔、舍勒,尤其是海德格尔的平等对话中展开的"①。虽然在

① 黄玉顺:《面向生活本身的儒学——黄玉顺"生活儒学"自选集》,四川大学出版社2006年版,第29页。

具体的思考中未必能做得到，但在理论自觉上，生活儒学不是要借助海德格尔而建立起海氏风格的哲学，而是要超越我们已经习惯的中西对置。

这样的理论自觉，黄玉顺自己也有明确的表述。因为在黄看来，儒学复兴首先是“儒家哲学”的重建，而儒家哲学的重建所面临的已经不是康德式的实践理性，而是后现代主义和海德格尔的现象学。而促使他将精力集中于哲学重建的现实语境，则是对于“儒家原教旨主义”的警惕。①

制度化的儒家解体之后，如何重建儒学和中国人生活之间的联系是一个十分吃紧的问题，因为这个问题并不能被虚化为民族认同这样的观念性的认同，而必然要转化为“显在”的生活样态，或许问题的核心就在这个生活样态上，因为这关联到我们的重建是“回到”还是“开新”。

所谓的“回到”就是按照儒家的圣人之言来重新“归整”我们的生活，“汉服”运动等就带有这样的色彩。这落入章学诚所批评的胶着于“迹”而不知“道之所以为道”的境地，或许接近于所谓的“儒家原教旨主义”。但是如果强调“即用见体”式的思路，不能“先立乎其大”确立儒家价值立场的先在性，那么如何避免“借寇兵，资盗粮”式损害儒家独特价值的后果便无从保证。

因此“生活儒学”出场的重要性便明确无疑了。

“生活儒学”的关键词是“生活”，对此黄玉顺对如何破解用主客对立的方式来理解“生活”的“日常性思维”颇感困扰，所以他在多篇文章反复申论此概念。他指出“‘什么是生活’这样的问法是不恰当的”，“我们也不能问‘生活何以可能’这样的问题”，因为“生活本身却先行于任何存在者；生活也没有本源，因为生活本身就是本源”。② 这样的陈述看上去可能过于哲学化，但是他显然是希望我们不要以经典来解释我们的“生活”，虽然这是传

---

① 黄玉顺：《面向生活本身的儒学——黄玉顺“生活儒学”自选集》，四川大学出版社 2006 年版，第 54 页。

② 黄玉顺：《面向生活本身的儒学——黄玉顺“生活儒学”自选集》，四川大学出版社 2006 年版，第 55 页。

统儒家惯有的做法。在他看来,经典之为经典,恰恰是在当下的生活感悟中生成的,亦即在当下的生活情感、生活领悟中才是可以理解的。

这样的做法颇有"六经注我"的倾向,尽管在他看来"六经注我"是基于他所要破解的主客对立,他主张"注生我经"这样的表达,其中"注"意味着一种本源性的生活样式。然"六经注我"虽然是一种大胆的解释,但毕竟有"六经"作为一个当然的底线。否则,"生活儒学"之"生活"背后的"儒学"则是一个什么样的后缀呢?如若"儒学"是"生活"的规定性,那么生活便被对象化。如果"生活"是"儒学"的规定性,那么那种无规定的生活如何使儒学成为儒学呢?黄玉顺的解决办法是诉诸"生活感悟"。"生活总是显示为生活感悟——生活情感、生活领悟。"这有点像《中庸》中所说的"未发之中"和"发而中节"。黄玉顺坚信,在儒家这里,这样的生活情感便显现为"仁爱"。这个主题也成为《爱与思》一书的主题。①

至此,我们已经看到了黄玉顺建构生活儒学的用心和理论取向。但正如宋儒在引入《中庸》的"未发"和"已发"来讨论天理和人心的问题时所面临的困难一样,生活儒学终究也要面对这样的问题:如果只有儒学,生活才显现为"仁爱",那么这样的"仁爱"便不具备普遍意义。如果所有的"生活"都可能呈现为"仁爱",儒学之独特性又何以确定?

一种理论的建设性有时候同时会体现出消解作用,"生活儒学"在警惕原教旨的同时,如何在"理论"上确保儒学的价值先在性,本身存在着内在的矛盾,这种矛盾几乎是当下儒学无可回避的,从"生活儒学"的探索中,我们看到这种矛盾以最深刻的方式呈现。而这恰好是儒学发展的内在动力。

儒学的每一次跨越式的发展,均体现为理论上的突破,尽管在我并非认为生活儒学具备了这样的基础,但是在向"实践化反转"的今天,却向本源处追寻儒学的当下发展空间,这是一个艰难的、却是不容回避的任务。

---

① 黄玉顺:《爱与思——生活儒学的观念》,四川大学出版社 2006 年版。

理性·情感·生活

——对冯友兰、蒙培元、黄玉顺之间学术嬗变的考察

杜　霞

编者按：此文是编者之一所写的一篇文字，意在揭示黄玉顺的“生活儒学”与其师蒙培元的“情感儒学”、乃至与其祖师冯友兰的“新理学”之间的思想学术关系。作者对于“生活儒学”的理解，如有不妥之处，敬请读者指正。

近代以来，中国社会的急剧变化和转型，催生了学术上纵向（古今）和横向（中外）的融合创新。随着西风东渐，西学的种种主义和方法经由不同的方式传入中国，对中学产生了巨大影响，并由于中国哲学自身在宋明时期发展出了一套完整的理学，所以，学者们热衷于在现代的情势下对中国（古代）哲学进行理性的系统化建构。近代西方哲学以理性主义为基本特征。理性主义的引入，实质上解构了传统的思维方式。现代学者试图用理性来解决中国的问题，因此，理性之被利用，从一开始就具有工具理性的特征。一旦作为工具被使用，那么就有个效用问题。“五四”以降，人们对理性推崇备至，但是，当社会的老问题不见得解决了多少、而新问题却不断出现的情况下，人们就开始怀疑理性及其有效性了。于是，西学东渐造成的传统之解构激发了思维方式的变革，而思维方式的变革进一步推动了西学东渐的进程与规模，引发了一些学术上的嬗变，使人们开始思考古今中西会通的可能道路。本文以冯友兰先生及其传裔蒙培元先生、黄玉顺先生为例，考察其间的学术之嬗变与问题之转换，清理中国哲学思想发展的路向。

一、理性诉求:冯友兰的开创工作

冯友兰先生是现代中国哲学的开创者,他的研究方法以及他创造的哲学体系(以《贞元六书》为代表),都是后人的典范。

冯先生的弟子蒙培元先生如此评价其师:“冯友兰的哲学的最大特点,是引入了西方的理性主义。”[①]这个评价是切中肯綮的,因为不论是从冯先生早期的《中国哲学史》,还是成熟期的《贞元六书》,都可以看到他对理性的重视。

一个人重视什么不重视什么,其取舍轻重,都与他自己的问题意识相关。冯先生关注的是什么问题呢?中国的学者,从古至今,大多都是以其所处时代面对的某些问题作为自己的问题。冯先生亦是如此。冯先生所处的时代,中国面对的是“烽火连三月”、“国破山河在”的惨境。冯先生对此甚为忧切,他的著述乃是寄托着巨大的忧患与关怀的。在《中国哲学史》的“自序二”中,冯先生说:

> 此第二篇最后校改时,故都正在危急之中,乃真知古人铜驼荆棘之语之悲也。值此存亡绝续之交,吾人重思吾先哲之思想,其感觉当如人疾病时之见父母也。吾先哲之思想,有不必无误者,然“为天地立心,为生民立命,为往圣继绝学,为万事开太平”,乃吾一切先哲著书立论之宗旨,无论其派别如何,而其言之字里行间,皆有此精神之弥漫,则善读者可觉而知也。魂兮归来哀江南,此书能为巫阳之下招欤?是所望也。[②]

“知我者,谓我心忧;不知我者,谓我何求!”冯先生非常希望读者体贴他的寄意。冯先生在该著作中所寄何意呢?既然面对国难,那就需要思

---

① 蒙培元:《理性与情感——重读〈贞元六书〉、〈南渡集〉》,载《读书》2007年第11期。

② 蒙培元:《理性与情感——重读〈贞元六书〉、〈南渡集〉》,载《读书》2007年第11期。

考，如何才能解决国难。毫无疑问，科技是最有效的外御强辱的手段，这是近代的中国从与列强交战中早就得出的结论。如何获得科技呢？魏源认为可以“师夷长技以制夷”，洋务运动等也在实践魏源的这一思路。好东西谁都想要，于是众多国人开始想：科学这样的东西为什么没有在中国古代产生出来呢？冯先生也思考了这个问题，还写了《Why China Has No Science etc.》[①]这篇英文文章。

但问题不止于此，如果仅仅想到科学好，就拿来归己，未免太急功近利。通过对西学的了解，冯先生明白，理性才是科学的根基。于是，如果要在中国文化中发展出科学，首先需要有理性精神。所以，冯先生就以理性主义为主要思路来解释中国古代哲学，并在中国哲学的建构中突显“理性”。

虽然冯先生要在中国哲学的建构中突显“理性”，但他不是凭空随意移植，而是把自己的形上学体系称为“新理学”，并反复申明，新理学是“接着”宋明理学讲的。这个体系的主要内容，是所谓“共相”和“殊相”的关系问题，也就是宋明理学所说的理与气、理与事的关系问题。只是宋明理学家未使用西方哲学的范畴，问题说得还不够清楚，新理学就以逻辑分析方法和新实在论的学说为基础，把传统宋明理学没有讲清楚的地方分析清楚。换言之，冯先生认为，新理学是这样一种“形上学的工作，是对于经验作逻辑底释义。…… 在对于实际事物底释义中，形上学只作形式底肯定，科学则作积极底肯定，这是形上学与科学不同之处。”[②]“新理学”是一种“最哲学的形上学”，原因在于它运用了“最哲学底形上学的方法”。[③] 对“经验”作逻辑的释义也就是所谓“最哲学底形上学的方法”，或者称为“正的方法”，即逻辑分析方法，指以理性思维对形上学命题、范畴进行分析、总结的

---

① 冯友兰：《中国哲学史》上册，第 8 页。

② 冯友兰：《贞元六书 · 新知言》，上海：华东师范大学出版社 1996 年 12 月第 1 版，第 873 页。以下引《贞元六书》，不再另注版本。

③ 冯友兰：《贞元六书》，第 864 页。

方法。

但同时他又说："真正形上学的方法有两种：一种是正底方法；一种是负底方法。正底方法是以逻辑分析法讲形上学。负底方法是讲形上学不能讲。讲形上学不能讲，亦是一种讲形上学的方法。"①所谓"负的方法"，即中国传统哲学中的直觉体认方法。但毕竟，冯先生所强调的是"正的方法"，以"正的方法"为"负的方法"的基础和前提。"一个完全的形上学系统，应当始于正的方法，而终于负的方法。如果它不终于负的方法，它就不能达到哲学的最后顶点。但是如果它不始于正的方法，它就缺少作为哲学实质的清晰思想。"②

新理学的基本预设是：经验的实际世界是逻辑的真际世界的例证，那么对"经验"作逻辑的释义的形上学，只需"正的方法"即可彻底了解真际，于是"负的方法"就是不必要的。但按照冯先生的设计，似乎"负的方法"又是真正形而上学不可或缺的部分，那是不是意味着，新理学势必包含了无法自圆其说的非"理"的世界呢？强行引入负的方法，不就背离了新理学的基本信念了吗？这就使新理学陷入了两难境地。

冯先生的《新理学》，谈的是逻辑哲学，借重名言分析、概念推理，这本质上似乎是朱子理学风格。那么，如此在古代哲学中寻找理性的内容，似乎可以告诉国人，吾国并不缺乏理性，因此，从吾国文化中发展出近代科学，是完全可能的。这样，似乎可以给那些失去文化自信的国人打打气。

众所周知，冯先生对"中国哲学"这一学科的创立功莫大焉。20世纪30年代冯先生出版的两卷本《中国哲学史》可以说在比较完全的意义上标志着一个新的学术典范的确立，标志着在传统思想和学问的分化中，由经学到哲学这一转化与过渡的完成，奠定了中国哲学的研究范式。但这样的研究范式却遭到强烈的质疑。质疑者多半认为，冯先生仿效西方哲学的模式来建立中国哲学的系统，用逻辑分析的方法作为其内容取舍的标准和诠

① 冯友兰：《贞元六书》，第869页。

② 冯友兰：《中国哲学简史》，北京：新世界出版社2004年版，第453页。

释向度，这种以西律中的方法所雕刻出的一套系统哲学，虽然材料是中国传统的，但神韵已失。确实，我们可以明显地看到，冯先生的哲学体系对理学的接续、西学的引入，与其负的方法（及对心学的同情）难于统一为体。新理学体系力图避免理论困境，在方法上勉为其难地使用了权宜之计。

二、情感滋养：蒙培元的拓展工作

冯友兰先生想以理性解决他面对的问题，但理性是不是灵丹妙药呢？非也。理性很可能导致僵硬刻板的理论说教，所以，还需以情感补之。冯友兰先生晚年说："金岳霖指出'哲学是概念的游戏'，而没有把这个论断同人类精神境界结合起来，以至于分析概念似乎是一种游戏。如果认识到真正的哲学是理智与直觉的结合，心学与理学的争论亦可以息矣。"[①]其实，冯先生早就重视情感、精神境界在人类生存中的作用，其《新原人》谈的人生哲学，借重觉解意会、直觉领悟，并提出了"四境界"说。所以，他的弟子蒙培元先生说，冯友兰"看到了理性的限制"，"他虽然吸收、运用了维也纳学派的分析方法，但并不以此为目的。他与维也纳学派的根本分歧，也在这里。…… 冯先生不仅使用了情感的语言，而且公开主张，情感与逻辑的语言并不构成矛盾，不仅不构成矛盾，而且都是必须的。"[②]

蒙培元先生就充分发展了情感哲学这一方面。纵观蒙先生的哲学著述，可以发现其入思进路就是情感。蒙先生"情感哲学"的提出，正是应对了冯先生哲学的理论困境。为什么这样说呢？

在蒙先生看来，其师冯友兰先生的《贞元六书》之所以作，乃是为了建立一种新的现代的中国哲学。所谓"新的"、"现代的"是指在新理学的整个体系中贯穿着一条基本精神，即理性主义精神；所谓"中国的"则是指必须保有中国哲学的特质。但如前文所述，我们只能说冯先生的哲学是努力完成西方理性精神与中国哲学的情感特质调和的一次尝试，但未必称得上是

① 《三松堂全集》第10卷，河南人民出版社2000年12月第二版，第659页。

② 以上两处引文，均见蒙培元：《理性与情感——重读〈贞元六书〉、〈南渡集〉》。

成功的。其主要原因在于：从表面上看，是方法论上的牵强，逻辑分析的方法和心灵的觉解完全不能相融，正、负方法难以圆通；更深层的问题则在于对于形而上学本身的理解缺乏某种根基。

所以，就方法论而言，蒙先生的“接着讲”，是试图调和新理学体系中“正的方法”（逻辑分析）与“负的方法”（心灵觉解）之间的裂痕，特别拈出“情感”的问题作为切入点。于是乎，与冯先生仅仅从“理智底了解”与“情感底满足”、“概念的了解”与“心灵的自觉”等概念的对举中旁敲侧击地谈“情感”迥异，在蒙先生看来，“讲人的存在问题，就不能没有情感，且只有情感，才是人的最首要最基本的存在方式”①。尤其是在论及儒学时，蒙先生说：“情感是全部儒学理论的基本构成部分，甚至是儒学理论的出发点。”②

正因为“情感”不是“识仁”、“知道”的副产品，不是概念研究分析的“余义”，更不是哲学所引起的所谓“情感上的联想”，而是先于一切而在的，那么“负的方法”就有了存在的基础，它便不再仅仅是作为“正的方法”的补充性存在。毋宁说，唯有“心灵的觉解”这种负的方法才是理解人作为情感存在的正确道路。正与负的方法在蒙先生那里恰巧做了个颠倒。正的方法涉及的是认识的问题，而负的方法涉及的是存在的问题。

存在问题为认识论、本体论问题奠基，这便是蒙先生要指出的对于形而上学本身的深层理解。宋明理学用本体存在论解决认识论问题，只会越解决越混乱。冯先生的逻辑分析方法，剥离出认识问题，这是可取的，但是，试图用认识论解决本体论、存在论问题，难以自圆其说，支离而不相应。蒙先生的哲学不再是从本体论、认识论的立场研究儒家哲学，而是从“存在论”的观点研究儒家哲学，强调在存在论的基础上来谈论情感问题，并试图把情感与理性统一起来。这一点，使其不同于冯先生的实在论、认识论的儒学观。

对“情感”的不同理解，导致了冯先生与蒙先生对儒学的不同阐释。陈

① 蒙培元：《情感与理性》，中国社会科学出版社2002年版，第4页。

② 蒙培元：《情感与理性》自序，第2页。

来先生曾指出，冯先生讲“情感”，更多的是从道家和玄学的理解切入，以“有情无我”为核心。道家以理化情，以求达到无情；宋明道学不求无情，主张有情无我。所以，宋明道学有道家以理化情的好处，而没有道家以理化情的困难。冯友兰对宋明道学的了解和体会是基于他在情感问题上对道家和玄学的了解的。[①] 这说明，一方面，情感问题其实是隐藏在冯先生整个中国哲学研究的底色中的，但另一方面，他多采用的是西方逻辑分析方法，方法论上的失当，带来其理论上的不自洽。冯先生讲“情感与理智”还未能看到它们之间纵贯的奠基意义，他还是在横列地讲。情感与理智，其实不能仅仅做认识论上主客二分的理解，也就是说，认识论的分析不能给出存在论基础，恰恰相反，是存在论给认识论奠基。存在不是和认识并列的另外一个研究领域，而是能收摄认识论问题的更大境域。

由以上描述可以看出，冯先生新理学体系的问题实质就在于没有把情感放在存在论的基础上来谈，于是，情感只是日常经验的情绪，并往往表现为对理性判断的干扰，所以冯先生谈论的是即使“有情”也要不为情所累。冯友兰所说的“有情无我”不是强调有情，而是强调无我，所以不能提出如何对待积极情感的说明。

蒙先生则不同。他特别指出，冯先生在《新原人》中对他所提出的四种境界进行比较，实际上就是讲情感的问题。但他又认为，“冯友兰先生提出过系统的境界说（见《新原人》），他所强调的是对世界和人生意义的认识（觉解），但并没有提出存在的问题”[②]。没有提出存在的问题，这就是说，在冯先生那里，始终是认识论的底子，所谓的“觉解”也只是一种认识方式而已。在冯先生看来，境界的问题不一定就是关涉存在的问题。他并且在《中国哲学史新编》中一再强调只承认隋唐佛教哲学是境界论的。而在蒙先生看来，儒、佛、道都是境界形态，而且“境界形态的哲学虽不是实体论

① 参见陈来：《有情与无情》，《北京大学冯友兰研讨会论文集》，北京大学出版社2001年版。
② 蒙培元：《情感与理性》，序言，第3页。

的，却是存在论的，它以存在为其前提"[①]。"既然讲人的存在问题，就不能没有情感。因为情感，且只有情感，才是人的最首要最基本的存在方式。"[②]这就是说，讲哲学不单是个认识论问题。中国哲学的特殊性就在于对"人是情感的存在"的重视。如此看来，与其说蒙先生是在解释《新原人》的境界论，不如说是夫子自道——阐释他的情感先于理性之道。

蒙先生也不是只讲存在，不讲意义和价值，正好相反，他是从存在问题入手最终解决意义和价值的问题，这便不同于冯先生。冯先生曾在《新理学》中说道："我们所谓形上、形下，相当于西洋哲学中所谓抽象、具体。…… 形上、形下之分，纯是逻辑底，并不是价值底。"[③]而蒙先生哲学的立足点则是：整个宇宙是一个价值存在、意义存在，人的价值与意义就体现在其基本存在方式首先是情感的，而不首先是理性的。情感是个存在问题，而这个存在是道德主体的存在，因为人首先表现为道德情感的存在。

不过，考察蒙先生的哲学著述，我们不难发现：蒙先生虽然一再强调要在"存在论"上讲情感，但其实他所说的"存在"是特指"主体"的存在，而他所说的"情感"特指主体的情感，特别是人的道德情感。从早年的《理学的演变》、《理学范畴系统》开始，蒙先生便试图通过梳理宋明理学的内在结构来突显理学的核心——"人"的"心性论"问题。接下来的《中国心性论》和《中国哲学主体思维》则进一步表明中国哲学的思维特征即"主体思维"，主体思维乃是认知、情感、意志、实践的统一，而其核心乃是"人生的意义"问题。由此，蒙先生最终写就了揭示中国哲学"主体思维"的终极关怀之所在（心灵境界）及心灵特征之所在（情感意向）的著作《心灵超越与境界》、《情感与理性》。

蒙先生强调指出，他所说的"中国情感哲学"，关注的不是情绪反应之类的低级心理状态，而是美学的、伦理的、宗教的高级情感；不是感性的某

---

① 蒙培元：《情感与理性》，第2页。

② 蒙培元：《情感与理性》，第4页。

③ 冯友兰《新理学》，《贞元六书》，第36—37页。

种快乐或享受，而是理性化乃至超理性的精神情操和精神境界。[1] 但是，排除了作为低等心理的情绪反应的“情”和感性享乐，那么“美学的、伦理的、宗教的高级情感”就是“存在论”意义上的“情感”了吗？“理性化乃至超理性的精神情操和精神境界”又是指一种什么样的“情感”呢？用“理性化”或“超理性”来界定的东西，不是恰恰说明了理性的在先吗？又何谈情感存在本身呢？

“境界形态的哲学……以‘存在’为其前提。但它又不是面对和解决客观的存在问题，而是解决人的存在问题，并且必然要解决人的存在的意义和价值的问题。这后一点非常重要，由此才有所谓境界问题。境界是精神的境界，心灵的境界，但是与人的存在不可分，与心灵的存在不可分，它本身就是心灵存在的一种形式。在这一点上，儒、道、佛对‘存在’有不同的解释，因而表现出不同的价值选择或价值趋向，但基本形态是相同的。”[2]这就是说，中国哲学不关心存在的一般，而是重点关注人的存在的问题。

蒙先生认为，情感问题是个境界问题，境界问题也是情感问题。那蒙先生讲的最高境界应该是什么样子的呢？“仁义是儒家哲学的重要概念，特别是仁，更是儒家哲学的核心。…… 仁与情感更有直接的关系，实际上仁就是一种情感。”[3]这其实就是“有情有我”，情不仅有消极作用，还有积极作用。

从“存在论”上来谈“情感”，更准确地说，是从“道德情感主体”的传统形而上学方式理解儒学，可以说不仅是蒙先生对其师新理学过强认识论色彩的一个修正，更是对儒学的一个重要发现。但对于主体的存在、主体的情感存在的强调，是否使得儒学又一次错过了对存在本身的追问、从而使得真正的存在论基础与各种儒家形而上学体系之间的关系仍晦暗不明呢？

---

① 蒙培元：《漫谈情感哲学》，“孔子 2000”网（www.confucius2000.com）。

② 蒙培元：《漫谈情感哲学》。

③ 蒙培元：《漫谈情感哲学》。

三、回归生活:黄玉顺的奠基工作

情感与理性,无疑都是人的生存方式。如果说蒙培元先生想用情感来弥补理性之弊,那么,是否可以提这么一个问题:情感凭什么能救理性之弊? 其根据以及可能性何在?

对这个问题,黄玉顺先生给出了自己的解释。黄先生认为,情感也好,理性也罢,这些具体建构的基础都是生活本身,因而都得回归生活的大本大源。但有一个问题:生活不是一个现成的存在者,甚至它根本没有规定性,那么,如何言说生活呢?

言说方式的问题,不单单是黄先生首先思考的问题,也不是他所提出的独特问题。蒙先生在其《情感与理性》的序中已经阐明:"本书不再从所谓本体论、认识论和知识学的角度研究儒学,而是从存在问题入手,讨论儒学在人的存在、价值及其人生体验问题上的基本主张。"①这个表态不但表明了蒙先生对情感的重视,还提出了另一个问题,即言说方式的问题。黄先生对其师也有如此评论:"蒙先生的儒学解释确实具有浓厚的生存论分析意味,虽然它与海德格尔的生存论分析颇为不同;而在儒家,生存论是真正能够为良知论奠基的。"②

如何进行哲学的言说,在中国哲学界有一个自身发展的历程,并且至今仍是一个大问题。首先是以西律中的解释方式,用西方哲学的概念来解读中国经典,以冯先生为例,他就是采取逻辑分析的方法解读中国哲学,使其失去了原本的味道。蒙先生开始提出中国哲学的精髓在于重视人的情感,从存在论问题入手研究儒学。他特别提出了建立儒家仁爱为本的"情感哲学"。但问题在于,如果所谓"情感"仅仅是指道德情感、宗教情感、美的情感或者精神境界,这些仅仅属于主体性的事情,那么,我们如何能逃避

---

① 蒙培元:《情感与理性》,第1页。

② 黄玉顺:《儒学的生存论视域——从蒙培元先生〈情感与理性〉说起》,载《中华文化论坛》2004年第2期。

这样的追问:作为情感的主体本身又是如何可能的?如何可能使其拥有涵容一切的解释力?黄先生的“本源情感”概念的提出,更进一步展开了以情感理解儒学的可能。“本源情感”即“无情”:情感的流露乃是生活本身的显现,在这里还不存在“人情”,更不是人的私情,而仅仅是“事情”。“面向事情本身”的现象学方法的引入给我们带来了新的研究视域。

一般而言,哲学体系中方法论上的失当,从根本来说体现的却是对形而上学的深层理解的失误。二十世纪以来哲学的思考,开始颠覆其自身的传统思维模式。以现象学方法为标志的思想运动开始反省“形而上学”自身:各种流行的形而上学本身是如何可能的?这样的问题被提上了日程,形而上学的困境被真正逼显出来。现象学要求以最直接的无前设性面向事情本身,而形而上学却一再变成主体性的事情,总是遗忘存在本身。那么,如何在形而上学研究中维持住对存在本身的探问,便成为形而上学必须面对的课题。

黄先生“生活儒学”的提出,其实是进一步回应了两位师长哲学体系中的问题,从真正存在论意义上来理解中西哲学本身的存在样式,从而解释中西哲学的对峙何以可能的问题,为中与西的会通提供新的视野。他首先颠覆了传统形而上学中寻求“根据”的思维方式,回溯到存在本身去解释存在。这里所说的“存在”不是“存在者的存在”,而是离却一切现成形态的“存在本身”。这个存在本身就是“生活”。通过字源上的考察,黄先生指出:“在”即“生”,“生”即“在”;“存”出于爱,乃是情感的事情。中国人的“存在”观念是:如果说,存在即生活,那么,生活就是生活情感、首先是爱的情感。这正是儒家的观念:生活之为存在,首先显现为爱的情感。这种爱的情感,儒家谓之“仁”、“仁爱”。在本源意义上,仁就是爱。[①]

黄先生与蒙先生的相同之处在于:他们的思想体系都试图追寻“存在”,从而为已有的中国哲学(尤其是儒学)解释理论找一个坚实的基础。

① 黄玉顺:《爱与思——生活儒学的观念》,四川大学出版社2006年版,第37-43页。

两者的区别在于:蒙先生寻求的奠基是一种“追本”,找到某种原初的存在者作为根据,例如“道德情感”,这种存在者的存在就是所谓“人的存在方式”;然而生活儒学所做的则是更进一步“溯源”,找到先行于任何存在者的存在本身,也就是“恻隐”或“不忍”这样的本源情感。存在即是生活及其情感显现,而作为终极存在者的主体及道德,不过是渊源于存在及其情感显现的东西。

现在我们看得很清楚,蒙先生在追问存在本身时是一种主体性形而上学的观念。他在《漫谈情感哲学》中指出,我们关心的不是一般客观的存在问题,而是人的存在。何谓“人的存在”?问题在这里发生了微妙的转换。存在本身被转换为“人的存在”,接着被转换为“价值存在”。而关键的问题是,到目前为止,我们还没有清理过何谓“有价值”的存在。传统哲学的“价值论”断言完全是从主体主义的角度出发的立论,我们除非一开始就设定“主体的价值即存在”,否则并没有办法说明何以“善的”、“道德的”就是存在的真实。对存在的追问每每落到由存在者来充当答案,这正是“前现象学”的传统形而上学“遗忘存在本身”的表现。这种绝对主体性仍然还是存在者,而不是存在本身。因此,我们可以看出,蒙先生的“存在论”,一开始就是典型的“前现象学”的传统形而上学观念,被一再地强调成了有“价值意味”的解释,并将其统一收摄到“主体思维的境界”上来,但并不能回答“道德主体”或者“道德实体”那样的形而上存在者本身又是怎么可能的问题。而黄先生的生活儒学则认为,形而上学本身就是为生活所涵摄的事情。于是,我们只能回到生活,即存在本身来解释这一切。

对“存在”的不同理解则导致了蒙先生与黄先生对情感的不同阐释。生活情感究竟是怎样的“情”,与蒙先生所说的“情感”有何区别呢?后者其实指的就是“人之情”;生活情感则是先行于“人之情”的那种情感。在对儒学的传统形而上学解释中,有一个“性－情”架构。但黄先生第一次提出,在“性→情”之前还有一种本源性的情,也就是“情→性→情”当中的第一种“情”。这种情感,就是生活儒学所说的“生活情感”,才是存在本身的显现。

这种生活情感是“无物”的,即是先行于人和物的。一切存在者恰恰是被这种生活情感所给出的。[①] 所以,生活儒学绝不认为仁爱只是与认识相平行的一种意识行为。意识是人的主体性行为;而仁爱并不是人的主体性行为,人的主体性反倒是在仁爱中生成的。黄先生所讲的情感是指“本源之情”,是先行于存在者的“生活情感”、“情感本身”。这是“事之情”,而不是“人之情”。[②]

黄先生的生活儒学意在彰显“本源情感”乃儒学之大本大源。存在论先于知识论,也就是说,存在论为知识论提供地平线——视域(Horizon)。视域不是知识论的,不是主体性的,而是存在性的,简单地说那就是“生活”。生活作为存在本身,决定了什么样的存在者成为存在者,决定了何物进入我们的视野。不仅如此,存在论还为伦理学提供地平线——视域。这样的存在性视域,决定了什么样的存在者成为价值存在、真实存在。这可以看做存在论对于主体性哲学的视域开拓。既然生活是大本大源,显现为情感的存在,那么它也就不单单是停留在本源层面,而是可以进一步解释和支持主体性哲学和认识论哲学。这便是黄先生目前尚在继续展开的理论建构工作。或许我们可以由此期待在现代哲学言说方式下儒学的一种有本有源的解读。

① 黄玉顺:《爱与思——生活儒学的观念》,第64页。
② 黄玉顺:《爱与思——生活儒学的观念》,第65页。

断裂与传承：中国现代学术的学统问题

——以冯友兰、蒙培元、黄玉顺为例

邓曦泽

编者按：此文认为，学统之为学统，乃在于其间必定有某些不变的东西传承着，而判断一个学统是否得到了赓续，应着重从文献、问题、方法、观点等几个方面进行综合考量。由此，作者认为，对于具有师生关系的冯友兰、蒙培元、黄玉顺三位学者而言，他们面对的问题不同，依赖的文本有别，而方法、观点上更是差异颇大，所以他们之间无法构成一种学术统绪。作者似乎正是基于"生活"之流变而得到上述结论的，比如他提到冯、蒙、黄乃是缘于不同的时代背景而提出了不同问题，并由此采用了不同的方法、文本与观点来解决问题。但是，很遗憾，作者仍旧错失了本源性的生活视域。比如，我们可以问：生活的流变究竟是如何引发了不同的问题意识、方法与观点的呢？换句话说，生活的流变是如何被领会、乃至被认知的呢？因为在学术上考察或描述生活流变、观点与方法之差异，只能凭借分析学术之承担者（亦即人或学者）的立场，而这就势必要回溯到"视域"本身。不同的人有不同的视域，而正是这个视域才从源头上限定了不同的人在感受时势、看待事物上的诸多差异；用哲学解释学的话说，这个视域乃是某种根深蒂固的"前见"，它缘构着人们看待事物的境域或界限（当然，它们都是变动不居的），没有人能够抛弃前见、以至于能够如一张白纸似的去客观地感知事物。比如，在胡塞尔、海德格尔、伽达默尔之间，三者（在问题、方法、观点上）的差异之大显而易见，但其间的学统却无可否认，原因在于前者在问题或方法上的成就与不足恰恰构成了后者的前见，并最终促成了不同的理论的诞生，而学统的传承由此才是可能的，也才让人有所期许。（这有点像余英时的“内在理路”之方法,但又不尽同)鉴于此,我们要问:冯友兰在学理上是否构成了蒙培元的解释学前见中的重要一环,而蒙培元在学理上又是否构成了黄玉顺的解释学前见中的重要一环?换句话说,在冯、蒙、黄三者之间,是否确实有某种不变的东西得到了传承呢?答案是肯定的。① 在黄玉顺看来,如果说蒙先生的“情感哲学”或者“情感儒学”是对于冯先生“晚年定论”的“接着讲”,那么,他的“生活儒学”也是对于蒙先生“情感儒学”的“接着讲”。两代“接着讲”的关键词是:存在—情感—境界。② 所以,当作者提出“我觉得,假如黄玉顺不看冯友兰与蒙培元的书,而看牟宗三的,他同样能作出他那套学术”的质疑时,恰恰反映出他对于这种解释学前见的轻视或迷失。就此而言,作者对于中国学术或中国哲学之发展、儒学的当代复兴运动等现象,缺乏必要的同情了解之态度,就是“理”所当然的了。

一、问题、基本思路与个例选择

中国几千年的统绪,在近代被西力东侵打断了,至少被扰乱了。中国的统绪有哪些变化呢?

中国的统绪可以分为道统、政统与学统。③ 三统之间具有紧密关系,一者变化将引发其余二者变化。道为吾国文化之最高,学统与政统都以道为根据。但是,道或道统其实是最虚的,因为道或道统无法自行呈现而发生作用,它必须经过人们的理解与解释,呈现为学统与政统才能发生作用。学统的主要任务,就是解释道,使道能够呈现出来。学统试图通过主导对道的解释来制约政统。不过,学统究竟能否制约政统,却很难说。当政统

---

① 本书编者之一杜霞在《理性·情感·生活——对冯友兰、蒙培元、黄玉顺之间学术嬗变的考察》一文中曾对此做了专门梳理。此文亦被本书采用,读者可参看之。

② 黄玉顺:《儒学与生活:民族性与现代性问题——作为儒学复兴的一种探索的生活儒学》“作者按”,见《情与理:“情感儒学”与“新理学”研究——蒙培元先生70寿辰学术研讨集》,黄玉顺、彭华、任文利主编,中央文献出版社2008年。

③ “三统”可以用来理解中国的历史,甚至可以适用于人类的历史。政统相当于政治(尤其是制作及其运作方式)的产生与延续,学统相当于学术(或更广泛的文化)的产生与延续,而道统是虚位。古代学者总想借助对“道”的解释而为王者师,为政治提供合法性根据,引导政治的运行。

倒行逆施时，学统常常束手无策。

由于道统玄虚，那么，就道统谈道统是否发生了裂变，很难说清楚。可以肯定的是，辛亥革命以后，政统几乎完全变了，由中国本有政治制度变为了西方式政治制度。随着政统的裂变，学统与道统有何裂变呢？

陈寅恪在为冯友兰《中国哲学史》写的《审查报告三》中指出，儒家与中国固有之制度有密切关系。① 他在《王观堂先生挽词并序》中又说："吾中国文化之定义，具于白虎通三纲六纪之说……夫纲纪本理想抽象之物，然不能不有所依托，以为具体表现之用；其所依托以表现者，实为有形之社会制度，而经济制度尤其最要者。故所依托者不变易，则依托者亦得因以保存……近数十年来，自道光之季，迄乎今日，社会经济之制度，以外族之侵迫，致剧疾之变迁；纲纪之说，无所凭依，不待外来学说之掊击，而已销沉沦丧于不知觉之间；虽有人焉，强聒而力持，亦终归于不可救疗之局。"②这无异于说，如果固有制度解体（政统裂变），将会导致以儒学为主干的学统的变化。政统、学统都裂变了，道统能不变么？余英时的观点则更明确，他说："儒学通过制度化而在很大程度上支配着传统文化"，"在全面社会解体的过程中，政治制度是最早崩坏的一角，紧接着便是一切社会制度的全面动摇"，于是，"儒学与制度之间的联系中断了，制度化的儒学已死亡了"，"儒学死亡之后已成为一个游魂了"，"那么儒学又将以何种方式维持它的新生命呢？""传统儒学的特色在于它全面安排人间秩序，因此只有通过制度化才能落实。没有社会实践的儒学似乎是难以想象的。"对于没有制度支持的儒学之未来，余英时极不乐观。③ 干春松则比较全面而专门地描述了近代以后，儒学作为真理代言者与作为社会秩序合法性基础瓦解了，且

---

① 冯友兰：《中国哲学史》下册，上海：华东师范大学出版社，2000 年，第 440 页。

② 陈寅恪：《王观堂先生挽词 并序》，载陈寅恪：《陈寅恪诗集》，北京：清华大学出版社，1993 年，第 10－11 页。

③ 余英时：《现代儒学的困境》，见余英时《现代儒学的回顾与展望》，北京：三联书店，2004 年，第 53－58 页。

随着本有制度的解体,制度化儒家解体了。[①] 诸家著述都提出了一个揪动中华民族精神命脉的重大问题:随着政统(或曰本有制度)的裂变,学统的赓续如何可能?道统的赓续又如何可能?

在古代,儒学与制度的关系的确非常密切,但从这个事实能否推论出儒学必须很强地依赖于古代那种制度?儒学或学统对政治制度的依赖性究竟有多大?(这个问题,至为重要,虽有人讨论,但尚有诸多含混。此搁下,另有专论。[②])以上简单勾勒,并没有承认儒学(以及整个学统)必须依赖于特定的也就是中国古代本有的政治制度。那么,值得思考的是:失去了古代制度这个密切伙伴(不论是敌是友)的学统与道统又将发生什么变化?二者能否撇开制度,依然如故地赓续弘大?

在理论上考察三统的独立性是一回事,历史怎么运行则是另一回事。一方面,人们把近代国家的危难归咎于学统,甚至认为因政统之断裂,学统无法存身了;但另一方面,人们(主要是学者们)却一直试图在政统裂变的历史情势下,赓续旧有学统(以及道统)。整个中国现代学术都在进行这个工作。近代以前的中国人,向来重视历史之赓续,兴灭继绝,慎终追远。近代以来,虽然疑古反古盛行,但仍有不少志士致力于赓续历史。但是,政统的巨大裂变,给历史文化守护者以巨大打击,制度不再给予斯文以强力支持,斯文似乎成了丧失骨架之游魂。在这种情势下,人们努力不依赖当前新制度的支持(制度对历史文化的待遇,是相对而言的),重建、赓续学统,为中国守护文化根脉、守护中国文化的独特性、守护中国自身的历史,并试图承担国民的文化认同、精神认同等责任。

人们的努力是否有效呢?学统在多大程度上得到了赓续(赓续是基础,其次才是弘大)?对中华历史的守护在多大程度上是有效的?事实上,学统也发生了极大裂变。既然政统、学统都裂变了,道统焉能凭空运行?

---

① 干春松:《制度化儒家及其解体》,北京:中国人民大学出版社,2003 年。

② 邓曦泽:《文化复兴与制度支援——文化与制度的因果关系》,载《文化中国》(加拿大)2008 年第 3 期。

道统之裂变，不言而喻。但是，我们又不能因为学统也发生了裂变，而认为学统就不可恢复、重建而赓续、弘大。也许一切都未落定，因此，需要我们探赜索隐，寻找赓续、弘大斯文的可能径路。

讨论这个问题，首先需要大概明白：我们何以知道一个学统是否得到了赓续？这也就是要知道：学统如何实现自身？学统当然要实现在一定的问题、方法、文献等之上。不过，这些东西皆非自动发生作用，而必须通过人的活动来实现。那么，通过考察发生在一定人物身上的学术，也许可以考察学统之变迁。

师承，以及与师承密切相关的学派，是古代学者赓续文化、历史的重要方式。这种方式，同样为近代学者所继承。即便在疑古反古盛行的近代，学者们也强调师承。就连古史辨派（也或可称为疑古派），其后裔也常以顾颉刚为祖宗。疑古，怀疑的是别人，而不是自己。

学统的传承，或者说，古代学术及其传统的传承，近代以来，在不同方面展开，并形成了相应学科，在今天大致可以分为"中国文学"、"中国史学"与"中国哲学"。统而言之，三者就是本文所言的中国现代学术（也可以称为现代古典学）。[①] 下面，本文以"中国哲学"为例，讨论中国现代学术的学统问题。

近代以降的学术中，人们较早地以哲学的眼光（特指西方哲学的眼光）来看待古代的某些文本，形成"中国哲学"（或"现代中国哲学"、"中国现代哲学"）。从事"中国哲学"研究的人很多，以斯文之木铎自居者亦甚众。在学术渊承上，除了近师，他们还常常远师古人，希望自己的神脉、学脉直切古人——天之未丧斯文者，乃因有我在！例如，熊十力自认为他归本大《易》；牟宗三自认为他承接宋明心性学；冯友兰则自认为他接着宋明理学（尤其是程朱派）讲。冯友兰在《三松堂自序》的第十一章"明志"中说："联

---

① "中国哲学"合法性问题，实乃方法论问题，即以西解中是否合理。以西解中而建构起来的"中国哲学"之合法性是存疑的，故加引号以示区别。并且，此合法性问题是整个中国现代学术的问题。本文说的中国现代学术不包括西学。

大纪念碑碑文所说的可纪念的四点,有三点已事过境迁,成为历史的陈迹了。只有'旧邦新命'这一点不但没有成为历史的陈迹,而且还是一个新时代的开端。"[①]他还撰联自道"三史释今古,六书纪贞元",这说明他完全有斯文木铎、为往圣继绝学的自觉与自负。

人气在,似乎文脉就在。但是否人气在,文脉就真能有效赓续呢?我有个总体判断,近代以来的学术是很悲惨的,它在中西冲突的夹缝中求生存,以至于不伦不类,其赓续斯文的效果是很差的。但是,不论这段时期多么悲惨,为了不让历史在这段时期放白磁带,我们就需要以某种方式描述与理解这段历史(这是写作本文的一个初衷)。历史总是呈现在一定的人做的事件中,也就是说,我们总得借助一些人的一些事来理解历史,关键的问题是选择哪些人哪些事,这些人这些事又如何被描述、被理解、被解释。因此,通过某些学者之间的师生关系,或可窥知文脉之变迁。

在五四之后的"中国哲学"研究中,有一重要支流就是现代新儒家。在中国共产党建国后,新儒家不少主要人物流亡港台及海外,熊十力、梁漱溟、冯友兰等则留在了大陆。在港台新儒家中寻找个例,考察学统之变迁,不失为一条途径,但是,不论大陆经历了多少风吹雨打,它都是斯文的大本营。若天兴斯文,则大陆必为广袤之地基,且必为巍巍之大厦也。是故,考察大陆的"中国哲学"研究之变迁,对于理解整个"中国哲学"之变迁,乃至对于理解整个中国现代学术之变迁,都极为重要(现代学术各个分支的命运是同构的)。

以哪些人为个例?熊十力、梁漱溟在建国后几无后学,不足以成脉。冯友兰在"文革"前培养了蒙培元等弟子,蒙培元在"文革"后培养了黄玉顺等弟子,[②]其间的师生关系是明确的,蒙培元、黄玉顺也自觉地把自己的学

---

① 冯友兰:《三松堂自序》,载冯友兰:《三松堂全集》第一卷,郑州:河南人民出版社,2001年,第305页。

② "文革"这个区分是必要的,因为在"文革"中,学术沦为政治的婢女,其间的学术极为不正常,在"文革"之后很快被抛弃。虽然考察不正常也是考察变迁的重要内容,但本文并不想承担过多的任务。本文希望窥探"中国哲学"在它的常态下的变迁。

术渊承归宗于冯友兰(此为近师,远师则需另论)。更重要的是,冯友兰是“中国哲学”的主要开创者,他与牟宗三是“中国哲学”范式的代表(此范式可称为“冯牟范式”或“牟冯范式”)。通过对冯友兰、蒙培元、黄玉顺之间学术传承关系的考察,或可管窥中国现代学术之变迁。

若无限定,考察一件事情的变迁,角度可谓多多。那么,诸多角度是否一视同仁呢?不应该。因为若此,就会陷入文本解释、历史研究的相对主义。何种思路较优?我以为,首先应该把握作者面对的问题。其次,把握作者给出的解决方案以及其效用。后者尤其重要。当然,这种宏观观念并不能给出解决本文问题的现成有效之法。

如何理解冯友兰、蒙培元、黄玉顺面对的问题?他们面对的都是中国问题,并提出了自己的解决方案。这是本文的基本结论。冯友兰在儒学(或通常所谓的“中国哲学”)中引入理性,是为了解决当时迫切面对的救亡图存问题。蒙培元以情感救理性之弊,则是为了解决当今中国乃至世界面对的某些生存问题。在黄玉顺那里,他试图通过寻找本源,为情感(已区分的具体情感)与理性寻找根据,为通常的情感(生活)与理性(生活)提供奠基性观念。

从冯友兰到蒙培元,可以发现一点变化。在冯友兰那里,西方之于中国就是药方,而中国不是西方的药方。在蒙培元那里,他看到了当今世界因理性而产生的流弊,觉得中国重视情感的一面,不仅可以疗救中国,也可以疗救全世界的某些弊病,因此,中国也可以是西方以及整个世界的药方。到了黄玉顺那里,我们则更明显地看到他对西方的批评,他更不局限于中国的问题,而希望提供一种普世观念。当然,他们的期冀并不等于他们的方法是有效的。[①]

本文就在问题与其解决方法这个结构中理解冯、蒙、黄之间的关系。下面的个例分析,是宏观而笼统的。

二、个例分析

1.冯友兰:援引理性入中学

“冯先生的哲学的最大特点,是引入了西方的理性主义。”[②]这是蒙培元的评价。这个评价是否切实呢? 切实的。我们可以看看冯友兰自己的说法。在《中国哲学史》“自序二”中,冯友兰说:

> 此第二篇最后校改时,故都正在危急之中,乃真知古人铜驼荆棘之语之悲也。值此存亡绝续之交,吾人重思吾先哲之思想,其感觉当如人疾病时之见父母也。吾先哲之思想,有不必无误者,然“为天地立心,为生民立命,为往圣继绝学,为万事开太平”,乃吾一切先哲著书立论之宗旨,无论其派别如何,而其言之字里行间,皆有此精神之弥漫,则善读者可觉而知也。魂兮归来哀江南,此书能为巫阳之下招欤? 是所望也。[③]

“知我者,谓我心忧。不知我者,谓我何求?”冯友兰的自序道出了他的

---

① 学统是就传承而言,而非就学术方法是否有效而言,无效或不好的理论也可以形成学统,故讨论学统的赓续无需考虑该学统中的方法能否解决其问题。此各举中西文化之一例。道教要成仙,并给出了一套方法。尽管实际上根本不可能成仙,但道教的问题与方法都传承下来而形成了学统。在西方,形而上学有一些伪问题,并且有一些荒唐的方法,其问题与方法被二十世纪的分析哲学所瓦解了,但它作为学统,也是有效传承的。后文略略谈到冯友兰对西方文化的引进是否有效的问题,是为了说明,冯牟范式无论在引进西学上还是赓续历史上,都是无效的,因此它导致了严峻的困境。如果冯牟范式在引进西学上是有效的,则它可以在引进西学方面形成学统。

② 蒙培元:《理性与情感——重读〈贞元六书〉、〈南渡集〉》,载《读书》2007年第11期。通常说冯友兰是新实在论者,而新实在论是理性主义的一种支流理论,故可以说冯友兰援理性以入中学。

③ 冯友兰:《中国哲学史》上册,上海:华东师范大学出版社,2000年,第6页。

忧患。正是这忧患,为其学术设置了问题。那时代,救亡图存,乃是志士仁人莫不关怀的大问题,只不过各自设计的解决方法不同而已。

冯友兰出生与成长的年代,是中国遭遇严峻危难的时代。在写《中国哲学史》以前,冯友兰早就在思考国家之难了,并解释了国家危难的原因。在那个时代,可以说,就是瞎子也领教了科学的威力。早在1920年,在美国的冯友兰就写了《Why China Has No Science》这篇英文文章,其中有言曰:"中国落后,在于没有科学。"①中国为什么没有科学呢?冯友兰在该文中作了一些解释。在后来的《中国哲学史》中,他又认为,"中国人重'是什么'而不重'有什么',故不重知识。中国仅有科学萌芽,而无正式的科学,其理由一部分亦在于此。"同时,"在中国人思想中,迄未显著的有'我'之自觉,故亦未显著的将'我'与'非我'分开,故知识问题(狭义的)未成为中国哲学上之大问题。"②

那么,科学如何可能在中国文化中产生呢?需要引入西方的理性,因为理性是科学的观念基础。在这个思路下,冯友兰认为我们只能以西方哲学的眼光看中国文化,而不可能反之,即只能作中国哲学史而不能作西洋义理学。这不是理论上不可能,而是时势使然。冯友兰说:

> 吾人本亦可以中国所谓义理之学为主体,而作中国义理之学史。并可就西洋历史上各种学问中,将其可以义理之学名之者,选出而叙述之。以成就一西洋义理之学史。就原则上言,此本无不可之处。不过就事实言,则近代学问,起于西洋,科学其尤著者。指中国或西洋历史上各种学问之某部分:而谓为义理之学,则其在近代学问中之地位,与其与各种近代学问之关系,未易知

---

① 此文的英文全名为《Why China Has No Science; An interpretation of the history and consequences of Chinese philosophy》,中文名为《为什么中国没有科学——对中国哲学的历史及其后果的一种解释》。此文的中文载《三松堂全集》第十一卷,郑州:河南人民出版社,2001年,第32页。

② 冯友兰:《中国哲学史》上册,上海:华东师范大学出版社,2000年,第8页。

也。若指而谓哲学,则无此困难。此所以近来只有中国哲学史之作,而无西洋义理之学史之作也。①

冯友兰希望在古代学术(即冯友兰所谓的中国哲学)“实质上的系统”中找出“形式上的系统”,②以及他在《新原道》等著作中,大规模地尝试在古代学术中建构一个抽象的、形式的系统,也是基于同样的考虑。

我们可以看到,冯友兰的思路,其实是魏源“师夷长技以制夷”思路在学术上的运用。科技的根基在理性,如果要在中国开展出科学,就需要培育根基,就需要培育理性,所以,冯友兰主要学习、利用了西方哲学中的理性部分,注入古代学术。他对西方哲学具体理论、概念的引入,对具体方法的运用(如对维也纳学派分析方法的运用),都明显地表现了这一倾向。

“冯友兰先生的全部工作,是建立一种新的形而上学”,这是说冯友兰重视理性在其“中国哲学”的研究中以及他自己的哲学建构中的基础作用。但是,这并不意味着冯友兰只重理性而看轻其余,理性只是他的工具。所以,“他虽然吸收、运用了维也纳学派的分析方法,但并不以此为目的。他与维也纳学派的根本分歧,也在这里……冯先生不仅使用了情感的语言,而且公开主张,情感与逻辑的语言并不构成矛盾,不仅不构成矛盾,而且都是必须的。”③典型之例,就是冯友兰在其《新原人》中提出“四境界”说。此四境界,非仅是理性的彰显,也非仅是情感的彰显,而是情感与理性的交融。不过,我这里只是就其大体而言。冯友兰首重理性,确是显然的,这是由他面对的问题与选择的解决方法所决定的。

2. 蒙培元:培植情感补世弊

“作《易》者,其有忧患乎”,由忧患而产生问题。任何一种学术一定要

---

① 冯友兰:《中国哲学史》上册,上海:华东师范大学出版社,2000年,第6-7页。

② 冯友兰:《中国哲学史》上册,上海:华东师范大学出版社,2000年,第10页。

③ 以上两处引文,均见蒙培元:《理性与情感——重读〈贞元六书〉、〈南渡集〉》,载《读书》2007年第11期。

面对特定的问题。各种学术产生问题的方式并不一样，有些学术（如逻辑）产生问题的方式跟研究者所处时代、社会、历史情势的关联较弱，但是，中国的学术大多跟社会情势关联极大，“中国哲学”亦是如此。冯友兰产生、形成其学术的时代，救亡图存是中国的根本问题，也是冯友兰关注的问题。到了蒙培元正式从事学术研究的时代，冯友兰面对的问题没有了，但新问题出来了。

“冯友兰的哲学的最大特点，是引入了西方的理性主义，但是，他看到了理性的限制。”[①]蒙培元如是说，其实是在借题说自己的话。冯友兰固然看到了理性的限制，但这种思想在冯友兰那里是较弱的。到了蒙培元，对理性的反省就成为其学术的重要内容，并采情感以补之。

蒙培元切身地感受到，自从20世纪80年代吾国走上民族复兴建设大道之后，基于理性的科技为我们提供了很多便利，为吾国成为世界强国、挺立于世界民族之林作出了巨大贡献。但蒙培元同时也切身感受到，物质生活资料的增加、生活的便捷，并没有使中国也没有使世界在整体上变得幸福和谐，新的问题接踵而来，而且越演越烈。蒙培元的生活处境给他的一个直接感受是，物欲横流加上科技发达，使生态环境不堪重负。因此，蒙培元想用情感来救世弊。

蒙培元在其《情感与理性》中明确提出：一方面，“仁在本质上是情感的……情感是全部儒学理论的基本构成部分，甚至是儒学理论的出发点”，“儒家不仅将情感视为生命中最重要的问题，两千年来讨论不止，而且提到很高的层次，成为整个儒学的核心内容”。[②] 中国古代哲学中，情感理论蔚为壮观，尤其是儒家。而仁作为儒家最核心的观念，在蒙培元看来，实可救理性麻木不仁之弊。

仁者，爱人也。仁者，以天地万物为一体，民胞物与，故不将世界视作一个被动的无情世界，因此能体物之情。这种体物之情发用出来，就能在

① 蒙培元：《理性与情感——重读〈贞元六书〉、〈南渡集〉》，载《读书》2007年第11期。
② 蒙培元：《情感与理性》自序，北京：中国社会科学出版社，2002年，第1页。

一定程度上缓解当今世界的一些问题,例如生态环境问题。蒙培元的《人与自然》一书,可以说是他的《情感与理性》的继续与应用。他说:“中国哲学不只讲生命存在,而且还讲生命存在的意义和价值。”他引用朱熹的话说,“天地以生物为心,人以天地生物之心为心”,因此,“科学理性与情感理性是能够统一的。”在中国文化中,人对自然界有深厚的“感激、报恩”心态。① 如果培育、发扬人对自然界的感激、报恩心态,则人们对待他人、对待自然界,就会有情,即便当必须改造或损害自然界时,恻隐之心也会时时发动,也就更能控制自己对自然界的征服行为,或者在利用自然界之后,更注重修补。若此,古代学术(即蒙培元所谓的中国哲学)的某些思想就有助于生态问题的解决。生态问题是当今整个世界的大问题,那么,中国思想也就大有裨益于整个世界,而不是仅仅裨益于中国。蒙培元还认为,古代学术的天人合一、和而不同思想等等,都大有裨益于当今物欲横流之世界。

蒙培元对自己的《情感与理性》如是说:

> 本书不再从所谓本体论、认识论和知识学的角度研究儒学,而是从存在问题入手,讨论儒学在人的存在、价值及其人生体验问题上的基本主张。②

本体论、认识论、知识学,都是理性主义的。也就是说,蒙培元努力在生存论上克服理性泛滥之弊,但他并非反理性主义,而是回到更基础的层面阐释儒学。黄玉顺也指出:“蒙先生的儒学解释确实具有浓厚的生存论分析意味,虽然它与海德格尔的生存论分析颇为不同;而在儒家,生存论是真正能够为良知论奠基的。”③

---

① 蒙培元:《人与自然——中国哲学的生态观》,北京:人民出版社,2004 年,第 5、8、13、12 页。

② 蒙培元:《情感与理性》自序,北京:中国社会科学出版社,2002 年,第 1 页。

③ 黄玉顺:《儒学的生存论视域——从蒙培元先生〈情感与理性〉说起》,载《中华文化论坛》2004 年第 2 期。

由此，我们略可看到，从冯友兰到蒙培元，理性不再是一枝独秀，而是与情感相得益彰的。但是，如同《情感与理性》这个书名所呈现而遮蔽的一样，“与”字不经意地、无声无息地提出了问题：情感与理性如何相谐？

3. 黄玉顺：言说生活归本源

不知黄玉顺是否自觉地意识到，从冯友兰到蒙培元再到他那里，有一个跳跃（不能理解为通常所说的“飞跃”），这个跳跃从他对蒙培元的评价中就已经展示出来。黄玉顺对蒙培元作了生存论的解读，但这种解读并非我要说的跳跃。这种解读给出了这种跳跃。当然，更主要的是黄玉顺自己提出并预先作为解读蒙培元思想视域的“生活儒学”给出了这种跳跃，并且，“生活儒学”就是跳跃本身。

冯友兰是用理性救弊，蒙培元兼用情感与理性以救弊。更广而言之，牟宗三试图从良知坎陷开出科学与民主这两大外王目标，熊十力则想从《周易》中找到他所需的资源，等等。这些学术活动所处理的基本问题都是“儒学如何解决生活问题”，而答案则指向儒学，试图从中找一些思想资源来救当时之弊，解决生活问题。虽然各自采用的具体资源不同，各自的具体目标也不同，但用儒学解决生活问题却是一致的。

黄玉顺不同，他不再是（或不仅是）用一个药方（古代思想资源）解决当前问题，而是就解决本身发问，作为其研究对象——这就是他提出的“生活儒学”。可以用一个类比来理解生活儒学的跳跃。当张三寻找阿司匹林治感冒，李四寻找蛇胆川贝液治咳嗽时，王五看了他们的做法，产生了另一个问题：什么是治疗？治疗得以实现的根据是什么？是否应该在更基础的层面考察病理学、药物学，使具体治疗更能对症下药？在近代以来的这个转向中，大多数儒学研究者都力图用儒学解决生活问题，而黄玉顺第一次以现代学术的方式打量了“儒学如何解决生活问题”这个问题，并以“儒学解决生活问题如何可能”这个问题作为生活儒学的基本问题（此问题的表述是我提炼的），该问题的提出就是黄玉顺的跳跃。这个问题乃是在根据上审视“儒学如何解决生活问题”这个问题。在逻辑上，采取方法实际地解决问题、冯友兰等关于采用儒学的某种具体思想资源解决问题的研究、黄玉顺关于"儒学解决生活问题如何可能"的研究,三者相比,实际解决问题是一阶的,冯友兰等是二阶的,黄玉顺是三阶的。从二阶到三阶,就是黄玉顺的跳跃。黄玉顺的生活儒学认为,无论是用理性还是情感或者兼用二者来救弊,其实都忽略了一些更根本的问题,即生活本身。我们只有回到生活本身,回到生活的大本大源,才能理解由生活派生出来的具体的情感、情感对象、理性等,也才能把握救弊的根据。

黄玉顺认为,现代新儒家对儒学的重建,实乃一种形而上学的建构,这种建构忘记了生活的大本大源,因此应该回归生活。"回归作为一种向某种'目的地'的进发,亦即:从最近的地方向最远的地方进发。以历时的眼光看,这个最近的地方无疑是现代新儒家,而最远的地方则是战国儒家;但是从共时的眼光看,这个最远的地方其实正是最近的地方,因为回归就是'回家',就是回归我们自己的生活。现代新儒家作为我们回归的出发点,乃是最近的地方;然而它恰恰是最远的地方:现代新儒家是一种离家最远的儒家形而上学。"[①]黄玉顺还认为,不仅现代新儒家,而且宋明理学也具有强烈的形而上学倾向,需要破解。因此,黄玉顺不是以一个东西来救现实之弊,也不是救理性之弊或救情感之弊,而是为救治寻找基础或本源,或者说,寻找奠基性的东西。

黄玉顺采取了什么方法来建构其生活儒学呢?黄玉顺借用的思想资源颇为复杂。在西学方面,有胡塞尔、康德、德里达等,尤其是以海德格尔生存论为思想资源。他主要采取生存论还原法,崭露生活自身的地基,并从这个地基派生出其他建构。

目前,黄玉顺生活儒学还在继续建构。

① 黄玉顺:《〈生活儒学〉导论》,载黄玉顺《面向生活本身的儒学——黄玉顺"生活儒学"自选集》,成都:四川大学出版社,2006年,第37页。

三、传承还是断裂:二者的交织与困境

以上是对冯友兰、蒙培元、黄玉顺的学术进路及其承接关系的粗略勾勒。就个人意愿看,冯友兰努力接上宋儒;蒙培元愿意接着冯友兰再往上接,往下走;黄玉顺也愿意接着蒙培元、冯友兰再往上接,往下走。因此,似乎可以宽慰地说,现代"中国哲学"的统绪已经形成,并因此统绪的形成而上接了古人,斯文的学统也就在现代转型中形成了,千古往事也就顺延到今天。

我们可以这样自我宽慰吗?很难如此乐观。

上面的勾勒,有一点不能忽略。我主要是就三人采用哪些资源来救弊这个角度来考察三者及其变化的。三人都大量借用了西方思想资源,尤其是冯友兰与黄玉顺。三人对中国本有资源的使用,虽然在范围上大体都属于儒家,但各自的选择差异较大。更重要的是,中国本有资源都经过西方思想资源的解释而被重建。在此,我并非讨论是否应该借用西方的资源,而是怀疑这种方法是否能够有效传承学术、赓续学统。

是故,需要明晰一个问题:学术传承主要是从什么角度讲的?就问题与方法的角度看,拥有共同的问题也许不是最重要的。司马谈说"夫阴阳、儒、墨、名、法、道德,此务为治者也"(《史记·太史公自序》),这就是说诸子百家有着共同的问题,但共同的问题并没有使他们成为一个学派。使诸子百家各自成派的乃是其解决问题的方法,此即六家之"异路"。同样,在近代各家各派中,如何实现民族复兴都是其根本问题,但各家因为解决方案之异路而相互攻讦者,乃至互为仇寇者,比比皆是。同样都是研究儒学的,港台现代新儒家甚至根本不承认冯友兰属于新儒家。因此,一旦问题得以确立,方法问题就成为最重要的问题。

在"中国哲学"中,学者们对古代学术有继承有舍弃。学者们放弃的不是作为对象的古典文本,而是古代学术自身的方法。如果一种学术连其固有方法都丧失了,它是否还能延续下去,就很成问题。因此,这种取舍就很

值得怀疑。

“中国哲学”的统绪能否形成，首先需要追问的是，开山祖师那一套做法在现代的发展是否能形成统绪。其次需要追问那一套做法能否有效传承古代学术。在人头上，最值得追问的正是冯友兰。冯友兰的问题弄清楚了，他与其传裔之间，以及他与其他肖冯者之间是否能形成有效统绪之问题也就弄清楚了。

虽然有不少人认为冯牟范式乃是“中国哲学”研究的必然范式，用西方的观念、思维、概念等来理解古代学术，乃是不可避免的事情，今后仍将沿着这条路走下去，但是，只要明眼人睁眼看看，就很容易发现，古代学术跟今天差异太大了，古今生活的差异也太大了。虽然我们可以这样为“中国哲学”辩护：古今异势，岂可刻舟求剑？但是，这种辩护并不能正面证明“中国哲学”范式是对古代学术的有效传承方式，更不能证明在理论根据、价值依托与意义支撑方面，古代学术在何种范围何种程度上解释着今天的生活。我们固然可以创造、扩展更多的学术方式，但既然要以传承古代学术为重要目标，就不能不面对如此追问：为什么要抛弃古代的学术建构方式？今天的学术建构方式是否能够有效传承古代学术，赓续学统，弘大斯文？

已经有不少著述指出，胡适、冯友兰开创而以冯友兰、牟宗三为典范的这一套以西解中的做法其实存在很大问题，它并不能真正理解古代学术，不能真正传承斯文——正是冯牟范式导致了古代学统的断裂（牟宗三看不起冯友兰，但他的方法实际上跟冯友兰是一样的，都是以西解中）。不过，以西解中并非只适用于胡适与冯友兰，在清末就有了，断裂在冯友兰之前也就开始了，只不过冯牟范式使断裂加剧而以断裂展现出来。所谓断裂，其意有二。第一，中国本有学术不再能进行无需依傍其他文化的自我解释，而必须依傍西学而自立，亦即丧失了自我解释能力。诡怪而需追问的是：依傍西学能自立吗？第二，中国本有学术很难继续为中国人的生活提供意义。此二者的关系是，第一导致第二，正是因为方法的断裂使本有学术陷入意义困境。①

我们当然应该理解冯友兰(以及牟宗三等)这样做的苦衷。因为中国弱势,需要引进西方优秀的东西。我们当然也必须承认中国在某些方面尤其是科技方面落后,需要师夷长技。对此,熊十力曾经指出:"清末,西学输入渐盛……尔时据经义以宣扬西学者之心理,并非谓经学足以融摄西学,亦不谓经学与西学有相得益彰之雅……其于西学,虽闻天算、物理、化学等等学术之精究,与夫政治法纪之整肃,而与其学理,实一无所知晓。但震于西人之船坚炮利,而怖其声威,思慕效之已尔。然以朝野大多数仍是守旧……于是维新人士,将欲吸引西学,不得不择取经文中有可以类通之语句,而为之比附张皇。使守旧之徒,乐闻而不为峻拒。此其用心甚苦。"②冯友兰等跟维新派一样,都可谓用心良苦。

但用心良苦并不等于事有成效,因此,必须追问的是:冯友兰这种方式就能引进西方先进观念与文化吗? 说朱子的"理即如希腊哲学中所说之形式(Form),气即如希腊哲学所说之材质(Matter)也",③就可以把西方哲学的东西引进中国了吗? 对此,列文森说:"冯友兰主张融欧洲的理性主义和中国的神秘主义于一炉,以便使两种特殊的、历史的哲学通过相互取长补短,化合为一种世界哲学……对于冯友兰这样一个在哲学上颇有造诣的人来说,如此一种中西哲学的极其简略的比较,其意义只能是文化上的。它仍然是蔡元培的思路,即努力通过促使特殊的中国价值与普遍的世界价值的配合来加强中国的地位。"④而对冯友兰构成更严厉批评的,乃是杜威的

---

① 关于以西解中的本质以及因之而导致的"中国哲学"(乃至整个现代古典学)的意义困境,我有专门讨论。本文也是我对"中国哲学"的合法性问题(准确地说是方法论问题)的一系列反思的衍生物。已发表的相关论述,参见邓曦泽:《自我观与自他观——"中国哲学"言说方式之反思》(载《华南师范大学学报》2009年第6期);《论"中国哲学"的意义困境》,载陈明、朱汉民主编:《原道》第十二辑,北京:北京大学出版社,2005年;《南辕北辙的现代古典学——以"中国哲学"为例》,载《原道》第十五辑,北京:首都师范大学出版社,2008年。

② 熊十力:《读经示要》,见萧萐父主编:《熊十力全集》第三卷,武汉:湖北教育出版社,2001年,第558-559页。

③ 冯友兰:《中国哲学史》下册,上海:华东师范大学出版社,2000年,第295页。

④ 列文森:《儒教中国及其现代命运》,北京:中国社会科学出版社,2000年,第98页。

观点,因为冯友兰那篇《为什么中国没有科学》就是因为杜威一席话而作,故杜威的观点对于冯友兰具有特别的针对性。杜威说:“中国正在急剧变化;若还是用旧时帝制那一套来思索中国,就和用西方概念的鸽笼子把中国的事实分格塞进去来解释中国,同样地愚蠢。”①这里引用列文森与杜威的话,并不是想借洋人来批评冯友兰。但让我非常奇怪的是,杜威对以西解中的反对非常明确,并且冯友兰在写《中国哲学史》之前早就知道了杜威的观点,而冯友兰似乎从未应对过这个问题,从未对自己的学术方法加以反省。即便杜威不对,冯友兰也应该提出适当的理由,他凭什么置之不顾呢?或许冯友兰坚持以西解中是对的,但这只是或许。真正能否解决问题,是不能靠运气的。

就事实看,冯友兰引进西方文化的方法是很成问题的。从洋务运动开始,中国就以国家强力为支持,大规模地引进西方的科技。但是,中国对科技的引入,从来就不需要借助中国古典,以之作为沟通工具;对西方社会科学思想的引进,同样不需要这样的沟通工具。无论谁,只要他作为西方文化的引进者,他就必须先理解西方文化并自认为理解了以后,才能引进。既然他已经作了理解,直接用汉语把西方文化表达出来,就算引进了,哪里需要以古典作为沟通工具呢?非常具有嘲笑意味的是,现代学术中的中西沟通与引进西学的时间顺序恰恰相反,那些所谓的“沟通”不是在引进之前进行的,而是在引进之后。例如,冯友兰理解了新实在主义,而冯友兰作为中国人,那就意味新实在主义已经通过冯友兰来到了中国。那么,再说朱子的理和气是形式与质料,有什么意义呢?会产生什么效果呢?今天许多学者对中西文化作的所谓沟通,其实都在引进之后,毫无意义。

从上面的讨论可知,“中国哲学”(以及中国现代学术)主动承担了至少两重任务,第一重:引进西方文化。第二重:赓续、弘大斯文。近代史给出的结论是,我们当然必须引进西方文化。但近代史还给出了另外的结论:

---

① 冯友兰:《三松堂全集》第十一卷,郑州:河南人民出版社,2001年,第31页。

既不需要"中国哲学"承担引进西方文化的任务,"中国哲学"也承担不了这个任务。那么,"中国哲学"能否完成或接近其第二重任务呢?

冯友兰有斯文自托的情怀,承接历史。但我非常怀疑,当历史文化无法摆脱西学而自立的时候,它是否是一个独立自主的东西,又能否可靠地赓续?冯友兰用希腊哲学理解程朱,牟宗三可否用康德理解程朱?侯外庐可否用马列主义理解程朱?等等。若都可,那么,这些理解有无优劣呢?若无,则陷入文本解释的是非莫定("此亦一是非,彼亦一是非",或曰相对主义)。若有,如何给出一个比较可靠的标准?

或许有人会说,冯友兰等的做法,丰富了对古代学术的理解呀。倘真若此,则这种理解可以不断变换西学的具体理论,来解释古代学术,对古代学术的理解可以无限丰富下去,但是,我们究竟可以从中得到什么呢?既然冯友兰等都想用古代学术(准确地说是被西学重新解释过的古代学术)救弊,那么,在诸多解释中,应该选择哪一种解释作为解决问题的思想资源呢?

因此,冯牟范式很难说能够有效赓续斯文之学统。

如果不管能否赓续古代学术,"中国哲学"在它产生与处身的现代能否形成一个有效、完整的学统呢?也很难乐观,甚至可以说根本不可能。在此,需对学统作补充说明。

如果我们说某甲创造了某种理论,这种理论有许多追随者,从而形成了一个学派,继而形成了一个学统,那么,一定有某些东西(如问题、方法、观点等方面,尤其是方法)在每一代际之间皆被接受、传承。例如,儒学的传承,在问题上,"如何成仁"一直是问题;在观点上,能修身而成仁一直是儒家的基本观点;在内容上,仁义礼智信,代代传承;在方法上,训诂考据与直切义理都代代传承,并且都能在自身系统中进行独立自主的解释。当然,单独某方面也许不足以与其他学派相区别而形成学派,但几方面相结合,就可以形成学派。如果某种学术在各个重要方面都跟其他学派相同,那么,它不可能成为一个独立学派。对于儒家而言,可以说从先秦到清末,儒家是有完整、清晰的学统的。也就是说,一个统绪可以万变,但其间必定有不变的东西,有一以贯之的东西。如果一个东西从上一代传到下一代,却被再下一代搞丢了,则那个东西就不是该学派的构成要素。至于被当时社会所认可的师生身份,则很容易建立与确认,对于学派的构成,必要而不重要。

五四之后的中国现代学术无法形成一个完整的统绪。

虽然蒙培元、黄玉顺都自觉地接上冯友兰,但我很难发现有什么东西一以贯之在其间(熊十力与其在港台及海外的流裔之间,我也看不到什么一贯的东西。牟宗三与熊十力之间,除了他们身处同时代而都要开新外王以外,在方法、文本等的选择上,差异大得惊人)。前面说了,问题不是一个学派形成的重要标准,除非该学派的问题是独特的。诸子百家有着共同的问题,五四前后的马列派、西化派和文化本位派,面对的也都是民族复兴问题,但各自都因方法歧异而分道扬镳,甚至相互大打出手。方法("异路")才是区分一个学派与另一个学派最重要的标准。

那么,冯、蒙、黄之间,在方法上有哪些一贯的东西呢?恐怕只有各自都大量借用了西方的思想资源(冯牟范式)。但是,仅仅只有这一点,无法与其他"中国哲学"的研究者区别开来,我们很容易发现这是"中国哲学"研究中的普遍现象。各个支流的差别只是甲用西方的 x 解释中国的 y,乙用西方的 m 解释中国的 n。在冯、蒙、黄之间,冯友兰喜欢的西方思想资源,在黄玉顺那里很少见了。冯友兰表示承接程朱,但程朱恰恰被黄玉顺视作是被形而上学化了的儒学,需要解构(不是否定)。冯友兰那里,救亡图存还是基本问题,而在黄玉顺那里,这个问题不存在了,而是跳跃为为一些具体建构寻找生活本源。我觉得,假如黄玉顺不看冯友兰与蒙培元的书,而看牟宗三的,他同样能作出他那套学术。所以,"中国哲学"之统绪,恐怕只有制度内的师生关系,而很难说有明晰的师承关系。问题的关键在于:古代学术因不能自我解释,必须依傍西学以自存,从而丧失了独立自主地存在、发展的能力,因而发生了巨大的断裂(绝不能将摆脱西学而自立误解为排外)。

对于学术发展,我是主张建立师承、学派与学统的(统归为学统),因为有效的学统不仅是赓续历史的必要条件,也是开拓未来的必要条件——学统是学术积累与创新的自觉有效的组织形式。就目标看,我们固然是为了未来而不是为了过去而生活,所以,开拓未来似乎比赓续历史更重要。但是,一个不能赓续历史的文化(这个文化指文化体系)是绝不可能创新而开拓未来的,除非预设横空出世的天才。赓续历史是开拓未来的前提(我们在西学方面如科技上的成就,也赓续了西方的历史)。因此,赓续历史与开拓未来就很难说谁比谁更重要。学术是人类自觉地积累与创造文化的活动。在学术的历史与未来之间,最有效的连接就是学统。无论对于赓续历史还是开拓未来,学统的建立都是非常重要的——学统是学术积累与创新的自觉有效的组织形式。这对于任何文化体系都是适用的。

也许正是人们感觉到了中国现代学术学统的断裂,并感觉到了这种断裂可能导致的危险,所以,人们重视学统,重视传承,所以,常常有人宣称自己师承这个师承那个。但是,由于目前的学术建构方法存在着无法克服的困难,即无法摆脱对西学的依傍而自立,使得中国现代学术无法在它产生与处身的现代建立学统。既然在现代都无法建立学统,那么,中国现代学术也就无法有效赓续古代历史——学者之努力与斯文之断裂,就相互交织,并陷入困境。至于创新,更是后话。

仁爱的“层级”观念

——评黄玉顺对孔子仁学的理解与诠释

李　龙

编者按：此文忠实地秉承了黄玉顺“生活儒学”所提出的“观念的三个层级”架构，由此着意分析了孔子“仁爱”观念的多层级性。应该说，作者是从一个特别的角度——“仁爱”，较准确地诠释了黄玉顺的思想。通过对“仁爱”的观念层级的分疏，作者一方面打通了历代儒者在“性－情”、“体－用”观念下理解孔子“仁爱”思想的隔阂；另一方面则使儒学之本源得以显现，从而为儒学在当代社会中的重构找到了可靠的地基。

孔子是儒学的创始人和奠基人，其思想和学说主要凝聚于“仁”这一核心观念之中，故后世以“仁学”命名孔子的学说。现代新儒家徐复观先生认为“孔学”即是“仁学”，并指出：“《论语》一书，应该是一本‘仁书’。即是应该用‘仁’的观念去贯穿全部《论语》，才算真正读懂了《论语》。”①确实，“仁”这一观念乃是孔子思想的出发点，并且也是后世儒家的最核心观念之一。著名哲学史家蒙培元先生在其专著《情感与理性》中指出：“儒家的情感哲学如果能够用一个字来概括，那就是‘仁’，儒学就是仁学。”②不仅如此，李幼蒸先生甚至提议用“仁学”代替“儒学”③，这显然是深有见地的。

在当下的儒学复兴运动中，我们首先必须要回归孔子，回归孔子的仁

---

① 徐复观：《释〈论语〉的“仁”》，见《中国学术精神》，徐复观著，陈克艰编，上海：华东师范大学出版社2004年版，第3—4页。

② 蒙培元：《情感与理性》，北京：中国社会科学出版社2002年版，第310页。

③ 李幼蒸：《请用“仁学”代替“儒学”——给儒学朋友的一封信》，《四川大学学报》2007年第2期。

学思想。然而这就引出了一个问题:我们今天应该如何来理解和把握孔子的“仁”这一核心观念呢?孔子所讲的“仁”,用《论语》的话说,可谓“仰之弥高,钻之弥坚,瞻之在前,忽焉在后”(《论语·子罕》[①]),实在很难把握。孔子言“仁”,不仅对不同的弟子所言不同,而且即便是对同一个弟子前后所言也不同。一个典型的例子是,樊迟三次问“仁”,而孔子的回答不一:

> 樊迟问仁。子曰:“爱人。”(《论语·颜渊》)
>
> 樊迟问仁。子曰:“居处恭,执事敬,与人忠。虽之夷狄,不可弃也。”(《论语·子路》)
>
> (樊迟)问仁。曰:“仁者先难而后获,可谓仁矣。”(《论语·雍也》)

我们不禁会问:孔子何以针对同一个问题对不同弟子回答不同,甚至对同一个弟子也先后三异其答?我们固然可以认为此乃孔子“因材施教”,然而这却是一种很外在的理解。对此,黄玉顺教授指出:“孔子之伟大,既不在于他是‘纯粹’的形而上学家,也不在于他是‘纯粹”的伦理学家,更不在于他是什么‘纯粹’的‘存在哲学家’,而在于他的思想的丰富的层级性:在生活本源上建构形而上学,并将这种形而上学贯彻到作为‘形而下学’的伦理原则中。”[②]因此,孔子先后异其答的根源,乃在于他的观念层级的丰富性。在黄玉顺教授看来,就“仁”这一观念来说,孔子事实上是分别在本源层级、形上层级、形下层级这三个不同的层级上来谈的,“关于作为儒家核心思想的‘仁’,存在着种种误读,而其中最严重的误读,就是混淆了形下之仁、形上之仁与本源之仁。在孔子那里,‘仁’本来就有着这样三种不同层级的用法:仁首先是作为本源的生活情感的‘爱’,然后才可能是作为形而

---

① 《十三经注疏·论语注疏》,北京:中华书局1980年版。以下只注篇名。

② 黄玉顺:《孔子仁学的现代意义何以可能?——依据生活儒学的阐明》,《理论学刊》2007年第10期。

上学的根据的‘性’，最后才可能是作为道德原则的‘善’。”①

一、形下之仁

据《论语》载：“颜渊问仁。子曰：‘克己复礼为仁。一日克己复礼，天下归仁焉。为仁由己，而由人乎哉？’颜渊曰：‘请问其目。’子曰：‘非礼勿视，非礼勿听，非礼勿言，非礼勿动。’”（《论语·颜渊》）“克己复礼为仁”，“克己”是为了“复礼”，而“礼”在儒家话语中是说的各种制度规范建构，故孔子此处所言之“仁”就是指的形下之仁。

所谓“形下之仁”意指什么呢？在黄玉顺教授看来，形下之仁意指“伦理层级上的善”②，即形下的伦理道德层级上的“善”。事实上，孔子也是如此理解的。子曰：“苟志于仁矣，无恶也。”（《论语·里仁》）“仁”在这里与“恶”相对，那么这显然是在说道德的“善”，亦即“被理解为道德原则的仁，也就是道德意义上的‘善’—— 是‘善恶’之善，而不是‘无善无恶’的‘至善’。”③黄玉顺教授在这里有一个判分：“至善”与“善”。这显然是很重要的。“至善”是无对的，是绝对的“善”，而不是与“恶”成对待的相对的“善”。王阳明“四句教”首句曰“无善无恶是心之体”④，此“无善无恶”之“至善”乃心之体，即心性本体，是形上层级的事情，二者必须严格区分。形下之仁只能是作为伦理原则的相对的“善”。

在形下层级上，孔子还把“仁”看作是一种道德原则或德目，并常常以之统摄诸德。孔子曰：“志士仁人，无求生以害仁，有杀身以成仁。”（《论语·卫灵公》）此处所言之“成仁”，即成其仁德。“仁”作为一个德目，孔子以之包涵众德目，他把忠、信、勇、孝、弟、恭、宽、敏、惠、刚、毅等等都纳入仁德之中。由此足见，在孔子的思想中，仁德乃诸德目之“整全”，是最核心的道

① 黄玉顺：《爱与思——生活儒学的观念》，成都：四川大学出版社 2006 年版，第 210 页。

② 黄玉顺：《爱与思——生活儒学的观念》，第 210 页。

③ 黄玉顺：《面向生活本身的儒学——黄玉顺“生活儒学”自选集》，成都：四川大学出版社 2006 年版，第 105 页。

④ 王阳明：《王阳明全集》，《年谱·六年丁亥九月》，上海：上海古籍出版社 1992 年版。

德原则。故而孔子的内圣之学就集中体现在“为仁”的功夫上。《论语》中谈“为仁”的工夫处甚多，上面所举的“克己复礼”即是言“为仁”的工夫。兹再举例如下：

> 仲弓问仁。子曰：“出门如见大宾，使民如承大祭。己所不欲，勿施于人。”（《论语·颜渊》）
>
> 子张问仁于孔子。孔子曰：“能行五者于天下为仁矣。”请问之。曰：“恭、宽、信、敏、惠。恭则不侮；宽则得众；信则人任焉；敏则有功；惠则足以使人。”（《论语·阳货》）
>
> 子贡曰：“如有博施于民而能济众，何如？可谓仁乎？”子曰：“何事于仁，必也圣乎！尧舜其犹病诸！夫仁者，己欲立而立人，己欲达而达人。能进取譬，可谓仁之方也已。”（《论语·雍也》）

以上所引，孔子皆在谈“何如斯可谓为仁”，即“为仁”的工夫。值得注意的是，孔子强调“为仁由己”而不由乎“它者”，此乃儒家道德思想不同于西方基督教道德思想的地方。儒家认为人的道德的本源在于人的本心之德，主张欲仁而得仁，从而强调“自律”；而基督教则认为人的道德的根源在于上帝，从而强调“他律”，即服从上帝的律令或戒条。事实上，这样的差别也是儒家后来没有发展成为宗教的一个根本原因，或者也可以说是儒家不是宗教的一个证据。

然而形下之仁的根据何在？黄玉顺教授进一步指出：“如果康德会问：数学何以可能？自然科学何以可能？那么我们会问：伦理学何以可能？”① 在他看来，形下之仁必须接受“破解”，而破解就是进一步追本溯源，追溯其根据：形上之仁。

---

① 黄玉顺：《爱与思——生活儒学的观念》，第211页。

二、形上之仁

形下之仁何以可能？“生活儒学的回答就是：它的根据是形上之仁。”①在黄玉顺教授的视域中，形上是为形下奠基的，即形下之仁根据于形上之仁。事实上，孔子也是从形下之仁追溯到形上之仁的。据《论语》载：

> 富与贵，是人之所欲也；不以其道得之，不处也。贫与贱，是人之所恶也；不以其道得之，不去也。君子去仁。恶乎成名？君子无终食之间违仁，造次必于是，颠沛必于是。（《论语·里仁》）

得富贵之道、处贫贱之道都是具体的“道”，是伦理层级的形下之仁，然而它们的根据却是形上之仁，即形上之道，亦即形上之性。子曰：“人而不仁，如礼何？人而不仁，如乐何？”（《论语·八佾》）显然，孔子此处所言之“仁”是作为“礼”、“乐”的前提、先行观念的。根据形上为形下奠基的观念，既然“仁”是形下之“礼乐”的先行观念，那么此处的“仁”无疑是形上层级的作为本体的“仁”。在孔子看来，外在的礼乐是根源于人的仁心、仁性的，即仁心是“体”，而礼乐是“用”。对此，黄玉顺教授指出：“在这个意义上，仁是哲学形而上学层级上的性。孔子之所以罕言‘性’，是因为他之所谓‘仁’已经包含着这层意义。”②孔子这里所言之“仁”其实就是孟子之所谓“性”，就是“德性”，所以他说：“天生德与予。”（《论语·述而》）这与《中庸》说的“天命之谓性”是一个意思。③

孔子之后，孟子以心说仁，使孔子的仁学思想有了重大发展。孟子曰：“仁，人心也”（《孟子·告子上》④）、“仁也者，人也”（《孟子·尽心下》），

① 黄玉顺：《爱与思——生活儒学的观念》，第211页。

② 黄玉顺：《爱与思——生活儒学的观念》，第211页。

③ 详见黄玉顺：《爱与思——生活儒学的观念》，第85页。

④ 《十三经注疏·孟子注疏》，北京：中华书局1980年版。以下只注篇名。

此所言之“仁”即人的本心，心体就是仁体。在孟子的“仁→义→礼→智”架构中，“仁”就是其心学形而上学建构中的“心性本体”，亦即形上之仁。孟子曰：“先立乎其大者，则其小者弗能夺也。”(《孟子・告子上》)此处所言之“先立乎其大者”就是首先确立作为心性本体的“性”，而“仁”就是这样的心性本体。在孟子心学的形而上学建构中，“仁”作为“性”，既是主体性，又是实体性；正如黑格尔所说：“实体在本质上即是主体。”[①]孟子曰：“万物皆备于我矣。反身而诚，乐莫大焉。”(《孟子・尽心上》)此“我”就是孟子所言之“性”，在这里既是主体性，又是实体性，即作为所有存在者的最后根据的那个存在者。孔子所说的“志于道，据于德”(《论语・述而》)，就是以天道为实体性本体，以德性为主体性根据。[②]

然而，黄玉顺教授认为，在现代哲学的语境下，我们不得不追问：形上之“性”何以可能？亦即这样的主体性、实体性本身是由什么来奠基的？因此，与形下之仁一样，形上之仁也必须接受破解，即我们必须追问形上之仁的本源何在，亦即作为主体性、实体性、本体性的形上之仁的确立何以可能？由此追问，黄玉顺教授进一步回溯到本源之仁。

三、本源之仁

自思孟学派以来，儒家逐渐形成了“性本情末”、“性体情用”的观念架构，从而使得“仁”变成了形下之情的形上根据，并使得一种更其本源的仁爱情感被遮蔽了。特别是到了宋儒那里，本源的仁爱情感似乎被遗忘了。在“性本情末”、“性体情用”的形上建构中，本源的仁爱情感仅仅被视为“性”所发之“情”，是形下层级的事情。小程以爱为情，而仁为性，彼曰：“孟子曰：‘恻隐之心，仁也。’后人遂以爱为仁。恻隐固是爱也。爱自是情，仁自是性，岂可专以爱为仁？”[③]小程此处所言的“爱”并非本源意义上的仁

---

① 黑格尔：《精神现象学》，贺麟、王玖兴译，北京：商务印书馆1979年版，第15页。

② 详见黄玉顺：《爱与思——生活儒学的观念》，第212页。

③ 《河南程氏遗书》卷十八，见《二程集》，王孝鱼点校，北京：中华书局1981年版。

爱情感，而仅仅是作为“性体”之“已发”的情感，是很形下的事情。与小程的观点一致，朱子提出：

> 爱是仁之情，仁是爱之性。①
>
> 爱非仁，爱之理是仁；心非仁，心之德是仁。②

在小程、朱子看来，“仁”乃是形上的“本”、“体”，而情感仅仅是“末”、“用”，即情感是形下层级的事情，它是由形上的“本”、“体”来奠基的。显然，宋儒把情感仅仅看做是“性”之所发的形而下的事情，而遗忘了孔孟所言的作为生活本源的仁爱情感，这也使得宋儒的形上、形下建构成了无本之木、无源之水。

并且，在儒家传统形而上学“性体情用”的框架下来理解孔子的“仁”，会出现一个严重的矛盾：“仁如果是情，就不能是体；而如果是体，就不能是情。”③确实，黄玉顺教授提出的这一问题在儒家传统形而上学的框架内是不可能得到解决的。不仅如此，作为“本”“体”的“仁”的确立也是无根的。面对此问题，何以解决呢？

蒙培元先生首先作出了有益的尝试。蒙先生“把儒家哲学称之为情感哲学”④、并致力于“情感儒学”的建构。他颠覆了传统形而上学的“性→情”架构，实际上提出了“情→性→情”的架构，以期使儒家回到生活情感这个大本大源。⑤ 然而蒙先生对情感本源性的揭示并不彻底。他一方面认为“仁在本质上是情感的”⑥，同时又主张“仁……是道德情感。”⑦蒙先生的这

---

① 《朱子语类》卷六，见《朱子全书》，合肥：安徽教育出版社2002年版。

② 《朱子语类》卷二十。

③ 黄玉顺：《面向生活本身的儒学——黄玉顺“生活儒学”自选集》，第294页。

④ 蒙培元：《情感与理性》，第310页。

⑤ 关于对蒙培元先生“情感儒学”的评述，可参见崔发展：《儒家形而上学的颠覆——评蒙培元的“情感儒学”》，见《中国传统哲学与现代化》，易小明主编，中国文史出版社2007年版。

⑥ 蒙培元：《情感与理性》，自序。

⑦ 蒙培元：《情感与理性》，第9页。

一理解显然是不彻底的,因为"孔子所说的爱的情感有两种用法:一是道德之爱,这是作为形下之仁的道德情感;一是本源之爱,这是作为本源之仁的生活情感"[①];"在本源处,情感本身和道德是毫无关系的,唯有在这种'情'具体地如何实现、如何对象化的时候,才出现道德问题"[②]。"仁"如果是道德情感,那么它就是形下层级的事情,而不是"大本大源"的纯真的生活情感。黄玉顺教授所做的工作,就是要揭示孔子仁学关于本源的生活情感的领悟,尤其是关于本源的仁爱情感的领悟,以期揭示孔子是如何为自己的仁学"奠基"的。

孔子论本源之仁,最著名的记载就是:"樊迟问仁。子曰:'爱人'。"(《论语·颜渊》)从孔子的这一回答中我们可以看出,他把"仁"领悟为本源的仁爱情感的显现。事实上,不仅孔子这样理解,先秦诸子都是如此。兹举例如下:

> 仁,仁爱也。(《墨子·经说下》)[③]
> 仁者,爱人。(《孟子·离娄下》)[④]
> 仁,爱也,故亲。(《荀子·大略》)[⑤]
> 爱人利物之谓仁。(《庄子·天地》)[⑥]
> 仁者,谓其中心欣然爱人也。(《韩非子·解老》)[⑦]

尽管道家和法家都否认仁爱的价值,尽管墨家和儒家所讲的仁爱有所不同,但是他们都把"仁"同"爱"、"爱人"联系在一起,这就说明他们对"仁"都有共同的领悟,即把"仁"首先领悟为仁爱情感。

---

① 黄玉顺:《爱与思——生活儒学的观念》,第213页。
② 黄玉顺:《爱与思——生活儒学的观念》,第57页。
③ 孙诒让:《墨子闲诂》,《诸子集成》本,上海:上海书店出版社1986年版。
④ 《十三经注疏·孟子注疏》,北京:中华书局1980年版。以下只注篇名。
⑤ 王先谦:《荀子集解》,《诸子集成》本,上海:上海书店出版社1986年版。
⑥ 郭庆藩:《庄子集释》,《诸子集成》本,上海:上海书店出版社1986年版。
⑦ 王先慎:《韩非子集解》《诸子集成》本,上海:上海书店出版社1986年版。

孔子所言的“爱人”就是纯真的生活情感，是对生活本身的一种本源性领悟。孔子仁学的一切言说都是出于仁爱情感的，而这种仁爱情感，就是本源性的生活情感。孔子在谈到“三年之丧”时，就是立足于本源的仁爱情感来解释的。据《论语》载：

> 宰我问：“三年之丧，期已久矣。君子三年不为礼，礼必坏；三年不为乐，乐必崩。旧谷既没，新谷既升，钻燧改火，期可已矣。”子曰：“食乎稻，衣乎锦，于女安乎？”曰：“安。”“女安则为之！夫君子之居丧，食旨不甘，闻乐不乐，居处不安，故不为也。今女安，则为之！”宰我出。子曰：“予之不仁也！子生三年，然后免于父母之怀。夫三年之丧，天下之通丧也。予也有三年之爱于其父母乎？”（《论语·阳货》）

这里所说的父母对子女的爱，子女对父母的爱，就是作为本源之仁的本源之爱。“三年”在孔子那里乃是源于一种生活领悟，即“子生三年，然后免于父母之怀”，而非来自外在的伦理规范。所以，当宰我欲短丧时，孔子不无讽刺地说：“今女安，则为之。”并反问宰我道：“予也有三年之爱于其父母乎？”这就表明，父子之情出于自然——自己如此，而不是人为的结果，不是出于说教或什么人为制定的规范。

墨家也讲“爱”，但与儒家的“仁爱”思想的一个重要区别在十它讲“爱”是“无差等的爱”，并且是关涉着“交相利”来谈的，即墨家是纯从“功利”方面来谈“兼相爱”，认为“兼相爱”不仅对他人有利，而且于行兼爱者亦有利。而孔子倡导的“仁爱”乃出自于真情实感，与外在的“利”是毫无关系的。正如孟子所言：“今人乍见孺子将入于井，皆有怵惕恻隐之心。非所以内交于孺子之父母也，非所以要誉于乡党朋友也，非恶其声而然也。”（《孟子·公孙丑上》）仁爱情感的显现乃本源的生活情感的流露，与“孺子”、“父母”、“乡党”、“朋友”这些存在者是没有关系的，是先行于这些存在者的。汉儒韩婴提出的“爱由情出谓之仁”①，可谓是儒家仁爱思想的最好表达，即出于生活情感的仁爱才是本源之仁。

黄玉顺教授对“本源之仁”的揭示并非无的放矢，而是有着深切的现实关怀的。当下的儒学复兴运动，必然遭遇我们已然置身于其中的“现代性运动”。孔子仁学的现代意义当然是毋庸置疑的，但是我们必须得追问孔子仁学的现代意义“何以可能”这一问题，亦即孔子仁学如何可能容纳“现代性”的问题。在黄玉顺教授看来，“孔子仁学的现代意义，既不可能奠基于其形而上的哲学建构，更不可能奠基于其形而下的伦理道德原则构造，而只可能奠基于其关于生活本源、生活情感的领悟。”②何以必须奠基于此而不是彼呢？黄玉顺教授进一步指出：本源的仁爱情感的显现“是普适性的，是与我们身处其中的某种具体生活方式的历史衍流样式没有任何关系的。这也就是孔子仁学、儒家思想之所以能具有现代意义的缘由所在：本源性的仁爱情感的显现，是与我们是否身处现代性的生活方式之中毫无关系的。”③这就意味着：无论我们处在怎样的一种生活方式、历史形态之中，仁爱情感总是显现。也正是在这种意义上，孔子仁学的仁爱观念才是超越一切历史时空的大本大源，也才能容纳“现代性”。

黄玉顺教授立足于“观念层级”来阐释孔子的“仁”，揭示出“仁”这一观念的三个层级：作为本源层级的生活情感之“仁”；作为形上层级的心性本体之“仁”；作为形下层级的道德原则之“仁”。这显然是切合孔子思想的。在孔子那里，形上、形下建构是渊源于本源的生活情感的，是有本有源的。然而经过轴心期大转型之后，本源的生活情感被“茅塞”了，被遗忘了，从而使得形上、形下建构成为无本之木、无源之水。因此，在当下的儒学复兴运动中，我们要重建儒学，就必须首先回归孔子的仁学。但是我们也必

① 《韩诗外传集释》，韩婴撰，许维遹校释，卷四，第二十四章，北京：中华书局1980年版。

② 黄玉顺：《孔子仁学的现代意义何以可能？——依据生活儒学的阐明》，《理论学刊》2007年第10期。

③ 黄玉顺：《孔子仁学的现代意义何以可能？——依据生活儒学的阐明》。

须注意，回归孔子的仁学并不是“笼统”的回归，而是有“层级性”的回归，即回归其关于生活本源、生活情感的领悟。假如我们固守孔子形而上的“天德”观念以及形而下的君君、臣臣、父父、子子的伦理道德观念，那么，我们必然会陷入某种“原教旨主义”的泥潭；并且，这也是违背孔子提出的“礼有损益”的“时宜”原则的。按黄玉顺教授的说法：“复归生活，重建儒学”①——我们今天唯有回归孔子关于生活本源、生活情感的领悟，立足于本源性的仁爱情感来重建儒学，才能使儒学重新“鲜活”起来。

① 黄玉顺：《复归生活，重建儒学——儒学与现象学比较研究纲领》，《人文杂志》2005 年第 6 期。

忘记了天或天的忘记

——与黄玉顺"生活儒学"对话

汪纽孜

编者按:此文乃"宗教儒学"倡导者之一与"生活儒学"展开的对话。作者认定生活儒学是现代儒学中最注重儒学与现象学结合的学派,又认为"天—性"与海德格尔的"存在—此在"更具有对应性,因此建议"生活"最好解释为"天"。从附录文字中可以看到作者对"天"的理解:"天本身,也可以理解为:真正的天,真正的绝对完整者、绝对主宰者。"事实上,这里存在着对海德格尔之"存在"观念和对黄玉顺之"生活"观念的双重误解,读者可细辨之。①

对于近代中国的悲惨败落,人们找了很多的原因。作为哲学家群体,中国哲学界也从哲学的角度,对此进行了各种各样的总结和反省,提出了各种不同的主张。应当说这些总结和反省各有千秋、各有长短,对此本文不做评论。本文从天学、宗教儒学的角度进行反省,认为观察中国于近代败落的原因,必须具有天的高度,中国之所以于近代败落,是因为汉代以来、尤其宋明以来的儒教哲学,都忘记了天,它们都以天的忘记为特征,它们的通病,就是忘记了天或天的忘记。

一、天学、宗教儒学及其与黄玉顺生活儒学对话的基本情况

我于2007年初,在"儒学联合论坛"发表了《天学引论》之第一稿,之后

① 关于生活儒学的"天"的观念,可以参考黄玉顺:《爱与思——生活儒学的观念》,四川大学出版社2006年版,第159-161、223-225页。——编者注

又陆续写了第二稿、第三稿、第四稿、第五稿。[①] 这是一个名为“天学”的现代儒学体系，为了明确它与蒋庆的政治儒学、陈明的文化儒学、盛洪的经济儒学、康晓光的策论儒学、黄玉顺的生活儒学、干春松的制度儒学等当代大陆儒学学派的区别，我于2007年底提出宗教儒学的概念，“以界定和明确天学作为一个儒学门派的特质与表征。宗教儒学顾名思义，就是作为宗教理论的儒学。显然，在宗教儒学的范畴之内，不同的人可以构建不同的理论体系。天学属于宗教儒学的范畴，是宗教儒学的一种。”[②]

天学的概念提出之后，我曾经与黄玉顺先生做过一次对话。我对于黄先生的生活儒学探索表示肯定，但认为黄先生所谓的“大本大源”亦即“仁爱”情感，立论和架构上有点小，建议黄先生考虑考虑“天”；黄先生则认为我的天学体系，是一种形而上学的体系。黄先生认为，“海德格尔实际上认为存在着这样一种奠基关系：生存论（基础存在论）→ 哲学存在论（形而上学）→ 科学与伦理学。”[③]黄先生的“生活儒学”主张“生活情感→形而上学→形而下学”的依次奠基关系。按照这种逻辑，其意思就是说我的天学体系，仍有待于“奠基”。黄先生的生活儒学，是现代儒学中最注重儒学与现象学结合的学派，它对我有某种程度上的启发意义，那就是加强了我对于海德格尔哲学的重视。但是在总体上，我更认同成中英将“天－性”与海德格尔的“存在－此在”相比较的架构。[④] 根据这种架构的逻辑，儒教哲学的天，已经相当于乃至超越于海德格尔的存在，天从总体上说已经是最基础的“东西”，再言奠基，就非法了。后来我还有一种感觉，我认为生活儒学的“生活”最好解释为儒家的天，而不是解释为道家的“无”。儒家的“天生万物”，要比道家的“有生于无、无中生有”，来得更好。

---

① 见儒学联合论坛、儒教复兴论坛、华夏复兴论坛等。

② 见拙论《论宗教儒学——一个新的儒学门派的创建》，见儒学联合论坛、儒教复兴论坛、华夏复兴论坛等。

③ 黄玉顺：《复归生活、重建儒学——儒学与现象学比较研究纲领》，见《人文杂志》2005年第6期；人大复印资料《中国哲学》2006年第1期全文转载。

④ 见李翔海、邓克武编：《成中英文集》第一卷，湖北人民出版社2006年5月第1版，第109页。

二、来自海德格尔的启示:天与天生之物的区分

我认为在海德格尔哲学的诸多成果中,最值得儒教哲学借鉴和消化吸收的,是海德格尔关于"存在与存在者的区别"以及"忘记了存在或存在的遗忘"的理论。天生万物和人,这是儒教哲学的基础理论。海德格尔的"存在",大致相当于儒教哲学的"天",由于任何存在者没有不是天生的,因此海德格尔的"存在者",也就相当于儒教哲学的"天生之物"。天生之物,既包括形上的无极、太极,也包括形下的阴阳、五行,还包括各种具体的物、低等生物、高等生物、人,直至包括家、国、天下,包括各种具体的社会制度。在中国历史上出现的各种等级制度,都是天生之物的范畴,我称之为天制等级。[①] 因此,天制等级,也是天生之物。天与天生之物的区分,在一般情况下似乎并不难理解,但是一旦涉及社会领域,涉及各种天制等级,这种特殊的天生之物,就往往被混同为天本身。不妨说儒教哲学从汉代开始,就从某种程度上混淆了天与天生之物(天制等级)的区别。到了宋明时代,天与天生之物(天制等级)的混淆,达到了更加惊人的程度。其表现就是将等级制度绝对化,成为绝对不可侵犯的东西,天生之物(天制等级)也就变成了天。

三、忘记了天或天的忘记与近代中国的悲惨败落

混淆了天与天生之物(天制等级)的区别,结果就使得中国人、中国社会、中国哲学,无不以天生之物(天制等级)来代表天,从而忘记了天本身。就像(在海德格尔看来)西方哲学从柏拉图开始,就忘记了存在一样,儒教哲学从汉代以来就忘记了天,尤其是宋明以来,天的忘记就成了儒教哲学的根本特征。如果说天的原则,是一种民众至上的原则;天的原则指导下的天制等级原则,是一种为了民众而不断改进的等级原则;而忘记了天之

① 见拙论《现代儒教的特质分析——兼论儒教的"第五期"发展》(第二—五稿),见儒学联合论坛、儒教复兴论坛、华夏复兴论坛等。

后的天制等级原则，就成了一种帝王至上的原则，一切为了维护帝王的统治，沦为专制等级原则。忘记了天或天的忘记，决定了中国人、中国社会、中国哲学的极度保守与僵化，这种保守与僵化，就是造成近代中国悲惨败落的根本原因。

从宗教角度看，中国的各级官府自古以来就具有儒教教会的职能。然而从汉代开始，这种教会由于具有绝对权力，于是经常以天自居，民众直接信仰天的权利被剥夺了，民众必须首先信仰官府才能信仰天。这种情形与西方中世纪的基督教会，有相似之处。西方直到近代的宗教改革，“因信称义”，才赋予个人直接信仰上帝的权利。

四、儒教的“四要素”构成

儒教包括常天永命的儒教、天赋责权的儒教、等级天制的儒教、修养身心的儒教四个要素，其中常天永命的儒教，是儒教的超越思想之所在；天赋责权的儒教，是儒教的责权思想之所在，是西方人权理论的儒教源头之所在，[①]是儒教的“革命”精神之所在；等级天制的儒教，是儒教的社会等级制度必须以民众为中心不断进行改革的思想之所在，在过去的两千年里，由于忘记了天，等级天制的儒教沦为等级专制的儒教；修养身心的儒教，是儒教以上述三个要素为基础而进行个人身心修养的思想之所在。

综上所述，应当说传统儒教，在原始儒教和孔孟儒教那里，包括常天永命的儒教、天赋责权的儒教、等级天制的儒教、修养身心的儒教四个要素；在汉代儒教和宋明儒教那里，包括常天永命的儒教、天赋责权的儒教、等级专制的儒教、修养身心的儒教四个要素；而在正在形成中的现代儒教中，我们应当力争全面批判和扬弃等级专制的儒教，恢复和重建等级天制的儒教，因此现代儒教应当包括常天永命的儒教、天赋责权的儒教、等级天制的儒教、修养身心的儒教四要素。

---

① 见李翔海、邓克武编：《成中英文集》第二卷，第368－369页。

五、儒教文化如何开出民主与科学

近代中国的败落,使得有些中国人的自信心严重受挫,他们之中的有些人,甚至主张全盘西化。很多人断言中国文化,开不出民主与科学。牟宗三主张“良知自我坎陷”,以解决由内圣开出外王的问题。

本文认为,儒教文化之所以没有开出西方近代的民主与科学,关键在于它从汉代开始就忘记了天。民众不再至上,人民的综合创造性受到轻蔑和排斥。“五四”觉醒,是一种睡梦之中的探索,它不是想起了久已忘记的天,而是通过“他山之石”的启发,在“想起了天”的征途上,迈出了坚实的一步。二十一世纪的中国,正在经历“二次”觉醒,经过这次觉醒,中国人将从梦里彻底醒来。儒教,是全人类的共同财富,是人类共有的“革命”、“人权”、“民主”精神的重要发源地。由于“天的忘记”,中华民族失去了独自开创“近代现代文明”的机会,教训极为深刻、惨痛,但是这不等于儒教哲学与现代文明不容,只要我们克服“天的忘记”,就可以重新连通天的本源,显然,它就可以开出包括民主与科学的现代文明,并进而为全人类贡献自己的独特智慧。

再谈“重建(传统/绝对)”

——写给黄玉顺教授

米继军

编者按:此文对黄玉顺的“生活儒学”多有质疑,特别是对“重建儒家形而上学”的想法表示颇难苟同。其主要观点如下:1. 作者认为黄教授对现代新儒学的批评存在着一种“吊诡”——“以破解形而上学的方式重建形而上学”;2. 作者根据孔孟以后的传统儒学的“性—情”观念,认为生活儒学将“爱”、“情”作为本源,乃是“本末倒置”。其实,黄玉顺对此已多次作过解释:生活儒学不是拒斥形而上学,而是使得形而上学有其本源,亦即解构传统的那种作为“无源之水”的形而上学,重建“有本有源”的形而上学,这里并不存在什么“吊诡”。作者援引传统儒学的“性—情”架构,及作者对《中庸》、甚至对尼采的理解,在生活儒学看来,那恰恰是典型的传统形而上学话语,缺乏“最起码的思想视域”。

以为原先从来没有、不存在(不知道其实早就有并依然在那里存在着)或即使有也要把它完全彻底地解构(过去的解构都不够彻底,就算那些后现代主义者依然如此)以便于“重建”(传统/绝对/新形而上学)的一种迫不及待的“重建”的欲望和冲动——这大概就是目前黄玉顺教授的学术心态。

老实说,我也认为在黄玉顺教授的生活儒学(以及其他人的某某儒学亦然)的致思进路与其对现代新儒学的相互批评之间存在着一种"吊诡"。[①] 这种吊诡就像过去我们在批判形而上学的同时不知不觉也把自己变成了形而上学一样:今天我们在批评后现代主义的同时其实也在不知不觉地把自己变成了后现代。何以竟会如此?人是其所处时代和场所的权威意见的囚徒,大多数人由此开始,绝大多数人也在此结束。因而此吊诡盖即在于这种囚徒困境吧:这种囚徒困境总是以今(时代、当下)非古(或远或近的过去),"时代性"与"时代特点"是挂在他们嘴边的话。因而这根本关涉到一种古已有之而且亘古不变的"古今之争"(这里不作具体展开)。

黄玉顺认为,熊、牟的"哲学形而上学恰恰是对生活本身的遮蔽。这样的哲学形而上学,在二十世纪以来的当代思想中,恰恰是必须被'解构'的东西"[②]。为什么必须?因为重建:若不是非解构甚或非彻底地解构不可,如何来重建?就像过去所谓"不破不立"一样,以为破字当头,可以立在其中。然而吊诡的是,黄氏"生活儒学"的建构却恰恰是采取的哲学形而上学的进路。实际上缺少了哲学形而上学建构,生活本身的一切都将失去究极根据。试想现代新儒学若无熊、牟等人的哲学建构,将是一种多么平庸的面相。今后儒学如要发展,仍然少不了哲学形而上学的建构。这些话是对的。因为不管我们对孔子及其儒学恨也好爱也好、批也罢颂也罢,说明它总是存在的;但如果是解构(破)进而重建(立),那么就像尼采的查拉图斯特拉所正式宣布的"上帝死了"一样,孔子及其儒学因此便死了;对已死了的东西,我们还有什么可说的呢?既如此,那么又如何只是被"误解"的问题呢?而且还有什么可以作进一步的充分展开和彻底澄清的?在这个意义上,不管熊、牟本人究竟做得怎么样,至少他们都没有狂妄地这么做(准确地讲,应当是说或者主张,因为做其实是不可能的):破解形而上学,重建

---

① 此指胡治洪教授对黄玉顺教授的批评。参见胡治洪:《近20年我国大陆现代新儒家研究的回顾与展望》,见《鉴往瞻来——儒学文化研究的回顾与展望》,复旦大学出版社2006年版;黄玉顺:《生活儒学与形而上学之关系?——致胡治洪教授》,载《学术界》2008年第1期。——编者注

② 黄玉顺:《生活儒学与形而上学之关系?——致胡治洪教授》。下同。——编者注

形而上学！反对“原创时期以后建构起来的、古今中外所有一切形态的形而上学”即“传统形而上学”！

黄玉顺构思将生活本源、形而上学、形而下学一体囊括的“生活儒学”，对此，黄教授也承认这个判读应该说是大致不差的，并惯用下面的一种符号来进行“更为准确”的表达：“生活本源→形而上学→形而下学”。由此而明确指出，生活儒学就绝不仅仅是什么“形而上学”；在生活儒学中，形而上学只不过是其中的一个层级而已。因而若将生活儒学归结为形而上学的看法，显然是一种以偏概全。形而上者之谓道，形而下者之谓器；那么这个可以凌驾和被安排到“形而上学”之上的“生活本源”(我注意到这里用的是“本源”而非本原)又是什么呢？“显而易见，生活儒学所认定的真正的大本大源，绝不是什么形而上学，而是作为所有一切东西(包括形而上学)的源头活水的生活。这就是我一再强调的生活儒学的一个基本观念：生活即是存在，生活之外别无所谓存在”。为什么非要彻底解构传统形而上学进而重建新的形而上学不可？照黄玉顺先生的说法，因为前者“遗忘了存在、蔽塞了生活”、“只会思‘有’不会思‘思无’”(也许黄先生根本忘了抑或不知老子曾有言曰：“天下万物生于有，有生于无。”)，是“无本之木无源之水”，因为“这种形而上学忘记了自己是渊源于生活的”。在黄先生看来，“但是所谓破解、‘解构’并不是说的简单地抛弃传统形而上学，而是说的对传统形而上学，获得一种更为透彻、更为本源的理解：它是怎样渊源于其当下的生活的？”由此可见，黄教授的“生活本源”似乎就是道而且从其上面表述上看也只能是道，但按古典儒家的观点，形而上者之谓道，而黄教授却又将其“生活本源”建立在“形而上学”之上；也就是说，又不是道。那么它到底又是什么呢？若按《中庸》的表述，“天命之谓性，率性之谓道，修道之谓教”；而这与《郭店楚简》(处于孔孟之间)的表述在根本上是一致的：“性自命出，命由天降，道始于情，情生于性”；若学黄教授以符号“更为准确”地表达，即：“天→命→性→情→道”——其中的天与道处于这条主线的两端，若合而言之，即为天道。由此可见，虽曰形而上者之谓道，但这个似乎抽象的道，却始于具体而非抽象的情（形而下的器，由此亦可见，当年陈康教授将“物理学之后”意译为“形而上学”或“道”是切中肯綮的），而且情并不是终极的，而（若用黄教授的话说）“只不过是其中的一个层级而已”，因为它上面还有性甚至命与天，而且此三者间的关系是：情生于性，性自命出，命由天降。至此，黄教授的“生活本源”似乎仅相当于其中的情而已矣，但他却认此作“生活本源”、终极或绝对！“生活儒学所主张的是一条‘当代主义’的思想路线，主张回到存在本身、生活本身，回到生活情感、仁爱情感，在这种本源上重建形而上学。”而这与他在“爱”与“思”二者间的关系问题上更看重于前者（喜怒哀乐爱恶欲七者乃是人不学而能的情也）是完全一致的。因而这与古典儒学的理论是颠倒的，或者用黄教授的话说是“本末倒置”！

既然“生活儒学所主张的是一条‘当代主义’的思想路线，主张回到存在本身、生活本身，回到生活情感、仁爱情感，在这种本源上重建形而上学”，那么如果当代结束了、完了，那么这个似乎可以因此而被叫做“时代精神”的“生活儒学”是否也就要相应地跟着完了？因为它本来就是即时性、共时性而非历时性的。若如此，如果说“缺少了哲学形而上学建构，生活本身的一切都将失去究极根据”这句话又有什么不对？难道形而上学竟可以充当生活的“究极根据”吗？这在黄教授看来是不可想象的、“本末倒置”的。唯有生活才是大本大源、源头活水。但在古典哲人看来，却很可能恰恰相反——现实、太现实或人性的、太人性的，在哲人尼采看来，是不可以的；这样一种看法在尼采看来，盖缘于人们在用眼睛看而不是用耳朵听。于是乎，我们注意到黄教授下面的话“最起码的视域，舍此不足以语思想”以及“这样的思想视域其实也正是最古老的一种思想视域，亦即原创时期（略相当于雅斯贝尔斯之所谓‘轴心时期’）乃至前原创期的思想视域。在儒学中，这其实也就是孔孟的思想视域”。

“需要把由传统做成的一切遮蔽打破”？这在尼采看来，同样也是不可以的。因为真理是女人，她不可以赤条条的一丝不挂。尽管非礼勿言，但我们还是不得不提一下“不雅照”（港台媒体多以此名之，而我们却毫无文化和品位地甚至露骨地称之为“艳照”、“淫照”,生怕人们不明白)事件。这个事件为什么在中国大陆如此甚嚣尘上?这恐怕与我们的后现代主义不无干系(黄教授不是也或明或暗地提出要将后现代主义进行到底吗?)我们正在热烈拥抱着后现代!然而为什么有识之士对此特别反感?其中的原因可能很多,但我个人认为,这恐怕跟尼采的这个比喻不无关系:既然或许真理就是女人,如果我们将真理或女人一丝不挂地全部揭示出来,那么这个世界,还有什么意义?无意义。人们会因此而恍然大悟:原来真理——古今中外无数的哲人以其无量头颅无量血所孜孜以求的真理,原来就是这个丑陋的样子啊!也就是说,对真理或女人而言,遮蔽总是必要的;否则,像黄教授说的那样,将“传统做成的一切遮蔽打破”,那么您将面对的就只有那一幅幅不堪入目的“艳照”或“淫照”!而当您(不只是您)面对它们时,难道不会心猿意马、想入非非吗?而且除此以外,还会有什么?别谈什么视域,因为眼见未必是实而耳听未必是虚;尤其当我们知道,古典时代的教育往往是口耳相传之时。难道我们可以将“传统做成的一切遮蔽打破”然后再给它穿上三点式或者厚厚地着上冬装以遮羞,再等着另一个时代的人来再一次地脱吗?

王船山的“性日生日成”“习成而性与成”之与孔子等儒家思想是完全一致的,为其所强调的亦只是性而非情(我不止一次地强调过,废礼循情,所务者末),所谓“性日生日成”与“习成而性与成”似不可望文生义、断章取义地理解;在本人看来,为前一句话所强调的是生与成,即生生不息、绵绵不绝的《易》之义也,而且这两句话应当合起来理解:子曰:“性相近也,习相远也”。一句“习成而性与成”看起来简单,实则不易:它说的是习与性先后天地有机结合与完美统一,如果说性是仁而习是人的话,那么仁人或者说道,就是这样一种境界。因而孟子才要说:“仁者,人也;合而言之,道也。”若如此,若习成(这一点又谈何容易呢)则性必然与成。这并不是说性是可变的,变动不居;即使我们今天尚且说江山易改,禀性难移,对吧?我们再来看一看那个符式“天→命→性→情→道”。在董仲舒看来,“道之大原出于天,天不变,道亦不变”。性既然是自命而出并且命由天降,那么天不变,则性与天道亦自然不变。不仅是本人,即使八十几岁的何兆武先生在其访谈录《上学记》中亦云:所谓活到老、学到老、改造到老,根本是不可能的事,若不是欺人就是自欺。别忘了,三十而立;否则,孔子何必要这么说?

最后在黄教授看来,“这样的作为本源存在的生活,首先显现为本真的生活情感、尤其是仁爱情感,这就是诚——本源意义上的诚而非‘形而上者’意义上的诚。在这种本源意义上,我们才能真正透彻地理解《中庸》所说的‘不诚无物’、而诚‘成己’‘成物’:没有存在,就没有存在者;没有生活,就没有生活者;没有生活情感、仁爱情感,就没有任何物,不论它是形而下的‘万物’还是形而上的‘道之为物’;唯有仁爱,才能一方面成就作为主体性存在者的‘己’,另一方面亦成就作为对象性存在者的‘物’。”——其中许多话颇值得商榷。请看《中庸》里面的这样两段有关于“诚”的话:

> 诚者,天之道也;诚之者,人之道也。诚者,不勉而中,不思而得,从容中道,圣人也;诚之者,择善而固执之者也。
>
> 诚者,自成也;而道,自道也。诚者,物之终始,不诚无物。是故君子诚之为贵。诚者,非自成己而已也,所以成物也。成己,仁也;成物,知也。性之德也,合外内之道也,故时措之宜也。

这里已说得非常清楚了,诚者,自成也,天之道也,它大概可以说是性;但黄教授却误以为“本真的生活情感,尤其是仁爱情感,这就是诚”,这显然是根本混淆了天之道和人之道二者。因此他将诚误以为诚之、情误以为性,并认此为“生活本源”“存在”以及“绝对”也便自然在情理之中了。“诚者,自成也”、“天之道也”、“物之终始,不诚无物。是故君子诚之为贵。诚者,非自成己而已也,所以成物也。成己,仁也;成物,知也。性之德也,合外内之道也,故时措之宜也”,其中成己与成物并不是一回事:成己,仁也

(人也),而成物,知也。而性之德也,在于合外内(而非成中英那本著作的名称以及他本人有意或无意弄反的“合内外之道”)之道也。何以要如此?何以要合外内之道也?曰:故时措之宜也。艰难时势使然,唯不得已、不得不云尔。“没有存在,就没有存在者”这句话本无可厚非,但这个“存在”到底是什么却很难说;至少并不像黄教授所理解的仁爱情感;至于“没有生活,就没有生活者”这句话同样是弄反了,似乎应当说是没有生活者就没有生活——因为生活总是生活者或人的生活,没有人的生活如何还能被叫做生活?最后“没有生活情感、仁爱情感,就没有任何物,不论它是形而下的‘万物’还是形而上的‘道之为物’;惟有仁爱,才能一方面成就作为主体性存在者的‘己’,另一方面亦成就作为对象性存在者的‘物’”,这样的表述既不严谨又十分新鲜:上天所载,无声无臭,至矣!否则,天若有情天亦老,人间正道是沧桑!既如此,又何谈“没有生活情感、仁爱情感,就没有任何物,不论它是形而下的‘万物’还是形而上的‘道之为物’”?而且形而下者之谓器或者万物,但形而上者之谓道是道本身而非您所谓“道之为物”(这些中国古典哲学的基本概念一定要首先搞清楚才是)。“惟有仁爱才能一方面成就作为主体性存在者的‘己’,另一方面亦成就作为对象性存在者的‘物’”,这一表述亦恐怕只能属于黄教授本人;或者说,恐怕只有黄教授本人才能说得出口。

总之,在本人看来,黄教授恐怕根本弄反、倒置或颠倒了性与情、道与德、诚与诚之、天(之道)与器或人(之道)等相互间的关系;换句话说,这些古典儒学的基本概念在他那里是混淆的。但问题是,正如《大学》所言:“自天子以至于庶人,一是皆以修身为本,其本乱而末治者,否矣;其所厚者薄而其所薄者厚,未之有也。”

作为阐释学的“生活儒学”

周剑铭

编者按:此文认可黄玉顺“生活儒学”的观念层级划分与阐释,并多从与西方哲学的比较中讨论“生活儒学”的优劣之点。作者一方面认为,“生活儒学”在理论上成功地将现象学的认识论直观改造成人性的感性直觉,把现象学的先验性和海德格尔的存在者(此在)预设消融在儒学的现实性生活之中;另一方面则认为,“生活儒学”也面临着困难:1. 将存在同等于生活,这样在中国语境中言说,生活就是“无”,这是用中国语境来消解形而上学的困难,但在哲学理论上并不是问题的最后解决;2. 中国式的领悟之思如何才能转化为西方式的理知之思,这是一个问题。对于作者所指出的第一重困难,其实,“生活是无”这一命题不单单是从“中国语境”上来“消解”形而上学的困难,而是以观念层级的构造法来解决形而上学的困难,这才是生活儒学在理论上的成功之处。另外,生活儒学原本并不存在将“中国式”的领悟之思转化成“西方式”的理智之思的意图,也就不存在如何完成康德所未完成的任务的问题。

“生活”与“儒学”都是两个大概念,各自俱微言大义的深度和纷纭复杂的广泛理解,但这两者是可以相互阐释的:以儒学来阐释生活,生活就是中国文化的现实;以生活来阐释儒学,儒学就得到了现代性。这种阐释也使中国传统的学术方法既能吸收西方学术理论的既有成就,也能发挥中国学术自身的特征。黄玉顺先生的“生活儒学”所做的工作,正是这样一种阐释学的努力。

一、“生活儒学”的层级与阐释

层级或层次是阐释学的核心，因为层级区别于一般实证方法的平面性，不同于实证的分解归类与分析演绎，才使阐释学成为独特的学术理论和方法。层级或层次好像X光片（这里与病人无关），普通人看是模糊的单层影像，但专业医生可以看到相互重叠但层次不同的实体，甚至不同的医生也可以有不同的结论。但这种阐释学层级的困难在于，它也是最能导入无谓的论争的原因。阐释是一个全面、整体性的工作，阐释学的困难往往不在于一个概念、一个论点或一个用语的对与错，而在于你的阐释焦点的掌控和阐释的先后过程。

生活儒学的层级是这样的：

观念的层级：本源情感（存在）→ 本体（形而上存在者）→ 人伦物理（形而下存在者）①

或者：

本源情感 → 形而上主体性 → 形而下主体性②

“生活儒学”作为阐释学，是关于所有这些层级的，“哲学形而上学不过是生活儒学当中的一个层级、而且远非本源层级的问题”；“有人误认为生活儒学是一种‘哲学’或者‘形而上学’，殊不知，生活儒学首先是破解一切传统的哲学形而上学。但这并不意味着‘拒斥形而上学’，因为根据观念层级之间的奠基关系，任何形而下学（伦理学、知识论），都必须建基于形而上学的基础之上，例如作为形而下学之成立的前提的范畴表，必须建基于某种本体论。所以，生活儒学的工作就是：解蔽→溯源→建基”。③

但“生活儒学”目前的工作主要还是处在本源这个层级。作为一个哲学家，“生活儒学”作者的解蔽工作是从形而上学开始，走向本源的生活。

---

① 黄玉顺：《爱与思——生活儒学的观念》，第一讲，四川大学出版社2006年版。

② 黄玉顺：《爱与思》，第四讲。

③ 黄玉顺：《儒学与现象学的分野》，《原道》，第14辑，首都师范大学出版社2007年版。

但这时的这个“生活”很容易被先验化，这是“生活儒学”遭质疑的一个原因。对于一个非哲学家或非哲学家身份者所言的生活而言，解蔽、去魅是从形而下中进行的，无须从学术形式的“形而上学”观念回到“生活本源”，再由生活本源开始重构哲学和社会制度，而是在现实性的生活中的觉悟（去魅）和重构，所以目前才有儒教、体用分别、政治儒学、自由主义、文化保守主义等等不同意见的争论，在这种情况下，人们已在生活之中，只是境界即觉悟程度或取向不同而已。在哲学领域中所做的工作是现实生活的反映，哲学家的哲学最多只能指导生活，不能也无法包办生活；但如果你有生活儒学的“知识”而又是一个有影响力的公共知识分子、甚或是政治家，你就可能对社会做出更直接的反映，这才是哲学向生活的真正“还原”。因此，“生活儒学”既可以看成是一种（为形而上学奠基的）哲学，也可以是一种非形而上学的知识或方法理论。理解了这种层次性，既可以使“生活儒学”宣明自己的使命，也可以减少人们对“生活儒学”的误解。

> 这里，读者可能产生一种疑问：这里似乎存在着某种循环，因为作为形而上学的本源的生活，似乎恰恰就是形而下的东西，而它们却又是以形而上的东西为基础的？这确实是一种“循环”，但它却不是逻辑的循环论证意义上的循环，而是生活本身的“循环”：它是生活情境的本源结构。形而下学在两层意义上是本源于生活的：其一，形而下的东西根据于形而上的东西，而形而上的东西本源于生活；其二，所谓“形而下”的东西，一方面作为本源结构的“去生活”方面，它是我们的构造；而另一方面作为本源结构的“在生活”方面，却正好是我们的生活际遇。我们遭遇形而下的东西、并且在重构中超越这些形而下的东西。本源意义的超越，正是这种本源情境的本源结构。[①]

① 黄玉顺：《生活儒学导论》，《原道》，第十辑，北京大学出版社 2005 年版。

“生活儒学”的任务在层级上是双重的：一方面从形而上学层级上解蔽、溯源，另一方面是生活本身的去魅、还原。前者借用和改造了现象学、尤其是海德格尔现象学存在主义的道路，还原到“生活本源”；另一方面就是向儒学的本源还原，还原到生活世界的情感和感悟。这两者恰恰能经过中西文化的汇通而重合，这是“生活儒学”能够成立的基础。

所以我们可以看到，“生活儒学”目前的工作既包含了较纯粹的哲学理论，也积极地参与了当前社会现实问题的讨论，把前者融入后者，而区别于现代新儒家的哲学：“现代新儒家通常是以哲学家的面目出现的。…… 这样的哲学形而上学，恰恰是在理论上对生活本身的遮蔽。这样的哲学形而上学，在二十世纪以来的当代思想视域中，恰恰是必须被‘解构’的东西，因为：用海德格尔的话来说，那是‘遗忘了存在本身’；而用我的话来说，那是‘遗忘了生活本身’。他们思考形而上的存在者、形而下的存在者，但是恰恰遗忘了作为存在本身的生活本身。”①这样的认识对儒学也是同样的，“儒家的本源言说意味着：根本无须‘儒学’这样的东西。”②“生活儒学”也是儒学，“生活儒学”有层级的自觉性，如果要回答“生活儒学究竟是什么”这样的问题，可以说“生活儒学”是一种阐释学，这与儒学的本质是承继的，《爱与思》一书原来的副标题就是“儒家思想的当代阐释”。

二、无言的生活与无言的传统

生活是社会最普遍的现实，市井百姓是生活，强人大腕是生活，隐士、领袖也是生活，“政治生活”、“经济生活”、哲学家的生活等等都是生活。相比之下，“社会”倒是一个很抽象的整体概念，而“生活”很难说可以成为一个整体概念，你只能看到形形色色的生活现象，但你不会看到“生活”本身，

---

① 黄玉顺：《当前儒学复兴运动与现代新儒家——再评“文化保守主义”》，《学术界》2006 年第 5 期。

② 黄玉顺：《面向生活本身的儒学——“生活儒学”问答》，《面向生活本身的儒学——黄玉顺“生活儒学”自选集》，四川大学出版社 2006 年版。

只有在现象学的特定意义上，你才能“本质直观”到这种“本质”。可以说这正是现象学成功的全部秘密，也是许多现代哲学理论的精髓。但生活是普遍的而不是特定意义的，因此哲学与生活之间的沟通有一种特殊的困难，正视这一点也是现代哲学的一个特征。

回到生活是现代哲学的一个普遍诉求，但对于哲学来说，这却成为哲学自身的一个问题：如何形而上学地进入生活世界？如何开始“奠基”？“本源生活”是否就是日常的生活？如果是，那么所有的形而上学和反形而上学都没有意义了；如果不是，那就必须有一种或重建一种形而上学的“本源生活”，才有言可说，但这样“生活”就形而上学化了而不成其为生活。这就是哲学无法逃脱的困境。“生活就是无。生活是一种事情。…… 生活是没法说的，一说就不是生活本身了。”[①]对于哲学来说，必须言说“无言”，或者最少能对言与无言有所说，否则哲学家就没有立身之地了。要做到对言与无言有所说，哲学就“元学”化了，现代阐释学也就应运重生，但这只是把哲学与生活之间的隔绝透明化了，只有在身在其中、身心合一的文化境域中才能克服这种困难，使哲学的境域与本源的生活同一化。中国文化就能提供这样一种境域，儒学则以自身的存在方式实现了这种境域，这就是儒学自身的历史、文化传统与现实的统一。

中国文化是一种传统，传统可以由各种具体形式表现，但各种具体形式只是保存传统的方式而不是传统自身，因此可以说，传统的形式言说着传统，但哲学无法直接言说自己的真正对象，因为哲学的形式如概念等本身是抽象的，哲学只有自身传统化才能表现传统，如西方哲学的知识性传统就表现了西方文化的特征，正是知识的可表达性使西方哲学具有成套的范畴与概念体系。但中国文化的传统与西方文化不同，中国文化的传统不是知识而是思想、即所谓“思想文化”，因此中国哲学以思想性为自己的传统，这种传统具有自身不可表达性，今天这也成为现代西方哲学面临的困

① 黄玉顺等：《关于生活儒学的若干问题》，中国儒学网：www.confuchina.com。

境。儒家文化是一种自身实现的文化传统,儒学以两千多年的传统阐释自己与现实、历史的同一,但一直未得到自身独立的实体性,这种尴尬一直到今天仍然存在,但这也正是儒学的本质。中国哲学以自身“无言”的存在方式阐释了无言的本质性,自觉到无言与言说的统一:

> 天何言哉!四时行焉,百物生焉,天何言哉?(《论语·阳货》)
>
> 天其运乎!地其处乎!日月其争于所乎?孰维纲是?孰居无事推而行是?意者其有机缄而不得已邪?意者其运转而不能自止邪?(《庄子·天运》)

孔子是以言肯定无言,庄子是问而不疑,至于老子的“道可道,非常道”,“无为而无不为”是精粹的对无言的言说,在这些意义上他们都是现代哲学家。

> 生活既不可言说,也可以言说。这取决于我们的言说方式。存在着两种不同的言说方式:一是符号的言说方式,一是本源的言说方式。…… 然而老子、孔子那里的言说,往往不是符号的,而是本源的。…… 这里,言说是“无所指”的。…… 符号的言说方式是“言之有物”的,而本源的言说方式则是“言之无物”的。在本源的言说方式中,言说本身就归属于生活本身:这里,生活不是作为一个对象的“被言说者”;生活与言说是融为一体、打成一片的。…… 当然,生活也是可以、甚至必须被加以符号化地言说的。除非我们不谈“儒学”——儒家之“学”。我在这篇问答里的许多言说,其实也都是形而上学的、符号的言说方式。否则,我们就不可能建构形而上学。但是对于生活儒学来说,重建形而上学乃是重建儒学的题中应有之义。然而任何形而上学的建构,必定以“主

> -客"架构为先行观念,这首先就要求生活被对象化。但虽然如此,我们却应该心知肚明:这并不是本源的言说。儒家的本源言说意味着:根本无须"儒学"这样的东西。①

中国哲学的本质是自身无言的文化,所以能够无言地"言说"生活。因此,不能把"生活儒学"的"生活"视为一个形而上学概念,相反,用"生活"来修饰"儒学"正是对儒学形式化、制度化、意识形态化、宗教化的反对,因为从西方哲学框架出发,是无法从形而上学进入生活的,所以才有"奠基"这样特殊的诉求。中国哲学与西方哲学相区别的最大特征就是不离实境,借用佛教中的法印"实相无住"作解释是非常贴切的。解蔽"形而上学"在哲学上是理论性的工作,为"形而上学"奠基在现实中却是一个历史过程。寻找一种"科学的形而上学"为知识奠基,是西方哲学家的理想和未完成的任务,但真正实现形而上学奠基,在西方哲学的范围内是不能解决的,在一个相互隔离的世界中也是无法实现的,但在世界范围则是自然的,因为只有一个地球,唯一的人类(人择原理是支持这一点的)和共同的生活世界,因此这需要中西文化、世界文化的大融合。

是否能把心性学为主宗的儒学实现为一门宏大而精致的现代学问,还有待于多方面的努力,当然,"生活儒学"是有雄心的,但从生活本源到形上形下的重构是一个时代的任务,这不是一种哲学、知识或宗教自视为可以独立完成的工作,这一切正在不同的层级上艰难地进行着,至少在哲学领域,"生活儒学"表现了哲学家的生活正在返向本源。

三、从现象学的"直观"到中国哲学的"直觉"

现象学可以看做是西方哲学转向东西合流方向的一个拐点。现象学自称为一种方法、工具的哲学,通过悬搁的解脱走向直观,但这种直观仍脱

---

① 黄玉顺:《面向生活本身的儒学——"生活儒学"问答》。

不了自身的无根先验性；但现象学的道路与方法是可以借鉴的，儒家的心学是可以与现象学相互比较、相互吸取的，两者都是“心”的境界。但现象学的“直观”是外向的认识，心学的功夫则是内在的“直觉”；现象学以“直观”为自己的研究对象，但心学没有成为专门研究“直觉”的学科，而只是直觉对象而实现自身，比如《论语》说仁而不言仁自身就是言说无言的典范方式。

心是内在的本质性，但现象学的内在是指人的认识活动的内在性，而心学的内向则是人的内在性本质；现象学的内在成为认识论的方法、工具，而心性的内向则是自我教化的人性感悟修养；现象学以完成本质直观为目的，导向知识的本质，而心学是以认识自己为开端，心性修养导向人性的升华。但这两方面并不是对立的，一个是人的世界，另一个是世界的人，但前者导致知识的形而上学化而与生活相隔绝，后者则是人与自己生活的同一，使日常生活成为生活本源。

西方哲学家一直梦想对“智的直觉”的理解，从中国哲学来看，智与直觉实际上是同一状态的两方面，智与直觉都是人的境域。智与直觉不同于知识，它们不是中介的理性工具，也不是自身经验的保存，它不是过程或结果，而是理性的境域，因此区别于悬搁了经验知识的现象学直观。现象学只抓住了直观而看不到直觉，是因为现象学的排斥历史与文化思想这样一个致命的缺陷。在中国文化境域中，心灵的直觉不是没有本质的空明直观，而是植根于历史而成为文化传统，这种直觉具有理性的本质，是真正的“智的直觉”。

心性学的基础就是直觉，心性学就是直觉的学问。心性学中的核心概念“心”、“本心”、“良心”及“良能”、“良知”等，都是“不待虑而知，不待学而能”的理性直觉，“不待”就是“直”，“知”是理性，“觉”是心本，它们与现象学的直观相对应，但有区别，最大的区别就是直观是对象性的，“意向性”就有对象性内涵，而直觉的理性是自身的本质的人性，具有历史内涵，是本质人文性的，文化传统就是它的实现方式。

儒学的心性之学是人学，但如何把儒学的心性之学表达成为与西方哲学相“对应”的“虚位”，成为既不失中国哲学的本义而又中西相通的现代哲学理论，从现象学的直观到人文化的直觉是一个关键。“生活儒学”的进路就在于使心理层面的性、情、爱、思、悟等沿着中国传统的“相”的进路而阐释成与现象学直观相似的形象直觉，这个进路最终推进到的“悟”，悟就是不折不扣的直觉，悟的理性正是由于它所具有的人文内涵而不同于现象学的直观，因此，“生活儒学”消化了现象学的理论方法，把现象学的认识论的直观改造成人性的感性直觉，进一步把现象学的先验性和海德格尔的存在者（此在）预设消融在儒学的现实性生活之中，这是“生活儒学”理论上的一个成功。

四、从存在论的存在到生活本源

现象学把西方哲学传统中的第一因问题悬搁了，这是海德格尔从现象学走向存在主义的原因，他以存在者出发，寻找基础存在，存在者与存在不是主客两分的，这是海德格尔的成功，但却是自我分裂的，这是海德格尔努力过但无法弥合的透明隔绝，因此海德格尔的“一般存在”终究不过是“第一因”的现象学现代版。当然海德格尔的进路是可以借鉴的，存在者是人，他把存在问题落实到人上，如果不把人特殊化为存在者的此在，而是把存在者生活化，把此在生活本源化，也就把海德格尔中国化了，存在论哲学成为中国哲学。“生活儒学”正是从这个进路切入的。

> 此在的存在就是生存，这一开始就与儒家的意图有所不同：儒学并不关心所谓一般的“存在的意义”，而只关心“生存的意义”。海德格尔所说的一般存在的“超越”意义，在儒者看来是没有意义的。海德格尔在两种意义上谈到超越：一是存在之为存在的超越意义，一是此在从被抛的所是向本真能在的超越。儒家关心的乃是后者：这样的超越如何可能？人如何能从被抛的所是向

本真的能在超越？或者用儒家的话来说：常人从小人变为君子乃至圣人是如何可能的？①

存在者是由存在给出的，而不是相反。这是我跟海德格尔之间的一个基本区别。在他看来，存在本身只能通过此在的生存领会，才能“存在出来”；…… 生活儒学的观念与之相反：是存在给出了存在者，生活生成了生活者。这里，不是“存在总是存在者的存在”；而是：存在者总是存在着的存在者。

这是因为我跟海德格尔之间的另外一个基本区别，即我的“生活”观念与他的“生存”概念的区别。他把生存理解为此在的生存，而又把此在理解为一个存在者，这样一来，某种存在者就成为存在的前提。而生活儒学之所谓生活，不是此在的生活，亦即不是主体性的人的生活。②

生存与存在是不同的事情。这是我跟海德格尔之间的又一个最基本的区别。在他那里，生存与存在之间有一种区分：虽然存在只有通过生存领会才能显现出来，但是，在他那里，我们仍然决不能说“生存等于存在”；虽然可以说此在的存在便是生存，但却不能反过来说此在的生存便是存在。总之，生存与存在不是一回事。然而在生活儒学看来，生活恰恰就“等于”存在。生活儒学的一个基本观念就是：生活即是存在，生活之外别无所谓存在。…… 因为生存之外的“存在”、或者说不同于生存的所谓“存在本身”，只不过是在西方传统思想背景下产生的一种臆想。对于生活儒学来说，存在本身就是生活本身。③

此在的生存只是“有我之境”，生活本身才是“无我之境”。所以，从本源的层级上来看，生活并不是人的生活，人倒是生活着的

① 黄玉顺：《爱与思》，第二讲。
② 黄玉顺：《面向生活本身的儒学——“生活儒学”问答》。
③ 黄玉顺：《面向生活本身的儒学——“生活儒学”问答》。

人。这意思就是说,人之所以为人,首先是因为他生活着。有怎样的生活,就会有怎样的人。①

儒学的本源处则是先在于这种主体性存在者的,即是对这种主体性存在者的追问:主体性何以可能?存在者何以可能?由此回到存在本身、生活本身,回到本源的生活情感、仁爱情感本身。②

"在生活并且去生活"乃是生活本身的本源结构,是先行于此在的,此在恰恰是被这种本源结构造就的,或者说是这种本源结构的一种显示方式。③

因此,"生活儒学"就把生活看成是存在本身,成为"本源生活",这样就进入中国哲学语境。

生活的本源情境乃是"浑沌"的共同生活,这是"无分别智"的生活领悟;而生活首先显现为生活情感、特别是"仁"即"爱"的情感,此即"万物一体之仁"。正是生活及其仁爱情感显现给出了一切存在者,这就是所谓"不诚无物"。…… 在这个意义上,"生活"是"无";唯其为无,生活才能"无中生有",重新给出生活者、进而改变其生活。④

把存在同等于生活,在中国语境中言说,生活就是"无",这就是用中国语境来消解形而上学的困难,但在哲学理论上并不是问题的最后解决:

生活的浑沌,乃是"无分别相"的,即是前分析的、前概念的。

---

① 黄玉顺:《面向生活本身的儒学——"生活儒学"问答》。
② 黄玉顺:《论儒学与哲学的关系》,《学术界》2007 年第 4 期。
③ 黄玉顺:《儒学与现象学的分野》。
④ 黄玉顺:《儒学与现象学的分野》。

> ……之所以有人的生活，首先是因为有生活的人；之所以有生活的人，首先是因为有生活本身。人被生活生成，人诞生于生活；物亦然，任何存在者皆然。而生活本身不是任何物，即不是任何存在者。唯其如此，生活背后一无所有；不仅如此，生活本身一无所有。这意思就是说，在本源意义上，生活背后没有任何物，生活本身也无任何物。在这种意义上，生活是无。①

言说无言与生活本无，是一种自相缠绕的实境，如果说学习现象学是一种明白式的糊涂，那么学习中国哲学则是糊涂式的明白，如何用西方哲学的语言来言说中国哲学中的无言，则是一个更艰巨的哲学任务。

五、本源与境界

存在是无可言说的，这大体上成为现代哲学的一个普遍认识，也正是中西哲学的共识，但无可言说仍是哲学，否则就无所谓有“哲学”的必要了。中国哲学不依靠概念和逻辑演绎，而以存在自身“阐释”存在，这是西方传统哲学所不能达到、而现代哲学努力寻找的方向。认识到生活与存在的同一性仍然只是一种哲学观点，只有按照理论的逻辑演绎，使传统的中国哲学理念概念化、范畴化才能使中国哲学现代化，这是今天中国哲学家的功夫。如果不使中国哲学在形式上西式化，即在概念和演绎上取得其与西方哲学的共同平台，就很难为中西学者共同信服。但怎样把传统的心性之学阐释成现代哲学，是一项繁难、复杂、细致、艰巨的工作，需要中西哲学完全融会贯通，更需要慧心明智的创造。对于“生活儒学”来说，如何把仁、情、思这样富含人性本质的中国理念用分解分析的实证方法重构为纯粹理性的理论体系是一个巨大的挑战。黄玉顺先生在解读古典文献时是独具眼光的，比如对“观”、“念”、“思”、“想”、“存”、“在”、“生”、“活”、“事”、

① 黄玉顺：《爱与思》，附论二。

"情"、"悟"、"诚"等等的引证解读[1],就发掘了形义之中的许多原初含义,正是这些蹊径的独辟,为古典心学理念走向现代概念的通道找到了切入口。

> 生活本身首先显现为生活情感。作为本源的生活情感,不是什么"心理现象"。因为:作为心理范畴的心理现象,是以主体性的人作为其观念前提的;然而生活情感,我一再说,是先行于主体性的事情。对主体性的人,我也首先把它"悬搁"掉。但是,跟胡塞尔一样,其实,我同样会采纳心理学对情感的划分。不过,胡塞尔是把它内在意识化,而我是把它存在化、生活化、无化。下面我在谈这个问题的时候,我会说:生活情感本身仍然是有层级性的;我会说:生活情感有各种各样的显现样式。但是,关于这些层级划分、样式划分,我可以说:我对情感的这种划分,跟心理学对情感的划分,在很大程度上是一致的;但是,实质意义却是不同的,就是:这不再是心理现象、心理范畴,而是先行于存在者的生活情感的显现样式。[2]

从心理意义出发,仍然是停留在个人性的文化生活境界中,当然这也可以是一种很高的生活境界:

> 作为一个哲学家,功夫与境界是统一的:我们今天应该怎么做功夫?我刚才提到两种:一种是仅仅形而下地做功夫,那是不行的;还有一种,有形而上的根据地做功夫,也是不够的。我们今天"做真功夫",就是要回归纯真的生活情感,回归本源性的爱。

① 黄玉顺:《爱与思》,第四讲"境界的观念"。

② 黄玉顺:《爱与思》,第二讲。

这才是最高的境界。①

从“孔颜乐处”、“反身而诚，乐莫大焉”到“无所乐之乐”或称之为“无”境之乐，这当然也是一个现代儒学哲学家应然的功夫境界，但个人境界与“本源生活”仍有层次差别，个人境界与生活本源的统一就根据于历史与传统的内涵，本源生活的“本源”不是无根之木，因为生活总是传统与现实的统一，中国式的存在境界与个人心理活动的统一就是因为其中的文化内涵，中国文化因为侧重于此而具有历史与文化所赋予的鲜明的当代性特征，正是这一点使心性学可以从个人心理层面走向真正的全面哲学。

六、不可言说的言说

阐释学是现代哲学的基本方法，“生活儒学”对层次的运用就是非常成功的，比如对仁的阐释就是一个最好的例子：

> 儒家的“仁”有着三个不同观念层级的用法，它们之间具有奠基关系：其一，作为本源性的生活情感的爱本身；其二，作为形而上学建构的初始范畴的“性”，亦即绝对主体性；其三，作为道德情感、道德原则的“善”，亦即价值论意义上的相对的“善”（不是作为本体的绝对的“至善”）。这种被设定为人性的善性，在现代汉语中称作“爱心”。对于儒学的重建来说，伦理学的重建是这样的事情：“爱心”作为人性，既不是荀子式的经验论所给出的，也不是孟子式的先验论给出的，而是在生活本身的本源情境中显现出来的。②

① 黄玉顺：《爱与思》，第四讲。

② 黄玉顺：《复归生活、重建儒学——儒学与现象学比较研究纲领》，《人文杂志》2005 年第 6 期；人大复印资料《中国哲学》2006 年第 1 期全文转载；《Frontiers of Philosophy in China》2007 年第 2 卷第 3 期全文译载。

但阐释学同样有自己的问题，否则就不会有“阐释学”了，阐释学只是把哲学中的不可言说的困难特殊化了。

生活就是自生的自然，如果要使这样一个前提不成为形而上学的独断，就必须有自己的专门理论展开，形而上学的“存在”是被拒绝而需要重建的：

> 生活儒学认为：生活不是“什么”，因为生活并不是存在者、而是存在本身。所以，生活没有什么“源头活水”，因为生活本身就是源头活水。这就正如我们不能问：存在本身的源头活水是什么？因此，“生活如何可能”那样的康德式的发问，在这里是不合法的，因为那样的发问方式所针对的乃是形而上学，然而生活不是形而上学，也不是形而上学所思考的事情——传统形而上学已经遗忘了存在、蔽塞了生活本源。①

如果仅仅只是把生活“等同”于存在，只是把问题转移了，换了一个视角，不可言说的言说仍是可以言说的，实际上，存在总是成为自己不能拒绝的问题和言说：

> 海德格尔……把什么是存在或存在是什么这样的问题看成是问存在问题的自身，即不是在本体论的意义上去问什么是存在，而是问人们是如何开始对存在的问题的提问的，问谁或谁在问？（本体问题）问什么？（存在论问题）为什么问？（元问题）最后是成为他的哲学的怎样问。在这样的问题中主词和谓词并不先出现，而是在问问题中逐渐出现，这也就是存在在存在问题的中元哲学呈现，问题成为问题，而且是问存在问题自身成了存在

---

① 黄玉顺：《论生活儒学与海德格尔思想》，《四川大学学报》2005 年第 4 期；人大复印资料《外国哲学》2005 年第 12 期全文转载。

问题，问题的元学性质就是元哲学意义的哲学。但这样的问题自身仍然只是一个空中楼阁，所以海德格尔只能从本体意义的存在者入手，首先从存在者上剥离出存在，再进一步揭示存在自己，这样他所要固定的幽灵在他的研究中逐步呈现，他以一个词法形式“此在”在他的存在论中代表了这个幽灵，海德格尔在这一个立足点上开展了他的全部研究。此在具有两个方面的研究性展开，其一是此在与存在者的关系，即从存在者上剥离出存在，在这个意义上，此在是海德格尔哲学研究的工具方法，这是元哲学意义的研究；另一方面是此在与存在的关系，即存在以此在方式而展开自己，此在成为存在的替身演员，这就是哲学性质的了，存在论变回到了本体论。①

海德格尔的未竟的任务只能在中国哲学中解决。中国哲学虽然没有发展出概念和逻辑的学术框架，但在中国文化语境中，用意义或价值同一性来进行论证是自然而且可以相互理解的，而且在西方哲学理论中，最后解决方式也往往不得不借助同一性，比如黑格尔、甚至康德，但是同一性既不能作为超前提，也不能作为证据工具，每一种哲学理论的展开，必须有自己独特的视角与方法分析分解同一性问题，从而使理论自身具有科学性，这是中国哲学家的使命。

七、高峰论题

情与悟是从仁爱到思想的必要过渡，也是从东方思想到西方理性的汇通的隘关，认识到这一点就是理论上的切入口，但怎样去打通仍需要巨大的努力。

生活本身作为存在本身，显示为生活情感、尤其是爱的情感，从性走到

① 周剑铭：《中国思想与元哲学》，新国学网：www. sinology. cn。

情,从情走到爱,然后自然地归于仁,在中国文化的境域中,这种理解不会有太大的困难,但是如何进入到理性的认知之思,就非常艰难了,"生活儒学"努力把"爱"与"思"内在一致化,书名《爱与思》就说明了这一点。黄玉顺先生引用了很多古文献证明中国人的"思"包含有人文情感内涵,具有形象、表象性,隐含了时空意义:

> 必须找到一种方式,或者一种观念,这种方式、这种观念并不是我这样一个存在者去通达另外一个存在者。必须找到这样一种"活动",这种"活动"本身就是存在本身,也就是生活本身,而不是任何意义上的存在者的事情。我现在就告诉大家:这就是"思"的事情。但这种"思"绝不是笛卡儿那样的"思"(ego cogito),甚至也不是后期海德格尔那样的"思"(Denken),而是中国式的、尤其是儒家的那种真正的本源性的"思"。[1]
>
> 思与爱虽然都是情感的事情,但是有着一种基本的区别:爱是当事的,思是事后的。显然,我们不可能当面思念一个人。正因为是事后的事情,思就必定意味着"空间"的距离。…… 空间的观念何以可能?乃导源于情感之思。而正由于这种空间的距离,思与爱就不同:思必伴随着表象。在思念中,必有思之所思的形象。这种形象,在想象中生成。…… 汉语所谓"思想"的本来意义,就是:在思念中想象,在想象中思念。"思想"就是:思-想——思之想之。"想象"就是:想-象——思想着形象。唯其如此,诗之为思总是形象的;但这并非所谓"形象思维",因为此时此刻并无所谓"思维"。这是情感之思,形象只是在情感中的形象。这种所思的形象,就是原初的表象。所以说,正是思——情感之思——生成了表象。这里,"一切景语,皆情语也":这是从情感之

① 黄玉顺:《爱与思》,第三讲。

思过渡到认知之思的秘密所在:认知总是表象的。表象是一种极其重要的观念形式。休谟甚至认为,全部意识并无所谓感性、理性的区分,而只存在着直接观念、间接观念的区分。所谓间接观念,就是表象。这就是说,不仅感性意识、而且所谓理性意识,都是采取的表象的方式。确实,无论是形而上学、还是形而下学的方式,都是表象的方式。海德格尔说过:"形而上学以论证性表象的思维方式来思考存在者之为存在者。"其实,形而下学、例如科学,也是采取的表象的方式。所以,对于从生活本源向形而上学的过渡来说,表象的生成具有特别重要的意义:它是情感之思之所以可能转化为认知之思的一个必要条件,因为我们知道,任何认知都是采取的表象的方式。表象化意味着对象化:表象是观念中的一个对象。对象化就是客体化,所以同时就意味着主体化,因为客体与主体是同时并存的。于是,"主-客"架构由此确立,形而上学由此可能。①

首先,在儒家的观念当中,关于存在者的"时空"观念,仍然是被本源性的情感所给出的,具体来说,是在情感之思、领悟之思当中给出的。正是在这样的领悟之思当中,我们才领悟到空间和时间。这是因为,情感之思总是想象-形象的,而空间和时间就在这里面显现出来了。…… 所以,"时空"这样一种关于存在者的范畴,在儒家的观念当中,是在情感之思、领悟之思——本源之思当中被给出来的。②

"时空"的观念正源于这样的思。正是思,才给出了时空:在这种情感之思当中,我们才领悟到时空。这一点是非常要紧的,我们精神生活的很多秘密、甚至全部的秘密,都蕴藏在这里。那么,这里面有什么秘密呢?那就是说:当我们谈儒学的重建、形而

① 黄玉顺:《面向生活本身的儒学——"生活儒学"问答》。

② 黄玉顺:《爱与思》,第三讲。

> 上学的重建等等问题的时候，首要的问题就是要在“思”当中给出存在者。…… 情感之思和领悟之思都是先行于存在者的思，都是本源性的思，但是，这两种思还是不同的：思首先是情感之思，然后才是领悟之思。①

这里存在着对理性的认知之思的一种误解，所谓工具理性不仅仅是对象性的，而且具有自身的实体意义，比如电脑屏幕上的图像对于人而言是表象，但对于机器而言，只是无数0和1的电信号，机器只是处理这些信号，但这对于人而言却是“思维”意义的，这种自身实体意义的“思维”与“理性认知”具有相同的本质性，有一个非常特殊的专门化理论“算法”就是针对这种东西的，当然离哲学仍然很远。因此，虽然这里对情感、领悟与存在的关系的理解是正确的，但仅仅在情感之思中领悟到时空、存在者，或存在本身，仍然是中国式的领悟，用一句俗语，是情商而不是智商：

> 正是在生活情感中，我们才领悟到存在本身，领悟到存在者的存在，领悟到存在者本身。…… 第一，我们首先是领悟到存在本身，然后才领悟到存在者的存在，最后才领悟到存在者。……第二，存在即生活，存在领悟即生活领悟。存在领悟并不是说：有一个叫做“存在”的东西摆在那里，它作为一个对象，被主体所领悟。存在领悟就是存在本身，生活领悟就是生活本身。海德格尔在谈到 Sein / to be 时，本来应该已经意识到了这一点，然而他却没有意识到：既然存在本身只是在生活领悟中才显示出来的（用他的说法，存在本身只能在此在的生存领会中显现出来），这就已经表明，存在领悟其实就是生活领悟本身，就是生活本身。我们“知道”了生活，也就“知道”了存在；然而我们向来生活着、并且向

① 黄玉顺：《爱与思》，第三讲。

来“知道”我们生活着，所以我们向来存在着、并且向来“知道”我们存在着。我们由此领悟着存在、领悟着生活。第三，存在领悟是导源于生活情感的：正是在情感中，我们才领悟到生活之为存在，并进而领悟到生活者之为存在者。对于儒家来说，这种情感首先是爱。但这并不是笛卡儿式的“我思故我在”，而是：爱，所以在。没有爱，就没有存在，也就没有作为爱者的我、你、他的存在，因为是爱生成爱者、存在者。①

生活总显示为生活感悟——生活情感、生活领悟。但要注意，生活与生活感悟的关系不是传统哲学所谓“本质”与“现象”的关系。显示之为显示，不是说的一个本质显现为一个现象，不是说的作为本质的生活显现为作为现象的生活感悟；而是说，生活就是显示本身，或者说，显示就是生活本身；这种显示既是现象、也是本质，唯其如此，生活感悟、生活本身也就无所谓是现象、还是本质。在这种意义上，生活感悟就是生活本身。而生活首先显示为生活情感：没有生活情感的所谓“生活本身”是不存在的，或者说，是不可思议的。当然，在本源上，这种生活情感不是“人之情”，而是“事之情”。儒家哲学实质上是一种情感哲学，是一种“爱的哲学”。②

“生活儒学”探索的前沿就达到这里，情感之思也就是领悟之思：“这种存在本身，就是生活本身、生活情感、生活领悟。”

因此，这个问题的困难性并没有真正被揭露：中国式的领悟之思如何才能转化为西方式的理知之思？这是从哲学的纯粹理性上打通科学与人文、中国文化与西方文化隔离的重要任务，而且这是康德也未能完成的任务。悟就是直觉，但悟性与知性之间仍是不能直接过渡的：

① 黄玉顺：《面向生活本身的儒学——“生活儒学”问答》。
② 黄玉顺：《面向生活本身的儒学——“生活儒学”问答》。

按照康德的分析,统觉的本源综合统一是同一个过程的两个方面,一方面直观的杂多成为我思表象,实现经验综合,而另一方面,经验的综合只有在统觉的统一之下才能成为纯粹知性。为了说明这个非常困惑的关系,康德作了多方面的解释,按照康德的论述,概要地说,一方面,纯粹知性自身是一种将经验表象置于统觉的统一之下的能力,实际上这是按悟性的方式的理解,在这种情况下,悟性由于先于经验,所以是先天的,另一方面,统觉的综合统一是关系的统一,在这种情况下,它成为统一的关系,也就是统一的条件,即康德本义的纯粹知性,它是统觉自身的过程与形式同一的统一,也即必然的统一,这个原理就是同一律,正是由于这种必然性,它成为先验的。按照这种理解,悟性是一种从经验表象杂多中提取关系的能力,在统觉中,它们综合统一为具有普遍、必然的纯粹知性即范畴,这个过程就是对先天综合判断是如何可能的难题的理解。因此,统觉的本源综合统一实际上是悟性转变为纯粹知性的过程。

康德说统觉的原理是人类知识范围中最高原理,但康德的论述并没有清晰地说明先天综合判断的关键过程:先天的悟性怎样转变为先验的纯粹知性,甚至没有举出一个例子如他喜欢的数学例子来进行说明。康德只是援引同一性,但不能说康德的论述是一种独断,因为事实上存在这个过程。康德还使用了反证式的方法来说明这种情况,比如说,如果我思表象在统觉中不是同一的,则将有形形色色的自我。但所有这些解释都不是正面清晰地演绎了这个过程,而只是说明这个过程中存在的复杂关系,这些解释往往无助于这个过程的清晰化,反而增加读者对真正本质过程理解的迷惑。

但实际上,康德是借助于自我意识即我思完成这个转化的。经验杂多自发地在自我意识中形成我思表象,虽然康德没有直接说出,自我意识就是统觉,但他区分经验统觉与纯粹统觉,前者与时空经验有关,后者就是悟性,就是经验杂多自发地在自我意识中形成我思表象的过程,即“本源的统觉”。他说纯粹知性(悟性)是一种能力,“先天的联接所与表象之杂多而置于统觉之统一下的能力”，正因为强调它是先天的能力，这就是在区别于先验的知性的意义上的悟性。

按照康德的思路继续分析，这个我思表象不能认为是感性，而是内在于意识中的，是没有经验内容的纯粹关系，它们源之于经验杂多，但不是经验杂多。但是康德无法讲清这种关系的生成，只是勉强说：“联接非存在于对象，且不能得之于对象，是由知觉取入悟性中”，这样他也就无法真正地理清悟性、知性与我思之间的关系。对他来说，重要的是，产生我思表象的自我意识因为没有更高的表象因而成为必然的，这就是康德费尽心机追求的“先验”的来源，就是说是我思完成了这个转换，是我思的表象在我思中获得了普遍的必然性即纯粹知性的本质。①

西方学术的实证方法就是在对对象的分解、分析基础上进行分类归纳的整理和规律性的演绎，西方哲学的主体框架就是主客两分。有了对象，就有主客分野，就自然形成了西方学术体系，如果没有对象，学术活动如何进行？没有客观性，就无所谓实证科学，这不仅是中西方化之间的区别，也是科学与人文之间的区别。人是这宇宙中唯一的自我意识的存在，当人回向自身，客体也同时是主体，这时候，实证的方法就失灵了。即使是人文学科，实证的方法也是有限的，比如几率、统计方法等。在哲学领域，人是唯一的主题，只是哲学把确定自己的唯一对象作为自己的全部工作而得以成立。以科学来改造形而上学，这在西方哲学框架中是无法解决的，所以为了克服这个框架的自身分裂，近代哲学的努力就是想法消融主体和客体，从心理、从艺术、从生活、从东方思想中寻找出路。

中西文化之间的区别与科学与人文之间的区别具有本质的相同，这里存在的困难倒不是人文或中国哲学方面的，因为科学与人文之间的分裂恰恰是科学自身的性质，正如西方文化与东方文化的冲突主要是由西方文化

① 周剑铭：《中国思想与先天综合判断》，知识在线：www.5757.net。

入侵带来的一样,这种冲突不是科学或西方文化自身能解决的,这种问题的解决恰恰需要依赖人文学和中国文化自身的拯救和阐释,把科学与人文、东方与西方融入人类文化的大境域之中而获得自身的统一。

“生活儒学”批判

李　明

编者按:此文在“儒学联合论坛”贴出后,黄玉顺有这样一个跟帖:“撇开此文中的若干知识性错误不说,此文的观点,要点有三:其一,以为生活儒学是以海德格尔的存在论为理论依据的。这表明了作者对生活儒学的阅读了解还很不够,因为生活儒学对海德格尔思想所持的恰恰一贯是批判的立场。其他与此相关的批评,诸如作者直接将生活儒学所说的‘存在’或者‘生活’等同于海德格尔的‘Sein’、以为生活儒学是采用了伽达默尔的哲学解释学方法、并以为生活儒学未区分‘本’与‘源’等等,这些也同样表明了作者对于生活儒学的阅读极为有限,因为这些问题都是生活儒学在若干论著中已经给予了充分解答的。其二,此文对生活儒学的批评,其实乃是根据牟宗三的观点。所以,我有这样一个跟帖:‘楼文依据牟宗三来对生活儒学进行批判,那么如果依据生活儒学来对牟宗三进行批判又当如何?’其三,这也表明,说到底,作者的思想观念仍停留于现代新儒学的形而上学的思想视域,所以未能真正理解中国先民的那种前形而上学化的‘存在’或者‘生活’的观念。”

首先,从儒学视域来谈谈“生活儒学”、“情感儒学”的立命之本——海德格尔的“存在”论。黄玉顺先生说:

> 生活儒学所说的“生活”既非胡塞尔式的“生活世界”(Lebenswelt),也非海德格尔的“生存”(Existenz),甚至也不是任何意

> 义上的“life”。生活儒学认为:生活不是“什么”,因为生活并不是存在者、而是存在本身。所以,生活没有什么“源头活水”,因为生活本身就是源头活水。
>
> 生活首先并不是人的生活,人倒首先是生活着的人。这意思就是说,人之所以为人,首先是因为他生活着。有怎样的生活,就会有怎样的人。①
>
> 这是我尤其要强调的生活儒学的一个基本观念:作为大本大源的生活本身,先行于此在,先行于人,先行于任何存在者。没有生活,就没有任何存在者。在儒家思想中,生活显示为生活感悟——显示为生活情感、生活领悟。而没有生活情感,就没有主体性的人:没有仁爱,就没有仁者;没有母爱,就没有母亲。生活之为事情本身,正如庄子所说:这里“有人之形,无人之情”(德充符);虽然无“人之情”,但是有“事之情”(人间世)。②

应该说,黄先生比其师蒙培元先生要进一步,其之所以进一步在于黄先生接受了海德格尔的“存在”论,化“情感儒学”入“生活儒学”(应该是“存在”化(Sein)儒学),形成更系统的、一以贯之的学说,形成了比其师更有根据的“标新立异”。海德格尔的“存在”论是“生活儒学”之所以成立与展开的“根”与“本”。

一、伽氏解释哲学成不了标新立异和反传统的“护身符”

伽达默尔所代表的“哲学解释学”否认文本原意。这在当代中国已成缺乏反思的流行观念。但是,亦有人质疑之。

王中江先生认为“哲学解释学”:不能因为意义和对象的复杂性,就把

---

① 引者按:指非主体性、非定义性、非存在者。

② 黄玉顺:《论生活儒学与海德格尔思想——答张志伟教授》,《四川大学学报》2005年第4期。

意义和对象看成是完全随着研究者而变动的"主观"之物;也不能因为从存在论上看待意义和对象,就把认识论意义上的意义和对象消除掉。如果本来不存在什么"对象",就不可能因我们的兴趣和选择而观察到什么"对象"。如果人们书写的作品和文本,没有自己所要表达的意义,我不知道谁还愿意从事书写。更严重的是,怀疑话语具有"原意"和我们基本上能够领会原意,将使作为人的存在方式的语言破产,我们连一个起码的"约定"都无法进行,更别说我们相互理解。靠不住的常识当然要纠正,但靠得住的常识需要继续保持。如果"原意"和"对象"不存在,我们就失去了谈论解释和理解"客观性"的基础。①

赫施批评伽达默尔说:不同释义的存在是一个基本的解释学事实。在此,人们必定需要对不同释义做出选择,或者生成一个新的解释学事实。这样,就必然要求把追求对文本的"正确解释"作为解释学的基本目标。如果从理论预设上取消了这个目标,否认"正确、客观的解释文本的必要性和可能性",这将导致相对主义或怀疑主义的结局。② 赫施指出,如果把"文本含义"看做是变动不居的,那么,不仅文本的"意义"失去了存在的基础,而且文本"意义"本身也变成了非客观的东西。③ 赫施批评说,伽达默尔强调文本意义的不确定性,这个观点尽管突出了理解的创造性、非终极性的品格,但它却隐藏着虚无主义的可能性。伽达默尔实际上已经意识到这个困难,试图用引入"传统"这个观念来克服滑向相对主义、虚无主义的可能性。但伽达默尔的努力并不成功。因为在解释学中,"传统"本身就是一个不确定的、易变的存在。这样,伽达默尔只是改变了问题的存在形态,而并没有讲清问题。④ 其后果是使我们面对不同的解释根本无法做出任何合适的选择。否定文本本义、原意,实际上也抽空了传统。

---

① 王中江:《"原意"、"先见"及其解释的"客观性"——在"方法论解释学"和"哲学解释学"之间》,载《学术界》2001 年第 4 期;转载《新华文摘》2001 年第 11 期。

② [美]赫施:《解释的有效性》,读书·生活·新知三联书店 1991 年版,第 11 页。

③ [美]赫施:《解释的有效性》,第 245 页。

④ [美]赫施:《解释的有效性》,第 290 页。

经典包含着深刻的固有的意旨。在儒家传统经典解释学中，虽然有所谓今文和古文之争，有所谓义理之学和考据学之争，但是，它们的对立主要发生在阐发与发展儒学，以及通过何种具体的方法去达到经典的原意。它们都自觉或不自觉、有意或无意地认定经典具有“本义”，并且由此而诠释之、阐发之、发展之。不仅朱子，而且不尽信于书的陆王也相信“道”在经典，不重义理之学的文字考证和训诂的考据学也如此。这构成了他们“传注”经典、阐发经典的共同前提。当然，道不仅限于“迹”——经典，更须圣证、体证而得。但是就经典而言，见仁见智，各人的境界与学养不同，时代课题不同，时代学术积累不同等，所以对经典的理解与诠释是无限的。但是，既不能违背心同理同的生命契合，也不能脱离传统，这二者的结合，就构成了我们面对文本，面对过去、现在、未来而作出解释与选择的标准与原则。

牟子曰："这种理解只是它‘觌面相当’的亲证，是实践的亲证；理解之即是证实之，即是呈现之。""理解不只是知识意义的理解，还有实践意义的理解。"①"是以除因感触直觉而呈现外，还有一种因践履而呈现。可理解否亦如此。"②这就是心同理同的解释哲学，也是浸润于传统里的解释哲学。

所以说，伽达默尔所代表的“哲学解释学”，成不了反传统和标新立异的“护身符”。而且伽达默尔也强调传统在解释学里的重要地位。

二、海德格尔的“存在”论不能作为衡量儒学的学理标准

西方形而上学，种类繁多，不能尽言，择一、二而言之：或者出自理性思辨，或者出自科学思维，或者出自神秘主主义，或者出自宗教。它大多数是一种概念哲学，是本质主义的哲学。

海德格尔前期讲“此在”（Dasein）、“此在的生存”这条进路，“存在先于本质”。其后期作了“存在论区别”（der ontologische Unterschied），即对“存

① 牟宗三：《心体与性体》上册，上海古籍出版社1999年12月版，第145页。
② 牟宗三：《心体与性体》上册，第150页。

在"(Sein)和"存在者"(Seiendes)的区分;对"存在"与"生存"(Existenz)作了明确区分,走向"存在本身"。海德格尔认为:

> 哲学即形而上学。形而上学着眼于存在,着眼于存在中的存在者之共属一体,来思考存在者整体——世界、人类和上帝。形而上学以论证性表象的思维方式来思考存在者之为存在者。因为从哲学开端以来,并且凭借于这一开端,存在者之存在就把自身显示为根据。①

但是,西方形而上学皆不是人生哲学,尽管它们也讨论人生,但它们是知识的学问、以思辨理性为主,其实践理性也是以思辨形式来讲的、是分别说的,其讨论人生问题也是不出此学术基础。故而,使得存在与本质分隔。

而儒学是以人生哲学为主的,是生命的学问,这里的"生命"不是西方生命哲学家所谓"生命"(Life),"生命"指具体的包涵天命之性与气质之性的活生生的人。又,"生命的学问"是相对于西方的"知识的学问"的,是关于理与气、天命之性与气质之性的学问,是关于活生生的人的学问,是实践的、身心践履的学问,是以德性为中心的学问。中、西的哲学之差异非常明显。

牟先生说:每一个文化由于开端的通孔不同,所产生的文化、哲学也不同。中国文化在开端处的着眼点是在生命,由于重视生命、关心自己的生命,所以重德。德性这个观念只有在关心我们自己的生命问题的时候才会出现。②

西方哲学不是人生哲学的进路,不是道德的进路。海德格尔也不例

---

① 海德格尔:《哲学的终结和思的任务》,载《面向思的事情》,陈小文、孙周兴译,商务印书馆1999年第2版,第68—69页。

② 牟宗三:《中国哲学十九讲》,上海古籍出版社2005年版,第三讲"中国哲学之重点以及先秦诸子之起源问题"。

外。儒学讲心性,以安身立命为中心。而西学却不以此为学问中心。海氏的"此在"无这意义,"存在"更无此意。

海德格尔是从"此在",从"烦"、"畏"之类的"现身情态"(Befindlichkeit 情绪),走向"存在"(Sein)。"烦"、"畏"之类的"现身情态"(Befindlichkeit 情绪),显示出的是西方文化的背景,海氏的"此在"不是普遍性的,而是出自西方文化的背景。海德格尔在上个世纪30年代思想转向之际就引用老庄了,40年代更是与台湾学者萧师毅共同翻译老子《道德经》,50、60年代则多次引用老庄。这或许能解释海氏的"存在"(Sein)论在西学史上是前无古人而独出的原因。但是,海氏之"存在"(Sein)又不如老庄之"无",老庄之"无"是人生宇宙之境界,海氏"存在"(Sein)不是境界而是思辨而推理的理论形式,是神秘主义的内容。为什么说它是神秘主义的呢?因为它不是工夫体证的,老庄之"无"是可以工夫体证(致虚极、守静笃)的,所以才说它是境界,否则就是神秘主义的,也就是说,老庄有工夫之学,而海氏则没有明确而完整的关于臻"存在"(Sein)的工夫之学。"存在"(Sein)是从存在者还原来的,如何还原?海氏注重从思辨逻辑上讲,而从践履意义上则语焉不详也,工夫之学缺位。海氏感兴趣的不是人生哲学,而就西方哲学的本质主义、存在主义而论的,海氏"存在"(Sein)论是西方哲学的产物,其论证也没超出西学的思辨的理论形式。

而儒学是从四端、从慎独、从忧患,走向道德心性的,即尽心知性知天(《孟子》)。如果以存在与本质观照儒学,那么儒学既讲存在也讲本质,四端与心性是一体的,心与性理是一体的,工夫体证与本体是一体的,皆是不分隔的。

儒学要从"恻隐之心"、"不忍之心",养心而扩充之,以臻即心即性即天。如果从存在与存在者观照儒学,即心即性即天不是海德格尔的"存在"(Sein)和"存在者"(Seiendes)所指的范围的。如果硬要比附以便于理解的话,那么,本心、仁心乃"存在"(Sein)在养心中扩充,是"存在本身"的扩充,"恻隐之心"、"不忍之心"是没有扩充的仁心之始"端",所以孟子列其为

“四端”之首。仁心乃“无执无限之心”，不是存在者。

儒学的仁心是即存有即活动的，亦境界亦实有的，亦应然亦实然的，亦主观性亦客观性的，是合一而不是分别的，从言诠上可以非分解说而不可分解说的，是超言意境的，是超理智的直觉的，是无执无限之心，是圆而神的。而海氏的“存在”(Sein)论却是工夫缺位的、思辨的，且是实然的、客观的、无境界、非历史文化、非语言概念的当下原始直觉，是思辨地还原而来，不是扩而充之的。所以，海德格尔不仅“解构”了形而上学，而且宣称形而上学“终结”之后是不可能重建的。海氏近老庄，老庄是从有为到无为，以无为本，有绝圣弃智的出世的性格。这也就不难理解海氏从“此在”彻底还原到“存在”(Sein)，要“终结”形而上学的理论逻辑。

而黄玉顺先生却豪言：这是生活儒学与海德格尔思想之间的又一个基本区别：

> 海德格尔不仅“解构”了形而上学，而且宣称形而上学“终结”之后是不可能重建的了；而我却坚信形而上学重建的可能性、必要性，并坚持致力于儒家形而上学的重建工作。①

儒家与道家是有很大的区别的，简而言之，儒学从道德进路而达“天人合德”，道家则化去仁义(老庄认为“仁义”是人为造作的而不自然自由的)，归于无为、归于无。以近老庄的海德格尔之学来重建儒学很不伦不类，而且很有以西学背景的思辨意义的“存在”(Sein)论“裁剪”儒学、生搬硬套的大弊，其结果必然造出一个强要立异的、使儒学异质化的“存在(Sein)化儒学”。“生活”论或者说“存在”(Sein)论的学理层级是不足的、消极的。儒学形而上学是大中至正的、圆满自足的，其形而上学与壮阔的形而下学(齐家治国平天下和格物、利用等)是不隔离的，修齐治平、理气、

---

① 黄玉顺：《论生活儒学与海德格尔思想——答张志伟教授》。

道器是一体的、互动的。以“生活”论或者说“存在”(Sein)论为儒学的形而上学传统奠基,可以说:这种观点是源于对儒学形而上学的理解上的不足而导致的思想混乱。

任文利先生就质疑黄玉顺说:就其整体架构而言,“生活儒学”更多地体现出来的是“西方哲学”的意味,而作为主体的“儒学”则稍嫌支离破碎。[①] 黄先生却回应说:以中西之异为出发点的思考方式是一种存在者化的思考方式,这种思考方式根本没有进入“存在本身”、“生活本身”的思想视域。现代中国哲学、包括现代新儒学的哲学就是如此,他们的一切思考都仅仅从中西文化对立这个出发点开始,从而陷入了一种“文化纠缠”。[②] 黄先生这是把“存在”(Sein)和“存在者”(Seiendes)的理论当成放之四海皆准的绝对真理标准了。

三、为“存在”论异化的“儒学”

1.“生活”是思辨形式意义的“无”,内容意义的“有”

黄玉顺先生反对无限说:

> 假如“内心的道德法则”是理性的事情,但理性是人的理性,而人却是有限的存在者,那么,有限的人的理性的“内心的道德法则”怎么可能“超越有限性”?[③]

经验的人是有限的,理性属于心,可以无限。黄先生好像不懂人在心境上是可以有无限之境的,人的理性可以有无限心、智的直觉,不体认此,就不可能懂天人合一。儒释道皆体认“天人合一”。

---

① 任文利:《生活、哲学与信念——评黄玉顺的“生活儒学”》,《四川大学学报》2006 年第 6 期。

② 黄玉顺:《论儒学与哲学的关系——对任文利先生批评的回应》,《学术界》2007 年第 4 期。

③ 黄玉顺:《形而上学的奠基问题——儒学视域中的海德格尔及其所解释的康德哲学》,《四川大学学报》2004 年第 2 期。

黄先生常强调:"生活是什么"或者"什么是生活"这样的发问方式,这个"什么"已经预先将生活设定为某种存在者了,然而生活不是存在者,而是先在于此、为之奠基的存在。所以,生活不是"什么";在这个意义上,生活是"无"。这就犹如《老子》讲的:"天下万物生于有,有生于无。"

黄先生这是把"生活"或者说"存在"(Sein)作为思辨逻辑的理论形式的产物,与《老子》的境界的"无"混为一谈。《老子》谈"无"不是从思辨逻辑与语言分析上推理,而是当下即是,不证自明的,非分解地讲,因为它是境界,是工夫践履而悟之本体,其言说只是指点而已,不依赖理论之证立而依赖工夫境界之体证。而"生活"论恰恰相反是依靠思辨逻辑的推理而得。

而且黄先生论证中也自相矛盾。黄先生反对"无限"之说,认为这是形而上学的说法,那么,它又怎么可以与《老子》的"无"比附呢?《老子》的"无"当然是无限的。黄先生所言的:生活不是"什么"。这是思辨形式意义的"无",其内容依黄先生所诠释的"生活"则是"恻隐之心"、"不忍之心",它依黄先生的诠释:是本源情感的。这是说"生活"是"有"不是"无"。这也是把海德格尔的神秘主义的"存在"(Sein),明朗化为生活情感了。从内容上讲,黄先生的"生活儒学"与《老子》恰恰相反,它是"天下万物(形而下学)生于无(形而上学),无(形而上学)生于有(生活本源——仁爱)。"黄先生宣称其"生活儒学"是:生活本源 → 形而上学 → 形而下学①,也就是"有生无、无生有"的逻辑过程。与儒释道三家大异其趣。

黄先生称:

> 这里具有这样的观念层级:其一,"泉之始达"的本源观念,就是作为生活情感的、先行于任何存在者的"怵惕恻隐之心",这是"仁义礼知"这些概念的"发端";其二,在这种本源上,主体性的"人"才被给出,进而才有可能通过"扩充"进行形而上学的建构;

① 黄玉顺:《生活儒学与形而上学之关系——致胡治洪教授》,《学术界》2008年第1期。

> 最后，才有可能进行作为形而下存在者的事情的伦理、政治活动——“事父母”、“保四海”等等。①

说白了，黄先生宣扬的“生活儒学”，是以“存在”（Sein）论的“生活”，来取代天人之学、安身立命之学在儒学中的意义与地位。

2. “存在”（Sein）论的儒学与儒学传统有根本矛盾

“生活”论由于“脱胎”于“存在”（Sein）论，所以与儒释道三家之学皆有根本上的矛盾，与儒学的矛盾尤为“剧烈”。

黄先生对于儒释道三家的超越性和内在性是否有相应的理解呢？很令人怀疑。黄先生宣称：

> 所谓“破解形而上学”，就是对传统的形而上学作一番“解构”。这里所说的“传统形而上学”，意指原创时期以后建构起来的古今中外所有一切形态的形而上学……孔孟以后、秦汉以来的儒学其实都是这样的传统形而上学，宋明新儒学、现代新儒学也是这样的传统形而上学。其所以必须加以解构它们，是因为它们“遗忘存在”，即在其理论建构中蔽塞了生活本源。关于先天的“人性”、先验的“天理”、作为本体的“道德主体”等等，都是典型的传统形而上学的设定，……于是只会思考存在者、特别是形而上的唯一绝对的存在者，而不会思考存在、生活；只会思“有”，不会思“无”。②

这种豪言，可以说对儒学的内在超越性是没有相应的理解的。孟子曰：“仁义礼智，我固有之，非由外铄我也。”从具体而微的仁之端扩充，不离

① 黄玉顺《复归生活、重建儒学——儒学与现象学比较研究纲领》，《人文杂志》2005年第6期。

② 黄玉顺《生活儒学与形而上学之关系——致胡治洪教授》。

不滞人伦日用，在一言一行当中求悟向上一几，即孔子的“我欲仁斯仁至矣”，最后当下朗现仁心全体而超越乎万事万物万识万法，臻无执无限之境，与天道合一，这就是孔子的“践仁以知天”、孟子的“尽心知性知天”，当下达成、证成圆教之境。这是天人合一，然儒家又不是出世的，又从天人合一坎陷下来，关怀如何以德性的心灵来润泽人生，来感通人所面对的万事万物。所以，《传习录·中·启问道通书》曰：“若见得自性明白时，气即是性，性即是气，原无性气之可分也。”《传习录·中·答欧阳崇一》曰：“良知不由见闻而省，而见闻莫非良知之用。故良知不滞于见闻、而亦不离于见闻。”《传习录·下·陈九川录》曰：“人须在事上磨炼做功夫乃有益。”“若离了事物为学，却是着空。”而《传习录·下·黄以方录》曰：“良知只在声色货利上用功，能致得良知精精明明，毫发无蔽，则声色货利之交，无非天则流行矣。”《传习录·下·黄省曾录》进一步指出：七情“皆是良知之用。不可分别善恶。但不可有所着。七情有着，俱谓之欲，俱为良知之蔽”。

儒家的无量的德在哪里表现呢？就在人的一言一行当中表现，良知直接地贯注到你的日常生活之中，“切问而近思，仁在其中矣”，仁义在“修齐治平”中，也就是说“以理尽气”的、“天行健”的。牟宗三先生的“良知坎陷”之学、内圣外王之学，就是这样的仁在修齐治平、格物中的当代的理论架构。①

所以说，儒学既讲存在也讲本质（不是西学的存在主义与本质主义分隔的），形而上学与形而下学、修齐治平、理气、道器、道与生活是一体的、互通互动的。

黄先生有“源等于本、始端等于大本”思维误区，儒学固然从存在之始端出发，然又必然就此始端而做复性的工夫，扩而充之，使具体而微的仁之端养心为仁心、天人合德。黄先生对“本源”一词的理解是“本”与“源”不分，然儒学却是从“源”——四端做养心工夫，扩而充之为“本”，源与本在工

① 罗义俊：《中国文化问题解困的划时代理论——略观对牟先生良知自我坎陷说的批评与我之一响应》，http://163.13.35.26:8026/EhuWeb/Zb_content.asp? cmd = sea&catAId = 30&gtId = 138

夫中是同体的，只是过程有始终。以长江比喻儒家形而上学传统，在儒学的形而上学里，仁之端如长江之源头，天人合一的仁心如浩荡的长江主体，而长江流域的广大的支脉水系则是其形而下学。它们是互通互动的一个系统、一个有机体，所以说，仁之端与仁心不分，形而上学与形而下学不隔离。如果只推崇涓涓细流的源头，把源头与整个长江“肢解”开来，这是切割长江主体，“生活”论或者说“存在”(Sein)论就是这样切割了儒学的形而上学，硬生生地把仁之端与仁心切割开来，为“存在”(Sein)论化儒学的生活儒学奠基。然后又要这“生活”论或者说“存在”(Sein)论，为儒学的形而上学奠基，可谓是不仅“画蛇添足”，而且“画虎不成”。这是由于所谓的“生活儒学”服膺了海德格尔的强探力索与思辨分解的思维，也沾染了“比较哲学”的比附的思维习性。

不知黄先生怎么理解儒学的？黄先生说：

> 这种形而上学忘记了自己是渊源于生活的，反倒企图充当生活的僭主、统治者、裁判者，最终成为非常可怕的东西。历史上某些儒学的“以理杀人”，现代新儒学的无法实现“内圣开出新外王”，盖缘于此。今日的儒学复兴，假如仍然采取这样的传统形而上学的致思方式，就无法避免“原教旨主义”，就不可能真正有效地切入“我们的”生活。①

这种把“以理杀人”作为对宋明儒学的批判，与五四以后、1949年以后对儒学的流俗曲解有一致性；而对于“内圣开出新外王”的批判，则与当下流俗曲解之说一致。或许，由于黄先生是“文革”后的知识分子，这更有可能产生于其所承的“标新立异”的学术思维而作颠覆性判断，也根源于其所认为的绝对真理——“生活本源”论或者说“存在”(Sein)论，由此，黄先生

① 黄玉顺：《生活儒学与形而上学之关系——致胡治洪教授》，《学术界》2008年第1期。

才作出上述的批判。

儒学是天人之学、安身立命之学，是修齐治平、礼乐生活之学。黄玉顺却要以还原到孔子为名义，实质上是以“存在”(Sein)论为真理标准来衡定儒学，孔子之后的儒学皆是其解构与重建的对象。道统也不在其眼里。不知黄先生究竟要造什么样的大学问来重建儒学呢？“复归生活、重建儒学”，说白了就是反儒学传统的“重建”，就是异质化、“肢解”儒学的“重建”。“标新立异”的学术思维，的确很容易走向异端、偏激的！

错误层出的批判

——评所谓《"生活儒学"和"情感儒学"批判》

龚传星

编者按:此文作者针对李明的《"生活儒学"与"情感儒学"批判》一文提出质疑,认为李明的所谓"批判"对"生活儒学"多有误解。将此二文相参看,孰是孰非,读者可细辨之。

既称之为批判,则必然对于批判之对象应相当熟识,此乃最低限度之要求。有相当程度的熟识方不至于信口开河。然观李明《"生活儒学"与"情感儒学"批判》一文,乃知最低限度的要求对于他尤属为难,其对于"生活儒学"之不熟识、信口开河之态度已属不可忍,而其批判所持观念尤属不可忍。夫子云:是可忍,孰不可忍。故作下文。

批判所持观念之批判的合法依据

批判既然为批判,其依据必定有合法性方可发生效力。如两方各持一端,相持不休,则俱为异端。"子曰:攻乎异端,斯害也已。"(《为政》)如批判之依据实为各据一端,则交流尚可,批判不可。因其合法性不在,批判效力亦失,勉强为之,贻笑大方。

李明之文,处处洋溢牟宗三之气息。其依据牟宗三之观念来指责"生活儒学"甚至指责整个西方哲学确为一奇怪景色。

这里且不说牟宗三的观念有否问题,单就其作为批判的依据的合法性首先就要存疑的。李明在文中说"黄先生这是把'存在'(Sein)和'存在者'(Seiendes)的理论当成放之四海皆准的绝对真理标准了",黄先生有没有绝对真理的想法我不知道，但这里李明显然的是把牟宗三的观念当成了绝对真理，有了它就可以指点江山，激扬文字了。可是李明忘记了《庄子·天下》的话：道术将为天下列。牟宗三的观念亦不过一曲之念而已。以一曲之念去臧否学术，将为天下笑。

这个时候，就该老老实实坐下来，共同探讨。古人释道为言，是有道理的，他不是让你天天静坐体证，而是要说话、要探讨。君子无所争，其争也君子。动辄“批判”，扣帽子实在不是那么回事。

对生活儒学的错读

之所以没有说是误读，因误读措辞上程度为轻，乃是实事求是而言。李明对“生活儒学”的错读程度不仅源于其无心或力有未逮，更有其有意裁剪。

李明在文章的提要中提出“不能脱离传统”，韩愈提出道统早孟子之后就失传了，如果他说的是真的，那牟宗三讲的道统从哪个地方来的？莫非孟子托梦不成？所谓脱离传统与不脱离传统乃是臆说，所谓“道不远人”，传统就在我们当下。不要告诉我你把传统当成你家里的什么传家宝之类。就算是，那也是你家的，与别人何干？

我相信李明没有看《爱与思——生活儒学的观念》这本书，这绝对不是污蔑。在此书第一讲的第一节黄先生就提出“定名与虚位”的问题：“不同的思想体系之间，甚至在不同的民族语言、民族文化之间，词语及其观念之间是具有对应性的。这种对应，本质上是观念层级上的对应。”这个就是虚位，是各种文化、语言对话的语义平台。在这个意义上，黄先生把海德格尔的“存在”与“生活”作为一个对应来提及。如果李明认为海德格尔的存在论区分可以略去不谈，那其他人也不会强求。但至少我很怀疑你可能不是在21世纪谈哲学或者干脆谈的不是哲学。黄先生谈的是哲学，所以必定涉及“存在”。如果不了解，不理解“定名与虚位”的问题就会错认“存在”为“生活”，如李明就是这样的（其儒道之别亦源于此，下不赘述）。

李明对海德格尔的“存在”的一个判断基本是错误的。他说:“而海氏的‘存在’(Sein)论却是工夫缺位的、思辨的,且是实然的、客观的、无境界、非历史文化、非语言概念的当下原始直觉,是思辨地还原而来,不是扩而充之的。”既然是“当下的原始直觉”又如何是“思辨的”?建议李明查看一下直觉与思辨的区别,之后下判断。

关于诠释学的问题,不知道李明对于“六经注我”与“我注六经”有何高见?该不是否认陆九渊不是儒家吧?另外,黄先生实际上也不认为“六经注我”的诠释观念是透彻的,他认为是“注生我经”(不懂可以去看上边我提到的那本书)。

李明对于道家的“道”观念的领悟也是有问题的。首先,无并非形上,他是同道等同。而“道生一,一生二”,道生的那个一才是形上的(这里要区分《老子》里的道观念与《易传》里道观念的差异)。

> 黄先生所言的:生活不是“什么”。这是思辨形式意义的“无”,其内容依黄先生所诠释的“生活”则是“恻隐之心”、“不忍之心”,它依黄先生的诠释:是本源情感的。这是说“生活”是“有”不是“无”。

此一段为李明所立论。确完全不符合“生活儒学”的观念。首先,生活不是依据思辨所领会,另外李明你指出一个为“有”的“不忍之心”、“恻隐之心”出来?孟子言“恻隐之心”是“仁之端”也。仁之端如何为有?难道你看到小孩掉进井里,还思考半天才反应过来不成?孟子设置了这样一个情景,恰恰是要说明,恻隐之心就意味不假思索,当先即是。

另外,李明关于本与源的区分完全错误。“本”指树木,“源”乃是指水流。所以才有言:有本之木、有源之水。不知道李明何以把“本”挪用在水流上。建议去读《说文解字》。

“这种把‘以理杀人’作为对宋明儒学的批判,与五四以后、1949 年以后对儒学的流俗曲解有一致性”此段如果是故意,可能是冤枉李明,但说是断章取义、歪曲捏造断是不错的。我把李明所引黄先生的一段录在下面:

> 这种形而上学忘记了自己是渊源于生活的,反倒企图充当生活的僭主、统治者、裁判者,最终成为非常可怕的东西。历史上某些儒学的“以理杀人”,现代新儒学的无法实现“内圣开出新外王”,盖缘于此。今日的儒学复兴,假如仍然采取这样的传统形而上学的致思方式,就无法避免“原教旨主义”,就不可能真正有效地切入“我们的”生活。

拿来放大镜也没有看出黄先生说的“以理杀人”是对宋明儒学的批判,莫非李明引这一段,脑子里想的是另外一段,还请麻烦引出。因为翻遍黄先生著述,也没有发现黄先生以“以理杀人”来批判宋明儒学。如果引不出,则我就对你下面的话提出质疑:

> 或许,由于黄先生是“文革”后的知识分子。当然,这更有可能产生于其所承的“标新立异”的学术思维而作颠覆性判断,也根源于其所认为的绝对真理——“生活本源”论或者说“存在”(Sein)论,由此,黄先生才作出上述的批判。

如要扣帽子,之前要抓辫子。建议下次扣帽子之前小心点,免得自取其辱。

生活儒学与现代新儒学

崔　罡

编者按：此文节选自崔罡《阐旧邦以辅新命——冯友兰"新理学"的问题意识》①，此标题为编者所拟。

就整个现代新儒家来说，他们的言说方式都未能摆脱传统形而上学的困扰。因此，对他们的评判也必定是：要么是在其体系内部进行分析，要么是彻底否认其根本前提。比如郑家栋固然可以批评冯友兰的工作西化味道过重，但其前提必定是他对中国传统哲学的某种认定。冯友兰自然也可以回应说，他本人所讲的哲学就是最传统的中国哲学，而他的工作只不过是将原先混言之的哲学进一步清晰起来。

因此，突破就是必需的。就目前的学术发展状况而言，实现这一突破的是"生活儒学"所提出的观念的三个层级的划分。观念的三层划分指的是：本源层级、形上层级和形下层级。② 从"新理学"的两层划分到"生活儒学"的三层划分，在形上、形下之外添加本源，这不仅仅是简单地添加，而是一种本源性的阐明。

其中，本源层级指的是：在一种本源情境中，发生着本源的生活感悟（生活情感、生活领悟）；生活感悟共时地显现为不同的感悟形式；而生活本身则历时地显现为不同的生活方式；由于我们的生活方式的演变，儒家思

---

① 黄玉顺主编：《现代新儒学的现代性哲学》，北京：中央文献出版社2008年版。

② 黄玉顺：《"生活儒学"导论》，载《原道》第十辑，陈明主编，北京大学出版社2005年1月第1版。

想的整体的层级构造“与时偕行”地在历史上显现为若干历史形态。

在此基础上，才有可能解释某种形而上学，比如冯友兰的《贞元六书》是何以可能的。这就如同本文采用的思路一样，从冯友兰所处的时代出发，从他的生活本身出发，去理解他。按照生活儒学的思路，我们可以看到他是如何在本源情境的断裂中产生了形下的需求，而后进一步上升到形上的高度。在冯友兰的话语中，我们只能说这是“势所必然”；然而在生活儒学中，我们给出了他的“理所当然”。

回过头来看冯友兰的体系，由于缺乏观念“本源层级”的自觉意识，他面对了许多他自身所建构的问题。而在现代新儒家中，这种意识的缺乏是普遍的。正如我们在他们的言说中所看到的那样，出于对现实问题的考虑，他们建构了一套形而上学，而在此种形而上学中，却总是存在着种种理论困境，他们始终无法摆脱强为之言的困扰。而生活儒学为摆脱这种困扰提供了可能。

值得注意的是，“生活儒学”本身的方法与“新理学”之间有着很深的渊源。例如，采用生活儒学的观念来分析孔子“仁”的观念，我们可以得知，孔子的“仁学”中，哪一部分是形下的、具体的道德规范建构，那就是“孔子之时代的新的哲学”；哪一部分是形上的、抽象的建构，那就是“最哲学之哲学”；而哪一部分是在讲生活情感本身，那就是冯友兰以及所有现代新儒家的盲点所在。就其是将不同的观念置于不同的观念层级、话语系统之中，使得它清晰起来，这与新理学的主要特征是一致的。但这种不同观念层级的置放，最终也都是为了回到生活，为了给生活中的具体问题以答案。

生活的第一义是什么

宋大琦

编者按:此文认为,"生活儒学"并没有直面"欲"(作者所倡导的"生活的第一义")这一基本的生活事实,以致黄玉顺在思维方式、论证方式上陷入了"形而上学的迷雾"之中。那么,何谓"欲"?作者并无详细交代,但从其给出的"如梁漱溟先生说,生活就是连续不断的意欲及它们的满足"来看,他是力引梁先生为同道的。然而,作者在此却有明显的误会。从其文字不难推知,作者所持守的乃是经验论的立场,而梁先生的"意欲"却是先验论的,且这一点正好反映出他与黄玉顺在根本立场上的不同。[1] 而也正是源于这种认识上的误会与立场上的差异,针对形而上学在哲学中的地位、作用等问题,作者才会陷入一团"迷雾"。

本人认真地读了楼文[2],以本人的学识,想加入这样的讨论本来很难,因为本人没有受过哲学训练的背景,对德语更是一窍不通,20 年前买了一本《存在与时间》,到现在也没看懂。好在本人还有生活,基本上是与学术无关的处理各种人际纠纷的司法小吏生活。"有困而知之者",可能不值大家一哂,于自身却是一鞭一条痕、一掴一掌血的,其可与上知者请教乎。

玉顺先生的生活儒学对我来说是相当难懂的,其中大量现象学术语令

---

① 黄玉顺指出,梁先生的"意欲"仍有主体"我"的前设,因而仍是某种形而上学的进路。参见黄玉顺:《梁漱溟文化思想的哲学基础的现象学考察》,载《面向生活本身的儒学——黄玉顺"生活儒学"自选集》,四川大学出版社 2006 年。

② 指李明先生的文章《"生活儒学"和"情感儒学"批判》。

我望而生畏，我原先理解生活儒学也就是从字面上理解，见其有“生活”二字便觉分外亲近，觉得“生活”二字应当可从日常用语的角度来理解。如果黄先生的哲学不叫“生活儒学”而叫“存在儒学”，我可能转身就走了。

看了李明先生的论文后，我觉得对生活儒学理解加深了一些（惭愧，我对学界掌故很陌生，对李明先生身世竟不知一二，哪位给介绍则个）。但这种理解显然是对理解的理解，是通过李明先生对玉顺先生的二手理解，不知道是否符合玉顺先生原意，若有误解，还请指教。

一、形而上学的迷雾

这点感觉不仅是对玉顺先生的，也是对李明先生的，二先生口口声声要破解形而上学，却在思维方式中处处体现形而上学，是要破解了人家的形而上学，建立自己的形而上学。玉顺先生面对的生活不是我们看到的生活，而是“生活本身”，前于形而下生活之生活；他的理论过程是“生活本源→形而上学→形而下学 ”。李明先生把这解释成“也就是‘有生无、无生有’的逻辑过程”，不知是否符合玉顺先生原意。这个思路显然还是形而上学的，只是在前面加了个生活本源。这似乎有在驮着大地的海龟身下再垫一个海龟的感觉。而李明先生不由生活出，而由良知一路“坎陷”下来，也是形而上学的思路。形而上学就这样对哲学家有吸引力，“才被太阳收拾去，又叫明月送将来”。

二、生活是什么？

但玉顺先生的这只海龟不是一般的海龟，它是生活本源，而不是以往的形上本体。尽管如此，我们还是要追问，这生活本源到底是什么？玉顺先生常强调：

> “生活是什么”或者“什么是生活”这样的发问方式，这个“什么”已经预先将生活设定为某种存在者了，然而生活不是存在者

> 而是先在于此、为之奠基的存在。所以,生活不是“什么”;在这个意义上,生活是“无”。这就犹如《老子》讲的:“天下万物生于有,有生于无。”

“存在本身”、“生活本身”到底是什么?是无,这样的说法确实更接近老庄。那么我们面对的生活本源就是“无”了。在下愚钝,不知怎样面对无,如果它是哲学思辨中那个“大有”,不受任何具体规定性限制,故称为“无”,或许可以让哲学家面对,然而又如何让世俗生活面对?而且,在上述的表述中好像是有些存在主义的味道,不知在下的感觉对也不对?

无,就能消解形而上学吗?玉顺先生谓:

> 所谓“破解形而上学”,就是对传统的形而上学作一番“解构”。这里所说的“传统形而上学”,意指原创时期以后建构起来的古今中外所有一切形态的形而上学……孔孟以后、秦汉以来的儒学其实都是这样的传统形而上学,宋明新儒学、现代新儒学也是这样的传统形而上学。其所以必须加以解构它们,是因为它们“遗忘存在”,即在其理论建构中蔽塞了生活本源。关于先天的“人性”、先验的“天理”、作为本体的“道德主体”等等,都是典型的传统形而上学的设定,……于是只会思考存在者、特别是形而上的唯一绝对的存在者,而不会思考存在、生活;只会思“有”,不会思“无”。

本人是非常同意这一段话的。显然,原创时期所创的不是形而上学,子罕言“性与天道”,就是不言形上部分。秦汉以来的儒学的确都有形上味道,因为他们在论证圣人之旨的时候,没有“得鱼忘筌”,反而是抓着筌不放,以致转移了儒学的任务,比如宋明理学讲了“修齐治平”半天,却没拿出什么办法,重点反而是“理气”、“性欲”之辨,这样的辨不是不好,问题在于他们忘记了生活本身。但在下这里的生活本身却与玉顺先生的“存在”大不一样,玉顺先生的存在“不是存在者而是先在于此、为之奠基的存在”,主要是否认那些关于先天的“人性”、先验的“天理”、作为本体的“道德主体”等等形而上的唯一绝对的存在者,然而黄先生自己所要面对的存在却不是任何形而下的、后天的、经验的存在,而是先于此在,为此在奠基的,这不还是形而上学吗?然后,黄先生用国学说明了一下这个作为奠基者的在,是“无”。这些都是逻辑上的、哲学上的奠基性存在,其推到无,恐怕也是因为不好推到任何具体东西。推到无,让生活如何面对?

黄先生在描述本源情感的内容时,的确有消解形而上学的意味,“生活”则是“恻隐之心”、“不忍之心”,依黄先生的诠释:是本源情感的。这岂不是说“生活”是“有”不是“无”了吗?这倒是更符合孔子之言。孔子那里没有建立形而上学,孔子的“仁”是直面生活的态度。孔子是直面各种具体情况时的态度,这些事情、态度首先都是形而下的具体生活、具体反应,黑格尔等因而轻视为经验之谈、老练的处事态度。然而孔子这里还有超出经验的普遍性,有一以贯之的精神“仁”。所以说孔子面对的生活是有,不是无,他的态度也是有,这个“有”好总结,就是仁,仁在不同情况下的表现形式各异,但贯穿如一的精神有目共睹。现在要做的事情是,把所面对的千差万别的生活场景也“一以贯之”,说出它们的共相。这个共相就是“欲”,它不一定是黄先生的生活儒学所面对的“存在”,却是旧儒家公认之基础性事实。宋明理学最后的主题锁定在“天理人欲之辨”,就说明了,宋明的生活儒学所面对的“生活原初事实”就是欲,面对人是个欲望主体这一事实,面对生活是欲望的交错这一事实,从而如何做,才能符合天理、符合仁,如何做,便堕入私欲、不仁。上次请黄玉顺先生仲裁的问题,其实不是“欲是不是仁”的问题,而是什么是生活儒学应该面对的基本事实的问题,我认为就是欲。关于仁与欲的关系,说了很多了,这里不再说。如梁漱溟先生说,生活就是连续不断的意欲及它们的满足。

三、儒学内部的争论

无论如何,二人的争论还是儒学内部的争论:李明先生宗王阳明、牟宗三先生一脉,坚持那个生活的出发点是良知;而玉顺先生说生活本身的实际内容是情感。这些争执恰如以往的儒学历史:儒者在坚持圣人的核心价值这一点上并无歧见,但在如何论证这一点上随时代不同、个人学识背景不同而各有特色。有趣的是,"如何论证"总是选择形而上学的方式,汉儒不例外、宋儒不例外,今天的海内外新儒家一样不例外。一旦谁真的消极了形而上学,他看上去就不像一个哲学家了。

但是儒学的目的本来就不是哲学,也不是成为思想家,而只在人伦日用。儒学想走出书斋,干预生活,也只有选择走出形而上学。理学发展到戴震,本来已经很少有形而上学气息,或者说把程朱陆王的形而上学都消解了,只是面对认同此心的共同需求,在普遍经验上建立礼法秩序。这一过程被一再打断,以致今天儒者在书斋中争论形而上学,而经济法律等事务的发言权被各路以私欲驾驭工具理性者拿去。

当年戴震与前代理学家在想推仁、建设礼乐文明这一点上并无二致,所不同的是,前代是从一个先天的"人性"、先验的"天理"、作为本体的"道德主体"等,或者直接是"天"的原点出发往外推演"应然"的,所以不免将此在"异化",而戴震直接从面对的"实然"出发,颠覆了理学,回到了孔子。然而只是从哲学方式上颠覆了理学,在"价值"追求上,程朱陆王颜戴与先圣皆无二致。

我与李明先生、黄玉顺先生也并无二致,不过李明先生看似从陆王由良知推出大仁大爱的旧路,黄玉顺先生借用了现象学的一些方法来重新给"仁爱"建个堡垒,而本人则是直接面对人的欲望,企图通过在肯定欲望的基础上找出欲望冲突的平衡点,以此建立礼法条则。不过,这样本人的想法看上去肯定就不太"哲学"了。

现象学视野中的儒学

李广良

编者按：此文节选自李广良教授的论文《现象学视野中的中国哲学》，这里节选的只是其中涉及"儒学与现象学"部分，我们题为《现象学视野中的儒学》。文中，作者对"生活儒学"的转述其实是存在着许多不甚确切之处的，例如说"黄是自觉地站在现象学立场上"（这也与作者自己的下述说法是自相矛盾的），此不赘述。最根本的一个问题是，作者认为，"现象学与儒学终于走到了一起"，"一是表现为儒学与现象学的比较研究，二是表现为用现象学方法对儒学的诠释"。作者明确表示，"黄玉顺的儒学研究可以归之于第一种情况"，"我对这种比较研究持保留的态度"；而作者所深表赞同的，是张祥龙那样的"用现象学方法对儒学进行诠释"。然而这正是我们要强烈地质疑的一种方法，因为这种方法的结果就是儒学的现象学化，这样一来，儒学不再是儒学、而仅仅是现象学的一个应用领域了。而在黄玉顺的"生活儒学"中，"所谓'儒学与现象学的比较'，不只是简单地拿现象学的观念来剪裁儒学，而是说让儒学与现象学在当下的'交往'中展开对话。"

中国哲学的"综合创新"之说并不是一种"学说"。在众多学说的密林中再增加一种学说并不是智慧的表现，而"综合创新"说则在朴实的外表下跳动着一颗充满智慧的心。这颗心在当代中国和世界的错综缠绕中向我们显现了一条中国思想前进的必由之路。不管我们的主观愿欲如何，我们都不能不走在这条路上，我们确实已经走在这条路上。现象学与中国哲学的关系不仅证明了这一点，而且显示了中国思想的固有深度和源始意蕴，显示了不同思想之间的真正可通达之处。本文试图通过对近年来中国思想界[①]有关现象学方法之应用的回顾来“看”现象学对未来中国哲学的价值和意义。

一、中国哲学与现象学相互亲近的机缘

上世纪80年代刚接触现象学的时候，它对我们似乎还只是“一种”纯粹现代西方的“哲学”，是“又一种”外来的“哲学流派”而已。我根本没有想到这场起源于欧洲的现象学运动会与“中国哲学”特别是“中国传统哲学”有什么牵缠。然而如今，现象学与中国哲学的恩爱痴缘似已结出了“硕果”，中国思想的源始生机重新崭露，中国智慧的广阔与深邃、宏大与细微、阳刚与阴柔也重新开显出来。

表面看来，中国当代哲学对现象学的青睐有加是缘于现象学在当代世界学术中的优势地位，因而能够满足中国哲学家的国际自尊，骨子里还是西方中心主义的逻辑。但实际情况则是，中国哲学家之喜欢现象学尤其是海德格尔现象学是为了最大限度地彰显中国哲学的智慧深度，从而消解西方中心主义的世界哲学图景。

何以是现象学而不是其他的西方哲学学说能够达成上述目标呢？近代以来从西方传入的古希腊哲学、经验论和唯理论哲学、德国古典哲学、实用主义哲学、分析哲学、后现代主义等为什么就不行呢？对此，中国的现象学家做出了各自不同的回答。比如黄玉顺就基于形而上学的立场选择了现象学。在他看来，当代哲学包括三大运动：分析哲学运动、现象学运动、后现代运动。在所有这些“选言肢”中，后现代思潮和分析哲学都为黄玉顺所不取。后现代思潮是“反形而上学的”，而黄玉顺“要为形而上学奠基、或重建形而上学”。分析哲学不仅同样有“反形而上学”的(形而上学)倾向，

---

① 本文主要参考了张祥龙、倪梁康、黄玉顺等人的有关论著。

而且有科学主义的性质。分析哲学以数学、逻辑、科学……经验主义、逻辑主义……为自己的根基，而这些东西恰恰是尚待被奠基的。所以唯有选择现象学，尤其是胡塞尔、舍勒、海德格尔的现象学，但不是作为“哲学”、而是作为“方法”的现象学。[1]

张祥龙也选择了现象学，而且我认为他是目前为止用现象学方法研究中国思想（“中华古学”）最为成功的现象学哲学家之一。他认为，在西方哲学中，与中国古代思想的图景最有或比较有缘分的就是现象学的思想方式，而绝不会是概念形而上学的方式。“事实上，任何一种还依据现成的概念模式——不管它是唯理论的还是经验论的，唯心论的还是实在论的——哲学思想都极难与东方哲理思想，特别是中国古典哲学进行有效的对话。”[2]“西方的以巴门尼德——柏拉图主义为脊梁的传统哲学，无论其理念化程度多么高，概念体系多么庞大，逻辑推理多么堂皇，辩证法思想多么发展，却恰恰不能理解中国思想的微妙之处。”[3]他基于现象学的“构成观”对中国古代思想做了一番重新审视。

在张祥龙看来，现象学的思想方式是构成的而非概念抽象化的，现象学或现象学直观的最突出的特点是它的“构成”（Konstitution，Bilden）洞见或识度。这是说，“现象本身”或“事情本身”一定是构成着的或被构成着的，与人认识它们的发生，尤其是人在某个具体形势或境域中的生存方式息息相关。任何“存在”从改变上都与境域中的生成（Werden，Becoming）、“生活”（Leben）、“体验”（Erleben）或“构成”不可分离。这样一种思想方式在根本处容纳和要求着像“边缘化”、“时机化”、“无”这些与具体的和变易着的境况相关的思路，因而在无形中消除了中西哲学对话中最硬性的、也是最大的障碍。

---

① 黄玉顺：《复归生活、重建儒学——儒学与现象学比较研究纲领》，《人文杂志》2005 年第 6 期。

② 张祥龙：《从现象学到孔夫子》，北京：商务印书馆，2001 年，第 192 页。

③ 张祥龙：《从现象学到孔夫子》，第 199 页。

从现象学的构成观来看,“中华古学”并不是达不到概念哲学的高度,它之所以“没有概念化”,是因为它的那些深受“变易中的天道观”影响的主要流派从一开始就对于概念抽象的缺陷有一种几乎可以说是天生的敏感或反感,并因此而求助于“构成”的方式。在先秦的儒、道学说中,有一种很独特的怀疑态度或“悬置态度”。①

因此,“必须消解掉本世纪以来流行的、现在还在流行的治中国‘哲学’的概念形而上学方法。…… 我无法脱离开今天的思想视野去直接理解古代天道,正如我不能直接读出我的谈伴的心理过程,但我却可以不完全受制于任何现成的(Vorhanden)概念哲学立场,去与古代文献发生那只在活生生的阅读体验中构成的(Konstituierend)理解关联,从而获得一种朝向古代思想世界的视野或视域(Horizont)。这种在语言经历中被投射出的构成视域不同于任何一种的现成的解释立场;它既不是纯客观的(如果‘客观’意味着对象实在的话),也不是纯主观的,而是能引发(Ereignen)出那事先不可测度而又合乎某种更本源的尺度的纯领会态势,可用老子的‘虚而不屈,动而愈出’一语形容之。…… 首先要消解掉西方传统哲学的范畴束缚,不让‘主体’、‘实体’、‘形式’、‘本质’等有二元化宿根的概念事先就主宰我们对孔子、老子的理解思路,也不允许那种将他们的思想拆卸为‘本体论’、‘认识论’、‘伦理学’、‘社会政治哲学’等几大块就了事的做法。其次要消解掉(但不等于硬性地排斥掉)中国历史上后人对于孔、思(子思)、老、庄等学说的‘形而上’解释,比如宋明儒学的和魏晋玄学的解释,而只以对原始文献的解读为根据。”②

显然,黄玉顺和张祥龙等人都试图依据现象学对中国哲学传统思想做出解读和审视,但他们之间也有一些微妙的差异,对此本文暂不进行分析。我现在关心的是,现象学与中国哲学的相互亲近究竟只是一次偶然的“萍

---

① 张祥龙:《从现象学到孔夫子》,第192页。

② 张祥龙:《海德格尔思想与中国天道》,北京:生活·读书·新知三联书店,1996年,第3—4页。

水相逢”还是“天命”所归的“结合”。倪梁康先生曾经谈到过“现象学对中国学术的可能意义”，他的意思是，现象学首先并不在于传布某些具体的教义，而是在于树立一种对具体哲学问题进行严格分析的风气。这不能算是对上述问题的一种回答，比如他不能解释张祥龙对中国传统思想的富有深意的解读，也不能解释那薇的“道家与海德格尔相互诠释——在心物一体中成其人成其物”。现象学注意严格的分析，但仅仅是分析还不就是现象学，现象学的真意在于让现象本身无所遮蔽地自我开显。正是在现象学如其所是的开显上，现象学与中国哲学才有一种天然的而非人为的“一见钟情”，而不是“乱点鸳鸯”式的包办婚姻。中国哲学的任何一次“综合创新”恐怕都应该是一见钟情式的。

值得注意的是，层出不穷的西方现象学思想成果中与中国思想结合而取得显著成果的唯有海德格尔的存在现象学。即使胡塞尔现象学也只是与王阳明和佛教唯识学之间有一些“对话”，而在倪梁康先生看来，现象学与唯识学的对话其实只是两种“西方”哲学之间的对话。

二、现象学与道家哲学

（从略）

三、现象学与儒学

儒学之进入现象学的视野要稍晚于道家，但这也是迟早要发生的事情。任何严肃认真的思想家都会同意儒、道两家的同源性和相通性。张祥龙指出：“人们往往视道家为儒家的对立面，殊不知两者在思想方式上多有相通之处。它们之间的区别往往是关于‘什么’的，比如最终的境界是仁还是道，求此境界的依据是人伦关系还是自然（无）本身，达至此至境的途径是‘学’还是‘损’（反本归源），治国立身靠的是什么，等等。但它们之间的相通之处则在于对最高境界（仁、道）本身的理解。对孔子和老庄而言，这最终的根源都不是任何一种‘什么’或现成的存在者，而是最根本的纯境域构成。"[①]也许正是因为如此,现象学与儒学终于走到了一起。所谓"走到一起",一是表现为儒学与现象学的比较研究,二是表现为用现象学方法对儒学的诠释,这当然只是就大势而言。

黄玉顺的儒学研究可以归之于第一种情况。他提出了一个儒学与现象学比较研究的纲领。[②] 他试图通过儒学与现象学的比较研究,在当代思想前沿的观念上,复归生活,重建儒学。而所谓"儒学与现象学的比较",不只是简单地拿现象学的观念来剪裁儒学,而是说让儒学与现象学在当下的"交往"中展开对话。这种对话的成果,作为一种"视域融合",既非现成的西方现象学,也不是现成的传统古典儒学。儒学在这里作为被诠释的传统,必将因为现象学的到场而发生视域的转换;而现象学在这里同样也作为某种被诠释的传统,同样会因为儒学的到场而发生视域的转换。所以,"儒学的重建"同时也就是"现象学的重建",我们于是甚至可以期望一种"现象学儒学"乃至"儒学现象学"的诞生。当然黄玉顺并没有把话说得这么死。

黄玉顺主要涉及三个德国现象学家——胡塞尔、舍勒和海德格尔。他力图把这三个相去甚远的学者"统一"起来:(1)海德格尔帮助他理解某种儒学,具体就是解构孔孟之后、轴心时代以后的儒家的传统形而上学;并还原到一种更为"原始"的儒学,其实也就是还原到海德格尔所谓某种源始的生存经验,他称之为"本源的生活感悟"。(2)在这个大本大源上,胡塞尔的某种进路可以作为参照,帮助他重建儒家形而上学,这种重建,以儒家"心学"为核心资源。(3)但是,他们之间还需要舍勒作为中介,我们才能够切中儒家思想的要领,这个要领,就是"仁爱"。

那么,海德格尔为我们提供了一种总体的参照性架构;而对胡塞尔和舍勒的参照,不过是这个架构中的环节:

---

① 张祥龙:《从现象学到孔夫子》,第196页。

② 黄玉顺:《复归生活、重建儒学——儒学与现象学比较研究纲领》,《人文杂志》2005年第6期。

(1)解构:解构形而上学的儒学(后轴心期)(参照海德格尔)

(2)还原:还原到生存论的原始儒学(轴心时期)(参照海德格尔)

(3)重建:重建儒学

a. 儒家生存论——生活感悟(与海德格尔比较)

b. 儒家仁爱论——(与舍勒比较)

c. 儒家存在论——(与胡塞尔比较)

黄玉顺的具体论述此处不拟重复,不过在我看来,这里显然有某种体系化的考虑。黄玉顺曾经做过一个"儒家良知论——阳明心学与胡塞尔现象学比较研究"①,他认为孟子提出的良心、良知、良能是密切相关但涵义不同的三个观念:作为"用"的良能是作为"体"的良心的发用流行;而良知则是对良心及其良能的反身直观,本身就是良能的一种发挥。这就是说,良心与良知良能是体用关系,良知与良能是知行关系。阳明学说的"良知"观念,浑言之,兼具良心、良知、良能的意义;析言之,则是指与良心、良能相对的、作为反身直观的狭义良知。相应地,他的"致良知"就有了以下三个层次的展开:发动良知,这可以跟胡塞尔"本质直观"加以比较;发现良心,这可以跟胡塞尔"事情本身"亦即"纯粹意识"加以比较;发挥良能,这可以跟胡塞尔"意向活动"加以比较。这种比较研究的前提在于:"确实,在当今世界哲学语境下,胡塞尔现象学与王阳明良知论之间有着极强的可比较性,这不仅因为某些现实的契机,更因为它们之间本然地存在着某种可融通性。胡塞尔现象学乃是一种彻底的先验哲学;而阳明心学无疑也是一种先验哲学,因为他据以建构其意义世界的出发点,虽然并不是西方先验哲学式的某种先验的知识理性,但又与西方先验哲学一样是某种先验的内在意识,这种内在意识就是儒家式的德性良知。唯其如此,阳明心学与胡塞尔

① 黄玉顺:《儒家良知论——阳明心学与胡塞尔现象学比较研究》,《阳明学刊》第1辑,贵阳:贵州人民出版社,2004年。

现象学在其作为先验哲学的'方法'上、即哲学之思的进路上是高度一致的;区别只在于他们的'哲学'不同。"[①]这些不同首先在于他们的直观方式及其内容不同;其次,他们所寻求的自明的原初根据不同;最后,他们的意向建构活动也是有所不同的。"但是无论如何,两者都是先验的建构,即是为先验的观念所奠基的意义建构。"[②]

其实,早在黄玉顺之前,杨国荣就对阳明学尤其是对心物学说与胡塞尔的现象学作过比较。[③] 在杨国荣看来,"意之所在便是物的'物'",并非是一本然的存在,而是"已为意识所作用并进入意识之域的存在",意之在物既是一个意向(意指向对象)的过程,又是主体赋予对象以意义的过程。可以看到"意之所在即为物,并不是意识在外部时空中构造一个物质世界,而是通过心体的外化(意向活动),赋予存在以某种意义,并由此建构主体的意义世界;而所谓心外无物,亦非指本然之物(自在之物)不能离开心体而存在,而是指意义世界作为进入意识之域的存在,总是相对于主体才具有现实意义"[④]。杨国荣明确指出:"王阳明以意向活动联络心与物,从存在的超越考察转向了意义世界的构造,其思路在某些方面与胡塞尔有相近之处。这当然并不是说,王阳明已提出了一种类似胡塞尔的意向理论。此所谓相近,首先是指二者都试图扬[⑤]存在的直接被给予性。"[⑥]

黄玉顺和杨国荣二人都对王阳明与胡塞尔进行比较,不同的是黄乃自觉地站在现象学立场上,而杨却并非是基于现象学立场的。我对这种比较持保留的态度,在我看来,这多少有些背离"面向事情本身"的现象学精神。

相比而言,用现象学方法对儒学进行诠释就更能表现出思想的活力,更能开显出儒家思想的本源识度。张祥龙的儒学诠释就有此种意味,他始

① 黄玉顺:《儒家良知论——阳明心学与胡塞尔现象学比较研究》。

② 黄玉顺:《儒家良知论——阳明心学与胡塞尔现象学比较研究》。

③ 杨国荣:《心学之思——王阳明哲学的现代阐释》,北京:生活·读书·新知三联书店,1997年,第98页。

④ 杨国荣:《心学之思——王阳明哲学的现代阐释》,第97页。

⑤ 此处引文有误。——编者注

⑥ 杨国荣:《心学之思——王阳明哲学的现代阐释》,第98页。

终基于现象学的构成观而力图发现儒学的源始生存经验。他指出:“孔子教学的源头真义就在‘子曰’的本文而非后人的注疏乃至五花八门的‘语类’之中。与一般的看法相左,孔子深信他的学问中有‘一以贯之’的思想识度(‘道’)。…… 究其实,它并未传达任何现成的‘什么’,而只是揭示出一个人与人相互对待、相互造就的构成原则,一种看待人生乃至世界的纯境域的方式。…… 孔子的仁学并不受制于任何现成的存在预设。”“孔子虽然‘罕言’那通过概念范畴来加以规定的‘仁’,却要在并且只在具体生动的对话情境中来显示‘仁’的本性上多样的语境含义或‘生成’的含义。孔子关于仁的各种说法之间确有‘家族’类似,但又不可被对象化为不变的种属定义。也正是出于这种现象学和解释学的识度,他将古代的‘信天游’、‘爬山调’一类的‘诗’视之为‘无邪’之‘思’,在‘韶’乐中体验带[①]‘尽美又尽善’的境界。”[②]“《论语》中洋溢的那种活泼气息即来自孔子思想和性格的纯构成特性,而后世儒家的每况愈下则只能归结为这种特性的逐渐丧失和某种现成者比如‘天理’的独霸。”[③]

不仅张祥龙对儒学总体的论述中贯彻了现象学的原则,他对儒家天时观的研究、对“学而时习之”章的精妙解读,对“象”的含义的追究中,也都贯彻了现象学的原则。我相信,儒学现象学的未来发展一定会有丰硕的成果。

四、现象学与佛学

(从略)

五、结语

现象学对“中国哲学”的“效应”现在还不能充分地看出,这里还有非常

① “带”当属“到”之讹。—— 编者注
② 张祥龙:《从现象学到孔夫子》,第 193 - 194 页。
③ 张祥龙:《从现象学到孔夫子》,第 195 页。

复杂而繁难的问题有待研究,本文只是展示了一些自己的阅读材料。我要提请大家注意的只是,现象学也许可以帮助我们澄清一些真实的思想处境,那就是我们在这个时代不能不“综合创新”。但“综合”是否能导致“创新”的结果,取决于我们是否对“所综合”者有“面向事实本身”的把握。海德格尔曾经警告过:

> 这种在非本真存在中的安定却不是把人们诱向寂静无为的境界,而是赶到“畅为”无阻的境界中去。沉沦于世界的存在现在不得宁静。起引诱作用的安定加深了沉沦。尤其在考虑到此在之解释的时候,可能有这样的意见抬头:对最陌生的那些文化的领会以及这些文化和本己的文化的“综合”能使此在对自己本身有巨细无遗的而且才刚是真实的阐明。多方探求的好奇与迄无宁静的一切皆知假充为一种包罗万象的此在之领悟。①

① 海德格尔:《存在与时间》,陈嘉映、王庆节译,北京:生活·读书·新知三联书店,1987年,第215页。

“由仁义行”与“行仁义”

——与黄玉顺先生探讨生活儒学及其实践化

宋大琦

编者按:此文作者表达了这样一种担忧:黄玉顺的“生活儒学”作为一种情感儒学,只是强调了“本源情感”中“仁爱”(“亲和”)的一面,却忽略了情感的其他(比如“攻取”)方面,因而“没有说出生活的全部”。那么,何谓“生活的全部”?作者说:“生活,就是生命冲动的创造物。”作者寄希望于由此重回民初新儒家(尤其是梁漱溟)以西方生命哲学会通儒学的路子,并认为黄玉顺的生活儒学虽然在参照系上转换为后现代和现象学,但仍是这一路子的现代延续。然而,值得反思的问题是:二者缘何会选择不同的参照系呢?黄玉顺在谈及当今儒学复兴的语境时,曾讲到了当今儒学何以必须回应现象学、后现代的问题,①虽然他也由此力图同情地理解新儒家(比如梁漱溟、唐君毅等)的生命或生活的进路,乃至从中汲取养分,②但其立场与之毕竟有根本上的不同。而这种不同,也是黄玉顺与此文作者的根本差异所在,因此,当作者说“生活儒学以仁爱情感为大本大源,其实践便有由仁义行的意思,但由仁义行并不能取消行仁义”时,他并未意识到“礼法行政的形下之学”(即“行仁义”)其实并不在生活儒学的视域之外,此即所谓重建形而上学、形而下学,且“仁”的多层级性(或者说“生活的全部”)恰恰在

① 黄玉顺:《面向生活本身的儒学——黄玉顺“生活儒学”自选集》,四川大学出版社2006年,第54页。

② 参见黄玉顺《梁漱溟文化思想的哲学基础的现象学考察》、《唐君毅思想的现象学奠基问题》等文,载《面向生活本身的儒学——黄玉顺“生活儒学”自选集》,第337、365页;黄玉顺:《当代儒学的“生活论转向”的先声——梁漱溟的“生活”观念》,载《儒学思想与当代生活——“生活儒学”论集》,光明日报出版社2009年,第149页。

此体现出来,对此可参见黄玉顺在“中国正义论”中的相关探讨。

本文的缘起是几个月前与黄玉顺先生在儒学联合论坛上的一次讨论,该次讨论的核心是欲是不是仁,生活的大本大源仅是仁爱情感,还是包括了欲,本人的观点是未发之欲就是生生之仁,已发之欲中节的是天理(道德之仁),不中节的是人欲,情欲在根源上不可分开,都是生活的大本大源。黄玉顺先生认为,在生活的本源是仁爱情感这一点上,我们的意见相同,但不同意欲是仁的说法。讨论过去几个月,本人对相关问题重新作了思考,兹有此文于下。

一、生活的本源是情还是欲

生活的本源是情还是欲,这个问题也可以换做“生活要面对的第一事实是什么?”“创造生活的第一事实是什么?”这样的问法或许不符合黄先生生活儒学的思路。黄先生认为:“至于‘生活是什么’或者‘什么是生活’这样的发问方式,这个‘什么’已经预先将生活设定为某种存在者化的、凝固的东西了,然而生活不是这样的存在者化的东西,而是先在于此、为之奠基的存在。所以,生活不是‘什么’;在这个意义上,生活是‘无’。这就犹如《老子》讲的:‘天下万物生于有,有生于无。’”本处引文是黄先生在多个场合一再强调的观点,本人的理解,黄先生的意思是生活不是已经给定的一个样式,无固定模式可循,相反,生活是在不断地创造中,所以,要追到本源处问生活的本质是什么、生活应该是什么,只能说是无,因为生活尚未产生。此处,黄先生的“生活”显然不是一般意义上说的已经给定的生活,或者说生活现象后面的本质。黄先生的生活是为此在奠基的东西,是所见样式之创造动力,但本身却是“未发”。在这个意义上,它不是任何已经给定的或经过理性反思的东西。

但此处之无,并不是真的空无,而是内容未展现之无。我相信,黄先生借用现象学和后现代的工具对生活进行艰涩分析的目的绝不是为了导出空无，而是为了返本见源。果然，黄先生下面说：“而仁爱，乃生活的原初本真显现。正是在这个意义上，仁爱才是一切的一切的大本大源。这是儒学的第一要义。凡不以仁为本源者，显然皆非复儒学。”返回了儒学的立场，而且离思孟不远矣。黄先生在很多演讲中讲到此处，常以母爱为喻，母爱不是认识的产物，是前于认识的，是母爱创造了生活中的母亲，而非母亲的身份产生、规定了母亲的种种特性。此处之母爱便是仁爱的一个样本，是生活的大本大源。

说仁爱是大本大源，还须明确，仁爱情感非道德情感，而道德情感非本源情感。道德乃后天判断，而作为生活的大本大源的仁爱情感是本源的、事实的，不受道德判断或道德理性的规定。本源情感是前于理性反思的、自然而然的情感，“恻隐岂是‘绝对命令’？‘绝对命令’乃西人的道德形上学，而恻隐乃一切形上学、形下学的本源所在，相去远矣！”从本源上讲道德是情感的产物，而不是反过来。“这样的情感，就是一切的一切的大本大源，儒学的全部的理论建构，都从这里开始。这样的源头活水，孟子的原话叫做‘源泉混混，不舍昼夜’（《孟子·离娄下》）。”

到此为止，我与黄先生的看法仍十分相似，或者说我是极其服膺黄先生的生活儒学的。但是，黄先生并没有说出生活的全部，而只是强调了“本源情感”中“仁爱”的一面，于是，不免仍有道德理性对生活的凌驾之感。

人的本源情感并非只有仁爱一面。略言之，儒家的情感内容有四端七情，七情比较中性，而四端更有正面道德意义。七情中又有情、欲之分，后儒对情、欲分析很多，大致肯定情而否定欲。黄先生在四端七情之中，重视了四端，对七情重视不够；在情与欲之中，对情重视，对欲则重视不够。从事实倾向上言之，人情有攻取亲和两面，此不仅是现代生物学认识结果，古人亦有此分析，①黄先生重视了亲和一面，而轻视了攻取一面。

前人对情、欲关系说法纷纭，此处举三段具有代表性、也是黄先生可能

① 张载：“湛一，气之本；攻取，气之欲。口腹于饮食，鼻舌于臭味，皆攻取之性也。”（《正蒙·诚明篇》）

比较认可的。罗钦顺说："《乐记》所言'欲'与'好恶'，与《中庸》'喜怒哀乐'，同谓之七情，其理皆根于性者也。七情之中，欲较重……欲未可谓之恶，其为善为恶，系于有节与无节尔。"①梁漱溟先生说："生活又是什么呢？生活就是没尽的意欲(will)——此所谓'意欲'与叔本华所谓'意欲'略相近——和那不断的满足与不满足罢了。"②蒙培元先生说："如果说，从情感到欲望，构成儒学理论的一条通道，通向生命的最底层，即生物层面：那么，从情感到意志，则构成儒学理论的另一通道，直接通向生命的最高层，即善和自由。"③

三位先生所做的分析不像其他理学家那样复杂，也更符合现代心理学的认知结果。首先，情、欲是很难分开的，罗钦顺认为欲就是情的一部分，而且是情中较重的一部分，这种看法在古人中很有代表性，在先儒那里，它们与"性"也很难分开，都是天命不同角度的体现；其次，欲也是前于生活，为生活奠基的，梁漱溟认为"意欲"就是生活的本源；再次，蒙先生说得更细致，情居中，向上通到意志，而欲望则比情感更基础，是人的生物基础。另外，显然欲也是前于此在的生活的、中性的、本源的。

如果说是什么创造了生活、是什么为理性奠基或者说生活的第一义是什么，显然四端和未发之七情都在其中，不能光说仁爱之情而忽略攻取之欲。孟子的性善论并非无懈可击，因此后代才会聚讼二千年；而且孟子既然说性"善"，就有了理性判断，不完全是生活本源了。宋儒重视人欲问题正是正视了人性的复杂，理欲关系成为宋明理学的核心议题绝非偶然。从另一方面说，宋儒的"仁"与孟子的"仁"也是有所不同的，孟子的仁是仁爱，而宋儒的仁更是"生"，生比爱更全面、更本源；既有情感，也有欲望；既有亲和，也有攻取。如果说，仁爱不包括欲望，欲望不是仁爱的话，生命冲动却无疑的包括了欲望，欲望就是一种生命冲动。而生活，就是生命冲动的创

① 罗钦顺：《困知记》，中华书局，1990年，第8页。
② 梁漱溟：《东西文化及其哲学》，商务印书馆，2000年，第132页。
③ 蒙培元：《情感与理性》，中国社会科学出版社，2002年第1版，第242页。

造物。如果说宋儒之学也是一种形而上学的话，这种形而上学在陆王那里是以“心”为奠基的，朱熹对“心”亦不可谓不重视，而这一“心”中并不全是仁爱之情，心包含一切，包括各方面的可能性。

所以，窃以为，作为生活发动者的仁，其内容不仅是仁爱之情，而是潜藏一切后天可能性、本身却是混混源源的生命冲动，或者说，是生生之仁，情、欲都在其中。黄先生认为仁爱情感有多层次的显现，以愚意便可分为生生之仁与道德之仁。黄先生说“孔子说‘我欲仁’之仁，便是道德情感，而非本源情感”，但黄先生自己却恰恰有过度偏好道德情感的倾向，将看上去不太道德的欲排除于仁的内容之中。笔者以为，孔子之“我欲”之对象“仁”是道德情感，而“我欲”本身就是本源情感。

二、由仁义行与行仁义

人由动物进化而来，生活是亿万年积淀上的继续，而不是突然开始；理由情生，而不是外来的“绝对命令”，民初新儒家纷纷以西方生命哲学会通儒学当非偶然。生活儒学作为当代儒学之继续思考，与民初儒家有潜在的相承，其参照系虽已变成后现代和现象学，进路有所不同，但其“大本大源”却是一样的。很多儒者出于对传统价值的热爱，不愿意说出人性中恶的潜藏性或取消善恶判断，当年王阳明的四句教首句“无善无恶性之体”便不愿说给“下等根器的人”。黄先生在“无”与“仁爱”之间徘徊似乎也有王阳明那种困境。在“上等根器人”的自我修养之中，陆王似乎比程朱更忠于孟子，但在实践化中却有更大问题。牟宗三一系海外新儒家的一个重要问题也在这里，“先立其大”是立起来了，但是却难以面对“支离”的现实生活。现实生活毕竟是“上等根器”的人少，而欲望主体多，“心学”如果不能正视这一点而容纳道德情感之反面，就囿于书斋之中，难以“开显”为可行制度。海外新儒学被讥为老内圣开不出新外王，其原因也部分在此。

由黄先生的仁爱情感向实践化推进，就是孟子“由仁义行”的路子(《孟子·离娄下》)，是本然仁爱情感的发扬光大。人莫不仁，只要把爱自己、爱亲人的本源情感向外推广，世界就很容易变得美好了。但孟子并不仅谈“由仁义行”，也谈“行仁义”(《孟子·离娄下》)。孟子曰：“离娄之明，公输子之巧，不以规矩，不能成方圆；师旷之聪，不以六律，不能正五音；尧、舜之道，不以仁政，不能平治天下……故曰：徒善不足以为政，徒法不足以自行。”(《孟子·离娄上》)孟子的思路是“四端”只是仁义礼智的发端，并不是仁义礼智本身，要达到仁政，须仁智并用，有一个本源情感面临现实冲突，经过理性选择，再回到现实生活的过程，其中内容不仅是推善。面对复杂的情欲冲突，徒善不足以为政。孟子又举子产“徒善”的例子批评说：“惠而不知为政……故为政者，每人而悦之，日亦不足矣。”(《孟子·离娄上》)孟子谈的治罪、杀盗、暴君放伐等等事例，都说明孟子在现实政治的问题上并不是简单地主张“行不忍人之政”。(《孟子·公孙丑上》)生活儒学以仁爱情感为大本大源，其实践便有由仁义行的意思，但由仁义行并不能取消行仁义。以形而上的基本问题而言，黄先生的仁爱情感作为生活的发端，已经能自圆其说，似乎不必过多理会礼法行政的形下之学，但生活儒学既然作为一切一切的奠基者，岂能不考虑为种种形下者奠基？为形而下者奠基，仅有选择地考虑生命源泉之一部分是不全面的。

儒学从来就以解决生活问题为鹄的，不甘心囿于心性之中，然而宋明理学也的确曾被讥近禅，今人接着宋明理学说，不可不汲取理学之教训。理学近禅无疑以心学为甚，其原因恐也在于将一切收摄于心中，而心中却只强调性善一面，忽略了“人心惟危”，故以为不需要“惟精惟一”，只要随意发用就能“允执厥中”(《尚书·大禹谟》)。程朱重天理人欲之辨，便是重视本源情感成分的复杂性、可能的多样性，“才安顿得不恰好，便有人欲出来”(《朱子语类》卷十三)；唯有直面人情，方能安排妥当，使其“发而皆中节”。所以朱熹不唯谈论天理，也甚是重视法律。“仁是情感的，同时其中也包括着理性”，“由仁义行”与“行仁义”并重，出于仁，又能够理性面对不仁，才能够仁义礼智并用，而达到儒学的实践化。

三、生活儒学与礼法实践

我本人的儒学的实践化思考是礼法学。礼法即中国古代法，中国古代法有明显的儒家化、伦理化、礼法一体特点，故称礼法。广义的礼法学包括一切政治法律制度之学，狭义的礼法学是法哲学和政治哲学。生活儒学是儒学中的形上学或前形上学部分，本源情感要为生活儒学奠基，也要为儒学的其他部分奠基，包括礼法学，不论别人怎么看，我本人对礼法学研究是接受情感——生活儒学的奠基的。

宋明儒礼法学尤其是民间法律文化的关键词是“国法、天理、人情”，国法指法律本身，无须太多说明，而天理人情，就是讲为国法奠基的。在礼法学的意义上，不仅宋明儒强调“天理不外乎人情”，前儒也一再认定“缘情而制礼”。礼法以生活情感而不是外在权威为依据是明显的。

自西风劲吹以来，中国传统法律文化发生断裂，当代法哲学皆步西方之尘，以外在理念或假设为奠基，忽视人情，造成与中国实情的分离，其消极后果法律职业者有目共睹，然不知其根源所由。

现在的西学法理传统尽管流派众多，其实不出柏拉图－康德传统，基督教神学法学派和古典自然法学派只不过是其间两个通俗版本而已。神学法学派以神谕为礼法奠基、古典自然法学派以社会契约为礼法奠基，其思路起于柏拉图的理念论，终于康德的绝对命令，其贯穿始终的共同特点是奠基者的外在性、假定性，也就是说，生活的“应然”是给定的。尽管有霍姆斯大法官这样的实践者强调“法律的生命不是逻辑，而是经验”，也仅仅限于经验，不能成学。这样的传统必然造成观念、主义至上，人为外在的目的、原则服务的局面。这种外在型法律文化在西方本土是原发的，产生之始便与其人情不断磨合，经文艺复兴、宗教改革、资产阶级革命等“人的发现”，其内容渐与人性吻合，但总的来说只重视个体欲望的一面而轻视仁爱情感，仁、善被视作外在之物。从思维方式来说，虽有现象学的破解、后现代的批判，康德的思维方式仍未能被超越；在政治法律生活上，人权、自由等概念化的假设仍是不被反思的主导者。中国人应该有自己的法哲学,有自己的话语,国家领导人关于"以人为本"、"和谐社会"、"构建核心价值体系"等等提法显示出了这种焦虑和渴望,而学者的理论建设却不能为先导,只能步政治家后尘,这是不应该的。建立自己的法哲学话语,需要"立其大者",建构能与西方前沿哲学对话和抗衡的学理体系,而不是只在人家的话语体系中在枝节上争辩,这学理本身的根基,窃以为唯有儒学可以担当。构建中国法哲学的任务由儒者来承担可能比法学家更具优势。

儒家哲学的重建所面临的已经不是康德式的实践理性,而是后现代主义和海德格尔的现象学。这是黄先生的说法,也当是哲学界共睹之事实。中国法哲学构建面临的也是同样的情况。然而法哲学主流连康德这一关尚未通过,言谈之奠基者甚至连理性本身都不是,只是理性的假定:自由、民主、人权等。这些概念成为天降之启示,法治之前提。由此之上建立法哲学,无异空中楼阁,缘木求鱼。

黄先生会通现象学,借用后现代,其过程艰难曲折了一些,但唯其如此,在西学话语占主导地位之学坛之上才有说服力,其结果归宗仁爱,接续情感儒学,其理学立场和脉络其实是确定无疑的。从宋明儒的礼法学来看,良知、人情始终主体是通向礼法实践的驱动者,有显然的内在性,尽管良知中也有理性的一面,这个理性却绝对不是外在的启示、命令,而就是仁爱情感的自我意识;人情,即人之情实,情感、冲动皆在其中。所谓天理人欲之辨,正是要发动良知,从情、欲中见天理,而不是向外格物,用科学仪器去寻找天理。

"'什么是生活'这样的问法是不恰当的","我们也不能问'生活何以可能'这样的问题",因为"生活本身却先行于任何存在者;生活也没有本源,因为生活本身就是本源"。[①] 生活儒学不承认生活自身有先在者,以自身为本源,而仁爱情感是其端也,由仁义行,可避开理性异化之外在观念误

① 黄玉顺:《面向生活本身的儒学》,四川大学出版社,2006年,第55页。

导，蹈其中正，其意义是巨大的，可以为新儒家法哲学奠基。如果生活的本源仅是仁爱之情，那么其实践就是简单的，其发用易中节，但如果生活的本源是无善无恶的情欲，其发用则未必中节。子曰“唯仁者能好人，能恶人”（《论语·里仁》），宋明儒严天理人欲之辨，皆未将人性之发用限于纯然仁爱。生活儒学是理学继续，不是黄先生的私器，应允许有不同理解，而不出同是生活儒学之范畴。本人的理解就是，本源情感既然是前于道德的，其中就不仅包括亲和一面，也包括攻取一面，是混混源源的生命冲动。这样，生活儒学实践化所面临的就不仅是“由仁义行”，而且包括“行仁义”的问题，即如何理性对待自己和他人欲望的问题，于是，儒学的实践就回复到“克己复礼”的两千五百年正途。

情感与制度

——近十年来中国哲学研究的突破

蒋孝军

编者按:此文分别从情感观念、政治哲学两个方面,给出了黄玉顺的“生活儒学”在近十年中国哲学研究中的地位。作者认为,就情感观念之研究而言,冯友兰、蒙培元、黄玉顺构成了一个学术传承的脉络,并由此实现了近年来中国哲学研究中的一个“情感论转向”;而就政治哲学之研究来看,黄玉顺的“中国正义论”,从生活中的正义感这个角度来揭示正义原则的生活渊源,从而敞开了中国正义观念的视域。

进入21世纪,随着人们对传统文化关注的升温,出现了“国学热”和“儒学复兴”的诉求,并引起了广泛讨论,由此,也带动中国哲学研究进入了一个思想涌动的时期。分析近十年中国哲学研究,可以感触到中国哲学不太平静的湖面下涌动着一股强劲的潜流。具体说来,情感观念研究、制度与政治哲学研究、中国哲学范式转换研究是被广泛关注的三个研究方向。这三个方向表现出了中国哲学界对现实人文的强烈关怀与对思想原创性的渴求,同时也表明目前的中国哲学研究正处于一个破茧化蝶的时期,预示着未来中国哲学研究将有一个灿烂的新生。本文对近十年中国哲学研究中这三个主要研究方向进行评析,并通过相应的评析来展望中国哲学的未来。

一、近十年中国哲学关注的三个方向

1. 情感观念研究

当今的情感观念研究是对传统性情论的颠覆。传统性情论主张“性本情末”、“性善情恶”或者“性体情用”，性情结构下的情感附属于人性，并被人性所规定。与传统性情论不同，当今情感观念研究基于这样一个观念：生活首先显现为情感，特别是仁爱情感，情感的源初显现是非对象化的本源领会。这种本源的情感观念并不是凭空产生的，它在中国轴心期时代已然存在。比如，《孟子》一书中即有本源性的情感论述，孟子说：“今人乍见孺子将入于井，皆有怵惕恻隐之心。”[①]“怵惕恻隐”正是一种本源的仁爱情感，这种本源的仁爱情感使孺子呈现为正在面临危险的存在者。秦汉之后，性情论的情感观念逐渐占据主导地位，人们遗忘了这种本源的情感观念。现代中国哲学对于情感的重视则可以追溯到现代新儒家，比如，冯友兰认为“至于先天下而忧乐的感情，正是‘有情而无我’”[②]，显示了冯友兰对仁爱情感的理解和强调。

新世纪以来的情感观念研究中，蒙培元教授首先提倡对情感进行系统性研究。蒙培元从儒家的角度来理解情感观念，他认为：人的存在最基本的方式是生命情感，儒家不仅将情感视为生命中最重要的问题，而且提到很高的层次，成为整个儒学的核心内容。[③] 蒙培元教授关于情感的观点大大超越了传统性情论对情感的看法；同时，也启发了研究者对情感，特别是仁爱情感的关注，因此，学界称之为“情感论转向”。“情感论转向”的实质就是摆脱性情论的情感观念，从情感本身出发来领会和诠释情感。

继承蒙培元教授的思路，黄玉顺对情感观念做了进一步的理解，“仁爱情感……首先被视为一种本源性的、先在于任何存在者的‘事情’，即被视为存在的源初呈现、生活的本源显现，视为‘不诚无物’、而‘诚’才能‘成己’‘成物’这层意义上的‘诚’的情感”[④]。比较而言，在蒙培元教授看来，

① 《孟子》：《十三经注疏》本，中华书局，1980。

② 冯友兰：《三松堂全集》，第五卷，河南人民出版社，2000，第448页。

③ 蒙培元：《人是情感的存在——儒家哲学再阐释》。见《社会科学战线》，2003年第2期。

④ 黄玉顺：《存在·情感·境界——对蒙培元思想的解读》，见《情与理——“情感儒学”与“新理学”研究》，中央文献出版社，2008，“序”第6页。

"人是情感的存在",在肯定情感的同时,预设了主体性人的存在。而黄玉顺则主张"仁爱情感是生活的源初显现",己和物都是由于领悟了仁爱情感从而得以确立;并把仁爱情感理解为先于任何存在者的事情,更加突出仁爱情感作为生活本身、存在本身显现的意味。情感观念研究把情感从性情论框架中解脱出来,还原其生活源初显现的地位,无疑具有非常重要的思想意义。

情感观念研究不仅是对情感存在论地位的重新认识,更是对源初情感的领悟。对源初情感领悟的方法是情感分析。情感分析主要在于情境还原,通过对情境的还原可以呈现情感的发生状态。陈少明就认为,"只有运用现代人可以体会的经验,才能唤回经典中的意义,而相关经验的有效运用,依然是哲学意义上的想象"[①]。所谓"哲学中的想象",其实就是情境还原。情感分析在情感研究中具有十分重要的作用。首先,情感分析可以展开经典中丰富而细腻的情感领会,黄玉顺对《论语·阳货》中"不安"的情绪与孟子所说的"孺子将入于井"的分析即是一个很好的例子。他分析道:"比如,你看到小孩掉进井里,你不安了,那么,你怎么才能安呢?你就赶紧救他嘛!这是不假思索的事情,是很本源的事情,根本还没有涉及什么认知。"[②]"不安"作为仁爱情感的领会过程中非常重要的一环,迫使人迅速采取相应的行动,从而使仁爱情感转变为仁爱的行为,所以,"说到底,儒家就讲这个'安'"[③]。其次,对某种情感样态进行分析,也有助于理解当今的生活构造。陈少明对羞耻现象的还原即是如此。在对中国传统文化中的羞耻现象作了细致的分析后,认为"羞耻感"是经典君子人格中重要的组成部分,羞耻心培养是儒家传统十分看重的,也依然是现代道德人格形成的重要途径。[④] 可见,陈少明的羞耻现象分析展现了情感结构对人格构成的重

① 陈少明:《经典世界中的人、事、物》,上海三联书店,第6页。
② 黄玉顺:《爱与思——生活儒学的观念》,四川大学出版社,2006,第81页。
③ 黄玉顺:《爱与思——生活儒学的观念》,第81页。
④ 陈少明:《经典世界中的人、事、物》,第185页。

要作用，也说明了情感与现代生活结构重构之间的关联。因此，从上述学者的情感分析可以看出，情感分析并不是一种细枝末节的纠结与刻画，而是对生活本身的领悟，展现了丰富而细腻的情感氤氲，也是理解和重构生活结构的重要步骤。

从诠释学的角度来说，情感观念研究既是对被性情论所遮蔽的本源情感观念的回溯，也是对当下生活情感的领悟。这种鲜活的情感领会，构成了哲学自我认识的源头，如果切断这种鲜活的情感河流，哲学研究必将固滞枯竭，成为一种纯概念的游戏。"人同此情"，鲜活的情感领会，只要是人，不管中国人还是外国人都会有类似的情感生发。因此，情感观念研究使中国哲学变得更加生动与现实，从而摆脱纸面化、地域化的限制，有可能成为一种世界性的哲学表达。

2. 制度与政治哲学研究

在全球政治经济活动日趋一体化的情况下，反思中西制度与政治哲学理论、分析全球化情况下的生存结构、探索政治活动与社会制度安排的基本原则、建构全球化形势下具有解释力的制度与政治哲学，已经成了全球思想者的共识。新世纪头十年中国哲学研究中风生水起的制度与政治哲学研究是对这种潮流的呼应与应对。

20 世纪的中国制度与政治哲学研究，主要在于吸收西方的制度与政治哲学思想，并借助西方制度与政治观念来反思和评价中国传统文化中相应的部分并形成一些基本性判断。这种做法可以上溯到"五四"时期关于"礼教"的讨论，甚至更早期的研究者就已经有类似的讨论。20 世纪的中国制度与政治哲学研究以现代新儒家的"内圣开出新外王"为代表，现代新儒家在肯定现代性的制度与政治观念的同时，对中国传统的制度与政治哲学观念无疑缺乏深入的挖掘和理解，对西方制度与政治观念也缺少足够的反思。因此，现代新儒家在制度与政治哲学研究中的这种不足成了新世纪以来大陆研究者超越他们的一个重要突破口，加上新形势下对制度与政治哲学观念创新的需要，使学者们纷纷注目于中国制度与政治哲学研究领域。

通过对现代新儒家所代表的政治哲学观念的反思，有研究者主张深入挖掘传统制度与政治哲学观念，蒋庆“政治儒学”研究便是从这个角度切入到制度与政治哲学之中去的。

虽然目前的制度与政治哲学研究在借鉴中国传统资源上形成了一致的看法，也已成为一种趋势，但是对传统制度与政治的理解却远未达成共识，依然争议纷纭。采用西方话语来分析和裁剪中国传统制度与政治观念的做法依然比较明显，这无疑限制了中国制度与政治哲学的研究。对中国制度与政治传统加以清晰的界定，对近代以来中国制度与政治的巨大转变进行梳理，是中国制度与政治哲学研究的前提性认识，也是在这个领域能够有所创新的基础。干春松教授“制度儒学”研究正是通过思考中国近现代制度解体与重建的过程，来展现他对中国制度与政治哲学观念及结构更新的理解。

作为实践性很强的制度与政治哲学研究的目标在于：以现代的社会架构为背景，从中国文化的角度来重建制度与政治哲学。但是，中国当今所处之情形与传统社会相比已有巨大差别，特别是古今制度与政治结构之间的差异更为明显，这为制度与政治哲学研究设置了一道难题，即传统制度与政治哲学观念如何在现代社会中显现出穿透古今的“一以贯之”理论活力，同时又不被限制于某种传统的制度与政治形态中。在笔者看来，可以从两个角度来思考这个问题：首先，探析传统主要制度与政治观念的观念形成史，分析导致这些观念产生的生存领会，追溯制度与政治观念产生的生活渊源；其次，梳理古今生存结构的异同，从生存结构的角度分析传统政治观念现代转化的可能性。制度与政治观念往往即有“一以贯之”之处，也会因为生存结构的改变而被赋予新的内容，因此，从生活渊源与生存结构的角度分析制度与政治观念与结构是十分重要的。

黄玉顺“中国正义论”研究和赵汀阳的“天下体系说”是这方面的研究中值得借鉴的例子。黄玉顺认为，中国正义论是一个源远流长、但被现代学术长久遗忘的传统，因此，他认为，“正义原则其实是正义感的自觉的理论表达，而正义感则是在当下生活中获得的一种直觉的智慧或良知。根据正义原则来进行制度规范的建构，还需要理智或理性。正义的最终目标不仅是礼，而是礼乐，即是差异和谐”①。可见，黄玉顺从生活中的正义感这个角度来揭示正义原则的生活渊源，从而敞开了几乎被遗忘的中国正义观念的视域。赵汀阳研究员则从共在这个角度讨论了“天下体系”的可能性。

赵汀阳在名为《共在存在论，人际与心际》一文中认为，共在先于存在，任何事都必定形成一个共在状态，在共在状态中的存在才是有意义的存在，共在状态所确定的在场状态才是存在的有效面目……

从上述分析可以看出，近年的制度与政治哲学研究已经成为中国哲学研究中最活跃的领域，这表明重构世界制度与政治观念已经成为一股不可逆转的趋势。在这种趋势下，准确把握当今时代状况，挖掘中国传统的制度与政治哲学观念的活力，无疑是具有重大意义的。

二、中国哲学的整体突破与未来之发展

中国哲学目前这三个主要研究方向其实正是中国哲学会通中西、返本开新的表现，体现了中国哲学研究的新气象。中国哲学未来的发展就在于通过“会通中西”和“返本开新”，而古今中西四个维度正是通过对生活本身、存在本身的领悟而得以呈现的。因此，只要不断创新，不断投身到对生活与存在的领悟和思考中去，中国哲学就将会有一个灿烂的未来。

① 黄玉顺：《中国正义论纲要》，《四川大学学报》2009 年第 5 期。

生活儒学与当代生活

——评黄玉顺《儒家思想与当代生活》

李慧子

编者按:此文着重从仁爱的本源存在、形而上学的重建、儒学复兴的进路等三个方面,对黄玉顺的《儒家思想与当代生活》作出评论。作者认同黄玉顺“生活儒学”的进路,认为此论“为中国哲学的当代重建与儒学的复兴提供了新的思想进路”。

黄玉顺先生自2004年正式提出“生活儒学”以来,潜心致力于该理论的研究,出版有文集《面向生活本身的儒学——黄玉顺“生活儒学”自选集》、专著《爱与思——生活儒学的观念》和文集《儒学与生活——“生活儒学”论稿》,发表相关论文近百篇。生活儒学已成为当代儒学具有广泛影响的一个重要学派。《儒家思想与当代生活——“生活儒学”论集》①(以下简称《论集》)是黄先生关于“生活儒学”的又一新作。《论集》收录有黄先生在2008至2009年间发表的关于“生活儒学”的十七篇论文和四篇相关文章,分为“生活儒学的阐明”、“生活儒学的儒学史论”、“生活儒学的比较哲学视域”三个专题和一个包含四篇有关生活儒学对话与访谈的“附录”。该书的出版是黄先生关于“生活儒学”研究的又一个阶段性成果,是对生活儒学的基本观念的进一步阐明,也是对学界有关生活儒学的评论与批评的回应。书中涉及的诸多重要的哲学与现实问题,反映了作者最新的思想成果,其卓越的思想见识为中国哲学的当代重建与儒学的复兴提供了新的思

① 黄玉顺:《儒家思想与当代生活——“生活儒学”论集》,北京:光明日报出版社,2009年版。

想进路。

一、仁爱的本源存在

生活或存在与仁爱为儒学奠基，是生活儒学的重要观念之一。《论集》收录的有关奠基性问题的论文，就是围绕这一问题展开的。作者以最前沿的哲学观念为思考平台，在中西哲学的比较研究中，提出“存在给出存在者”作为存在之显现的爱的观念为儒家思想奠基的理论见识。

作者以康德的“奠基问题”为论说起点，回溯“奠基问题”的分析思路，反思西方哲学本体论和认识论中“主—客”二元架构的思维模式所遮蔽的问题，批判了“主—客”二元架构的认识论所产生的主体性、存在者观念，提出了“存在者是何以可能的”问题，表达了生活儒学的最基本命题：“生活即是存在，生活之外别无存在。”[①]在此基础上，回溯了古汉语中“在”、“存”的含义，指出儒家思想的核心思想“仁爱”即是一种生活情感，“生活就是仁爱，存在就是温存”，“这种生活情感属于作为存在本身的生活本身，这种情感就是生活的显现、存在的显现”。[②] 最后在与舍勒的情感现象学的比较中，指出爱是儒学最本源、最核心的思想。

作者以辩难的姿态，追问笛卡尔的“我思故我在”中的“我”是何以可能的，由此指出这样的追问蕴含着一种“存在”的观念：一切存在是何以可能的。由此，追溯中国本源的存在观念，指出：“儒家本源性的爱的观念不是笛卡尔式的‘思’，更不是笛卡尔式的‘我思’，而是先行于‘我’之‘思’的事情——作为存在之显现的爱的生活情感。”[③]

黄先生不同于以往对儒学思想奠基性问题的分析，而是以“生活—存在”为思想视域，阐明了存在、生活与仁爱情感是儒家思想的大本大源，并独到指出儒家的“仁爱”既不是形而下的道德情感，也不是形而上的性体，

① 黄玉顺：《儒家思想与当代生活——“生活儒学”论集》，第 13 页。
② 黄玉顺：《儒家思想与当代生活——“生活儒学”论集》，第 16 页。
③ 黄玉顺：《儒家思想与当代生活——“生活儒学”论集》，第 216 页。

而是源于本真的生活情感。黄先生对儒家"仁爱"的阐释,既超拔于传统儒学对仁爱的理解,又与基督宗教中的爱理念相区别。如果说传统儒学对爱的表述为有差等的爱,基督宗教之爱是对彼岸的终极存在的爱的话,那么生活儒学从存在、生活层面为爱提供了本源。生活儒学其实是将仁爱的本源还原回存在本身,这就为"此在"(Dasein)之爱与儒教信仰提供了情感依据与学理支撑。

二、形而上学的重建

黄先生所论关于生活儒学与形而上学的关系以及生活儒学对形而上重建等问题的思考,引发了学界的关注和批评。在《论集》中,黄先生深化了对这些问题的思索。他在书中回溯了西方本体论哲学的认识论传统,指出:"中国的'形而上者'和'形而下者'与西方的形而上学和形而下学之间,虽然不存在观念实质上的等同性,但却存在着观念层级上的对应性……古今中外,形而上学都是不可逃避的。"[①]生活儒学之所以要破解传统哲学的形而上学并对其重建,是因为不管是西方本体论的形而上学,还是孔孟以后、秦汉以来的儒学形而上学,都遗忘了存在,"即在其理论构建中蔽塞了生活本源"[②]。于是,黄先生给出了生活儒学的渊源关系:生活本源→形而上学→形而下学。[③]

传统形而上学主客二分的思维方式所导致的形而下学,是一种以"人"这个主体为本、通过主体对自然客体的无尽攫取来确证主体性的一整套生存方式、价值观念与制度安排。但是,随着全球生态环境恶化和能源危机等问题的不断加剧,西方主体性哲学的弊端愈发明显。不同于西方本体论哲学的形而上学观念,生活儒学的渊源关系所指出的源于存在、生活本源的形而上学、同时生成形而下学的思想脉路,是对传统哲学与思维方式的

---

① 黄玉顺:《儒家思想与当代生活——"生活儒学"论集》,第54页。
② 黄玉顺:《儒家思想与当代生活——"生活儒学"论集》,第48页。
③ 黄玉顺:《儒家思想与当代生活——"生活儒学"论集》,第47页。

一次清理，将凝滞、僵化的传统形而上学重新置回到生活的本源，为形而上学重新找回其奠基的根源。

生活儒学的思想也为后现代主义将形而上学解构后产生的价值虚无困境提供了解决的可能，并重新为“此在”的价值找到了根据。这对当代思想乃至信仰的建设意义尤为重大。本源于存在、生活的生活儒学形而上学如能建构成功，无疑将为21世纪人类思想史做出重要贡献。如何重建奠基于生活本源的形而上学和形而下学，并以其为依据实现儒学复兴，是生活儒学研究者下一步必须完成的一个重要课题。

三、儒学复兴的进路

上世纪90年代以来，特别是进入21世纪，中国大陆出现了一场“儒学复兴运动”，这一思想潮流至今蓬勃发展、方兴未艾。儒学的复兴是基于对传统经典的理解，因此必须对儒学历史进行系统的梳理，以正本清源。有关儒学复兴出现的原因及其对当下现实的意义，学界争议颇多，但大多是以传统儒学的形而上学和形而下学为论域。《论集》收录的《儒学当代复兴的思想视域问题——“儒学三期”新论》、《儒学复兴的两条路线及其超越：儒家当代主义的若干思考》等论文，超越了以往的思想视域，指出儒学复兴的原因是基于当代中国寻求自己的“现代性诉求的民族性表达”①，从而为儒学复兴指出一条全新的思想路线。

黄先生以“存在—生活”为思想视域，重新审理了儒学思想史。他批驳了现代新儒学对儒学历史的“儒学三期”划分，提出其划分论域是一种黑格尔式的否定之否定的划分，而未能进入当代前沿的“生活—存在”的思想论域。这样的划分是将“儒学第三期”仅仅归结为传统哲学的那种存在者化的“本—末”、“体—用”的形而上学构造，因而在本质上与第二期的宋明理学是同质的。按此思路，儒学在现代“第三期”的展开就只能要么陷入“本”

---

① 黄玉顺：《儒家思想与当代生活——“生活儒学”论集》，第190页。

与“末”、“体”与“用”的脱节，要么导致“原教旨主义”的危险。黄先生指出：“历史上作为理论学术构造的儒学的任何一种具体形态，都不能作为我们当前复兴儒学的标本。我们必须回归于儒家的最本源的生活领悟，才能在儒学的当代复兴中成就一种在当下生活本源上的崭新的儒学重建。”[①]以“生活—存在”为思想视域，黄先生提出了新的儒学三期说，即：有本有源——儒学的原创时代；形而上学——儒学的转进时代；重返本源——儒学的再创时代。此论文的意义在于从学理上指明了现代新儒学进路的弊端，从而为儒学的重建奠定学理基础。

在《儒学复兴的两条路线及其超越：儒家当代主义的若干思考》中，黄先生提出了儒学复兴的一条新的思想路线，即“生活—存在”的思想视域，既超越以往的关注形而下层面的前现代主义（原教旨主义）和关注形而上层面的现代主义的儒学复兴思想路线，又超越解构形而上学的后现代主义，回到生活本源，重建儒学的形而上学和形而下学。作者表明，传统僵化的形而上学实际上已与生活本源脱节，在当下的现实生活中失效；而形而上学又是不可逃逸的，因为作为形而下学的科学、社会制度规范都需要形而上学来奠基。这种观念实为生活儒学的重要基石，是生活儒学区别于西方哲学与其他当代儒学学派的重要标志之一。这种本源于生活的儒学形而上学以及建立于这种形而上学基础上的形而下层面的伦理与制度的建构，对当下具有重要的理论指导意义。这也是儒学复兴的使命所在。

总之，生活儒学作为当代重要并且独特的一种儒学理论，植根于生活本源与传统儒家经典，以当代最前沿的哲学观念为思想平台，力图在融通中西哲学基础上走出一条中国儒学独有的道路，为儒家思想切入当代生活提供了一种新路径。但是，将传统的形而上学还原回存在—生活本源，只是生活儒学研究的第一步；基于生活本源的形而上学当如何重建，以及相应的形而下学应如何展开，这些都有待于生活儒学研究者进一步的研究与

① 黄玉顺：《儒家思想与当代生活——“生活儒学”论集》，第80页。

开拓。闻悉黄先生现正致力于“中国正义论”的专题研究，这是“生活儒学”中有关“形而下学”层级的儒家伦理学方面的研究，以回应学界目前关于“制度伦理学”问题的热议。这表明了生活儒学对形而下学建构的学术构想与思想努力。相信黄先生对生活儒学的继续研究能够推动儒家思想与中国当代思想的进程！

评黄玉顺“生活儒学”的思想视域

汪纽孜

编者按:本文作者提出了合体合用的视域和天学视域一说,认为它包括心学视域(唯心论视域)和气学视域(唯物论视域)两个基本要素。由此,作者认为,黄玉顺的生活儒学视域在实质上只是天学的一个视域类型,乃是“某种唯心论的视域”,而作者如此判定的理由是:生活儒学“主张从人的角度去看问题,主张人的意义世界对于人所看到的东西的先在性”。且不说生活儒学是否如作者所说乃是“从人的角度去看问题”,单就作者的立场来看,他给出的视域本身是否可靠呢?作者似乎相信,他是在回应后现代(作者认为它提供了一种“真正的多元化视域”)这一国际学术背景的基础上提出其视域理论的,但从其相关表述来看,作者似乎更关注“多元化”之为“多”(如作者言下的所谓“多元化视域”、“综合视域”、“整体视域”),而对后现代这一“真正的多元化视域”的“真正”意义却缺乏理解,以致其依据天学视域所做出的系列区分,既不现代,又不后现代,而只是某种前现代的东西。

近十几年来,大陆新儒学发展迅猛,呈现出“百花齐放,百家争鸣”的繁荣局面。为了区别各家学说,学界于是就有了相应的称谓,其公式是“某某儒学”,比如蒋庆的政治儒学,陈明的文化儒学,盛洪的经济儒学,康晓光的策论儒学,黄玉顺的生活儒学,干春松的制度儒学,等等。本人以天的概念为核心,尝试构建名为天学的儒学体系。拙作《天学引论》至今已经写了六稿,从第一稿开始,就自称为儒家宗教哲学,简称儒教哲学。为了加强学界对于天学的理解，结合当前儒学学派风起、迅猛发展的形势，我在此提出一个新的专门概念，即：宗教儒学，以界定和明确天学作为一个儒学学派的特质与表征。宗教儒学顾名思义，就是作为宗教理论的儒学。显然，在宗教儒学的范畴之内，不同的人可以构建不同的理论体系。天学属于宗教儒学的范畴，是宗教儒学的一种。

……

一、合体合用的本体论在方法论领域的应用

现代儒教哲学体系的创建，有一个大的国际学术背景，那就是西方的后现代主义。反对中心，否弃本质，消解结构，后现代主义为我们提供了真正的多元化视域。然而，值得注意的是，视域的多元化并不是西方后现代主义的发明，更不是西方后现代主义的专利。根据合体合用的本体论，合体合用是事物构成的本然状态，即事物从构成上说，都是合体合用的。因此，应当说早在后现代主义出现之前，或者说自从有了人类开始，人的视域的本来面目就是多元化的。比如中国文化的视域、西方文化的视域、印度文化的视域，等等；比如儒家的视域、道家的视域、墨家的视域、法家的视域，等等；再比如哲学的视域、科学的视域、宗教的视域、艺术的视域，等等。人类的视域本来就是多元化的，每一个视域，都具有自己的独特作用。人类的各种具体视域之间的关系，是一种合体合用的关系。合体合用的关系特征，也即多元化的特征，是人类视域的根本特征。现代儒教哲学（作为"后现代"儒教哲学）体系的重建，不可能采用某种单纯的视域，而必须是多元视域的一种组合，是一个由多元视域构成的整体视域。这种主张，作为一种方法论，本文称之为合体合用的方法论。显然，合体合用的方法论，是合体合用的本体论在方法论领域的应用，即本体即方法，即方法即本体，本体与方法在这里是合一的。

二、天学视域的概念

合体合用的方法论，是一种即本体即方法的本体方法论，该方法论的

宗旨，是说现代儒教哲学体系的重建，需要有一个由多元视域构成的综合视域，这个综合视域，本文称之为：天学视域。天学视域由哪些子视域构成呢？显然，按照天学的理想，它既要继承儒教哲学的传统视域，也要融合近代、现代、后现代西方哲学的视域。这里我们不妨先看一下当代中国学者的视域观点。中国学者，尤其是那些探索儒教哲学的现代重建的中国学者，显然并不特别认同西方后现代主义的那种分散的多元化视域。比如黄玉顺反对"哲学的终结"，认为应当为形而上学奠基，重建形而上学。黄玉顺说："所谓视域（horizon），我们是指的某种思想观念的平台。比如……知识论的视域……伦理学的视域……'形而上'的视域。"[①]黄玉顺认为，"当代思想已经超越了形而上学的视域，进入了'存在—生活'的思想视域。……在当代思想的视域中，形而上学的'本体'本身也是尚待奠基、尚待追问的东西……形而上学思考着唯一绝对的存在者……而遗忘了存在本身。然而正是存在先在于任何存在者、并且给出了所有存在者……海德格尔……主张由生存出发才能够通达存在本身……这样……就陷入了困窘：某种存在者仍然是先行于存在的。而按照儒家的观念，……生活即是存在，生活之外别无所谓存在。正是生活给出了所有存在者、包括人这样的主体性存在者。"[②]

根据合体合用的方法论，比较大的思想视域，都是合体合用的，即都具有多元化的综合性特征。由此观之，尽管黄玉顺主张"当代思想已经超越了形而上学的视域，进入了'存在—生活'的思想视域"，然而黄玉顺的思想视域，并不是单纯的"'存在—生活'的思想视域"，而是一种综合视域。由于强调"生活本身、形而上学、形而下学"三种观念等级，因此可以说黄玉顺生活儒学体系中的综合视域，包括生活视域、形而上的视域、形而下的视域三个层次。

---

① 黄玉顺：《现代新儒学研究中的思想视域问题》，载《中国传统哲学与现代化》，易小明主编，中国文史出版社2007年3月第1版。

② 黄玉顺：《现代新儒学研究中的思想视域问题》。

成中英提出“后现代”与“新新儒学”的概念，[①]应当说他主张的是一种“后后现代”的综合视域，其“出发点既是本体论的又是知识论的（此即所谓‘本体诠释学’）”[②]，不妨说是一种本体论视域与知识论视域的综合视域。黄玉顺的综合视域与成中英的综合视域的区别，在于在黄玉顺的综合视域中，有一种视域处于最高的主宰地位，此即生活视域；而在成中英的综合视域中，并没有一种视域处于最高的主宰地位，而是由本体论的视域和知识论的视域，共同处于最高地位。当然，成中英的本体论的视域和知识论的视域，又可以合成为一个综合视域，即本体诠释学的视域。

黄玉顺的生活儒学视域和成中英的本体诠释学的视域，应当说已经是儒教哲学视域与西方哲学视域的综合。本文所谓的天学视域，肯定要与它们的视域有所重叠。作为对儒教哲学的传统视域的继承，天学视域希望采用儒教传统的表达方式，我们不妨说天学视域，包括心学视域和气学视域两个基本要素。这两个视域，用西方哲学的语言来说，分别属于唯心论视域和唯物论视域。现象学的视域、存在视域、生活视域，大致与心学视域对应，而宇宙论视域、自然科学视域、常识论视域，则大致与气学视域对应。因此，从天学视域看来，海德格尔的存在视域，黄玉顺的生活视域，它们在实质上都是某种唯心论的视域。它们主张从人的角度去看问题，主张人的意义世界对于人所看到的东西的先在性。从某种意义上说，王守仁的心学中的某些思想，已经堪称是这种类似的思想视域的代表。下面我们就看看王守仁的思想视域，即传统儒教哲学的心学视域。

杨国荣说：“意义世界当然不仅仅是一个伦理的世界……在谈到良知与天地万物的关系时，王阳明便认为：‘良知是造化的精灵。这些精灵，生天生地，成鬼成帝，皆从此出，真是与物无对。’……这里的生天生地，并不是一种宇宙论上的生成关系，而是心体与对象之间的意义关系……以上看

---

① 李翔海、邓克武编：《成中英文集》第二卷，湖北长江出版集团、湖北人民出版社 2006 年 5 月第 1 版，第 352 页。

② 李翔海、邓克武编：《成中英文集》第二卷，第 419 页。

法,在当时并没有得到普遍的理解,……一位弟子……说:这些花在深山中自开自落,与我的心体又有什么关系?王阳明回答道:当你没有看此花时,此花与你的心同归于沉寂。而当你来看此花时,则此花颜色都显得明亮起来。由此便可知道此花不在你的心之外……意义关系中的存在,当然不限于花的审美形式……它也显现于人与天地万物的关系之中:'我的灵明,便是天地鬼神的主宰。天没有我的灵明,谁去仰他高?地没有我的灵明,谁去俯他深?'……这里的主宰……是指天地万物由本然的存在成为意义世界中的存在,离不开'我'以及我的意识活动……关于意义世界的如上析辨……一些门生感到不解……天地万物从古到今都存在,为什么说没有我的灵明,便不存在了?对此,王阳明做了如下回答:你看现在已去世的人,其精神与灵明知觉已不复存在,他的天地万物又在何处?……王阳明所关注的……也就是属于人的意义世界。"①

王守仁开创的传统心学视域,显然是儒教哲学的重要成就。天学视域,集心学视域和气学视域于一体,也就是包括心学视域和气学视域两个方面。天学视域的心学方面,称之为天学心学视域,简称心学视域;天学视域的气学方面,称之为天学气学视域,简称气学视域。天学心学视域,作为一种唯心论视域、(现象学的)存在论视域,其特点是心(理)体物(气)用;天学气学视域,作为一种唯物论视域、宇宙论视域,其特点是物(气)体心(理)用。心(理)体物(气)用,与物(气)体心(理)用,正好相反,天学视域主张根据具体的考察对象的不同需要,既利用天学心学视域,也利用天学气学视域,因此天学视域对于心学视域和气学视域的态度,不是取其一舍其二,而是兼取兼用,因此天学视域本身就代表了一种特定的方法论,此即合体合用的方法论。由于合体合用是事物构成和存在的本然状态,因此合体合用的方法论,是一种具有本体论意义的方法论,即本体方法论。

天学视域包括天学心学视域与天学气学视域两个部分,天学心学视域

---

① 杨国荣:《杨国荣讲王阳明》,北京大学出版社 2005 年 9 月第 1 版,第 39—41 页。

与天学气学视域的关系，是一种互为体用的关系，自心视之，心（理）体物（气）用，自气视之，物（气）体心（理）用，因而互为体用。在互为体用的过程中，二者又构成为一个整体，即天学视域。天学视域是一个整体，是天学心学视域和天学气学视域都不能替代的；与此同时，天学视域又需要通过天学心学视域和天学气学视域，才能得以体现自身。要使得天学视域得以显现，天学心学视域和天学气学视域，都是必不可少的，对于该两个视域，应进行综合运用。合体合用的视域理论，可以称之为整体视域论。

……

生活儒学的儒学特质及其实践性格

宋大琦

编者按：本书所收录的作者的三篇文章①，或可代表作者认知“生活儒学”的心路历程，此即作者于此文中所说的“生活——不是生活——还是生活”的三个阶段的感受过程。其实，这一认知或感受的部分历程颇具代表性，因为不少人对黄玉顺“生活儒学”的认识，普遍经历了这里所提到的前两个阶段（因其有“生活”而赞同他，因其“不是生活”而质疑他），但真正走到或认同第三个阶段的人却并不多见。那么，黄玉顺的“生活儒学”究竟“还是生活”吗？经过分析论证，作者最终认同黄玉顺以“关于‘实践’的一种‘理论’”来定位“生活儒学”的做法，并进而指出“生活儒学”是一次解放——实践对教条的解放，因而“生活儒学”其实比其他儒家流派更本土化、生活化。

目前海内外最为“晦涩”的一个儒学流派，大概是黄玉顺所持的“生活儒学”。从学术传承上来看，黄玉顺是接着宋明儒学讲的，然而从观感上讲，生活儒学不但不“生活”而且也不“儒学”，倒像纯经院哲学家所玩弄的一个现象学流派，故攻击黄玉顺为“伪儒”者亦大有人在。前不久干春松与黄玉顺有一次关于生活儒学的讨论。干春松一方面认为，生活儒学试图“向本源处追寻儒学的当下发展空间，这是一个艰难的、却是不容回避的任务”，因此，生活儒学的“出场的重要性”是“明确无疑”的；另一方面又认

① 除此文外，还收录有《生活的第一义是什么》、《“由仁义行”与“行仁义”》两篇文章。

为，这种理论是借助于西方的现象学、尤其是海德格尔的东西建构起来的，是“理论性”、“哲学性”的，“显得很特别”，不符合当前儒学“实践化转向”的“大的趋势”。[①] 虽然二人扞格之处甚多，黄玉顺仍然认为：“干春松教授对生活儒学的评论，是我所见到的最到位的评论之一。”[②]别家之理解，不必再说，可见知音之难觅。笔者无意加入二位先生的讨论，然而却因为该讨论勾起了自己心中长时间以来的感受，其感受可能也构成对二位先生讨论的一个插言。

一、生活——不是生活——还是生活

笔者对生活儒学的感受过程如同参禅：生活——不是生活——还是生活。

长期以来，内地有关于儒家的学术而无儒学，研究成果多是对象化、博物化的知识，儒家精神主要由海外学者传承。但海外新儒家也日趋于专业学术和心性自修，在政治、日常生活中自动边缘化。前些年，大陆儒生中涌现出以儒家立场干预政治和日常化生活的潮流——即“实践化转向”的趋势，一些以往的书斋式学者开始积极入世，一些以往的研究者转向信仰者、鼓吹者，干春松也是其中的一个。但是，关于“如何实践”的探讨明显不足，实践者多是以既成之传统直接干预生活，如读经、恢复礼仪等等，这其实是一种复古而不是开新。干预政治与干预日常生活，是儒学实践化的两个主要方面。干预政治者以蒋庆最有代表性，其政治儒学因对汉儒制度的忠诚而被人视为原教旨主义。干预日常生活之实践，民间从事者甚多，而以台湾的龚鹏程呼吁最勤。龚鹏程厌倦新儒家“固然延续了宋明以来儒者的社会讲学之风，但其义理及表述方式，却充满了学究气……儒家义理遂于渐

① 干春松：《儒学复兴声浪里的“生活儒学”——评黄玉顺重建儒学的构想》，2007 年 11 月 9 日《文汇读书周报》。

② 黄玉顺：《生活儒学：关于“实践”的一种“理论”——答干春松教授》，《杭州师范大学学报》2009 年第 3 期。

昌隆于上庠讲坛、学报专刊之际，愈来愈晦隔于匹夫匹妇，非寻常人士所得闻。偶或闻之，也闻不懂"，于是"构思了儒学的社会实践、生活实践之道。先后撰有《饮食男女生活美学》、《人文与管理》"等等，其欲以现成儒学干预生活、社会和政治的路向明白无误。本人初见黄玉顺生活儒学的时候，望文生义，怀着"现成实践化"的期许，以为仍然是一种将传统儒家精神落实到生活的学说。所见结果与预期的差异是相当悬殊的，此"生活"非彼"生活"。许多对黄玉顺"不生活"的看法，大略与本人相同。

黄玉顺的思路看上去"不生活"却"很理论"，而且相当"西化"，直观上是与舍勒、海德格尔等拗口而晦涩的对话中建立起来的，不但"现象学"，而且"后现代"。其起手是对任何先定的、本质主义的东西的解构，代表性的语言就是"生活不是什么"、"'生活是什么'这样的提问是不合法的"。从黄玉顺的现象学进路来看，"生活儒学"既不生活，也不儒学，倒似乎是一个后现代的西方哲学流派。远离生活，是职业哲学家的游戏。

以上的误解在于并未意识到黄玉顺的真正意思：在生活基础上重建儒家形而上学，然后再重建形而下学——实践化，而不是直接将现成形而下学实践化。黄玉顺在多种场合将这一过程表述为"生活——形而上学——形而下学"。以笔者之见，他的工作现在只做到"打生活基础"这一步，形而上学部分建设出来后，其儒家特性就会更加明显，如果形而下学部分再建设出来，就恰好是一个"从生活中来，到生活中去"的过程。因为重建形而上学的动机，黄玉顺受到多方诟病，其中大部分恰恰来自儒学阵营，在很多人看来，这种"造道"之言已经否认了传统儒家形而上学的根基，还谈什么自己是儒家？

然而，儒家形而上学真的不需要重建吗？儒学的根本到底是什么？这个问题并没有搞清。制度化儒家解体之后，儒学陷入歧义，被误解、肢解和分裂，只有在"儒学本来面目"这个意义上，大家对儒学才有一些共识。历史变迁，没有哪一个思想流派可以靠"本来面目"在新时势下立足。经历三千年未有之巨变后，新儒学的理论准备几近空白，其政治实践部分我们更是根本不知道，急于实践，越过形而上学直奔形而下学，只能是生拉硬扯或守旧复古。所以关于“实践”的“理论”仍是当务之急。儒学只有拿出彻底的返本开新的勇气，才能“死灰复燃”。如其自道，黄玉顺的生活儒学正是这样的“关于‘实践’的一种‘理论’”，①现象学和后现代的借鉴只是用于对既有形而上学和本质主义破解的工具。形而上学的终极性决定了，你如果要重建形而上学，就必须破解现成的所有形态的形而上学，而不是可以与其他形而上学并立。现象学和后现代所提供的破除一切形而上学的世界视域，为儒家形而上学的重建提供了“三通一平”的环境，同时新建的儒家形而上学也可能因此取得全世界的普适性。得鱼忘筌之后，黄玉顺的生活儒学比其他儒家流派其实更本土化、生活化。

二、继承发展和返本开新

然而，将儒家的所有的传统形而上学一概破解掉之后，怎样保证重建之后是儒家呢？或者说，重建的形而上学为什么偏偏会是儒家的呢？在这里，黄玉顺有一个坚信，即“人天然是儒家”。这句话黄玉顺经常说，并多次把它作为演讲的题目。仁爱是儒家的核心，当人们打破各种形而上学、形而下学的束缚，还原到生活的最初本质的时候，就恰恰回到了仁爱，这就是生活本源。在轴心时代，当哲人忙着对生活之道进行形而上学的神圣化的时候，孔子却甘于“卑之无甚高”，守于仁爱的日常之道。直到汉儒那里，儒学才被形而上学化。然而无论是汉儒还是宋明儒，他们尽管改变了论证方式，而维护的核心却都是孔孟之道——仁爱之道。所以说，是否儒家，不在于采用何种形而上的论证方式，而在于其核心的仁爱。而“在孔孟、尤其是孔子那里，仁爱首先既不是什么形而下的道德情感，也不是什么形而上的性体，而是本真的生活情感，生活的自然而然的情感显现”②。仁爱甚至不是一个给出的道德原则，而恰恰相反，它是道德原则的奠基者，是道德形而

---

① 黄玉顺：《生活儒学：关于“实践”的一种“理论”》，《杭州师范大学学报》，2009 年第 3 期。
② 黄玉顺：《儒学复兴的两条路线及其超越》，《西南民族大学学报》，2009 年第 1 期。

上学的奠基者。孟子说“由仁义行，非行仁义”(《孟子·离娄下》)，也是在强调仁义的价值先在性。仁爱不是一个已经给出的规定性，一个观念性的规范，而是前于规定性的自然情感。“尽管生活总是首先显现为仁爱，但唯有儒家才言说着这种本源性意义上的仁爱(例如基督教也讲仁爱，但那不是本源性的、而只是一种神学形而上学意义上的仁爱)，这就是儒学的独特性。”所以，黄玉顺放心地说：“正是在这种意义上，我才会一再说：人天然是儒家。”①黄玉顺对人天然是儒家的坚信，恰恰就是孟子对性善的坚信：仁义礼智非自外铄，恻隐之心人皆有之，人莫不知爱其亲。这里的爱其亲是真正的“知便是行”、“知行合一”的，并不是观念上认为“我该爱”才去爱，事实上，任何感情的东西都是先在于观念的，理性只能起到节制、调解爱、欲的作用，而无法使人去爱，仁爱的情感为理性奠基，而不是理性支配人去爱。在孔孟这里，仁爱是本源意义的，不思而得，不虑而中，而“推爱”、“仁政”才是理性的作用，后世儒家不同形态的形而上学、形而下学，是在仁爱情感上建立起来的，是对仁爱情感的推及、维护和保障。但同时，形而上学又很难免理性的异化的僵化，笔者在下一段再细说这个问题。在情感奠基这一方面，黄玉顺体现了他与其师蒙培元先生之间的学术继承关系，邓曦泽在《断裂与传承：“中国哲学”的学统问题——以冯友兰、蒙培元、黄玉顺为例》一文中说到：“冯、蒙、黄之间，在方法上有哪些一贯的东西呢？恐怕只有各自都大量借用了西方的思想资源(冯牟范式)…… 冯友兰表示承接程朱，但程朱恰恰被黄玉顺视作是被形而上学化了的儒学，需要解构(不是否定)…… 我觉得，假如黄玉顺不看冯友兰与蒙培元的书，而看牟宗三的，他同样能作出他那套学术。”②笔者却以为，蒙先生不看冯先生的书，做不出情感儒学；黄玉顺不看蒙先生的书，也做不出生活儒学。冯先生可以说借由西方的理性主义把程朱的道德形而上学发挥到了极致，物极必反，蒙先

① 黄玉顺：《生活儒学：关于“实践”的一种“理论”》，《杭州师范大学学报》，2009 年第 3 期。

② 邓曦泽：《断裂与传承：“中国哲学”的学统问题——以冯友兰、蒙培元、黄玉顺为例》，《学术界》，2009 年第 6 期。

生的学问正是接着冯先生理性无能为力之处做的，在情感与理性之间，蒙先生一转而为“以情定性”，是对传统理性形而上学的颠覆，也恰恰为黄玉顺返回生活本源打下了基础。蒙、黄对冯继承的方式就是辩证的否定，这种否定恰是理学逻辑自身发展的结果，是理学自身的否定。我们可以看到，在王阳明、戴震那里，这种否定已经发生过一次了，只是因为历史的断裂和巨变，我们今天才不得不在西学的强势背景下，借由西学的方式，再一次走过前人的思想道路。这“再一次走过”，也恰恰是对断裂处的接续。接着，黄玉顺通过对包括程朱在内的形而上学的解构而回到孔孟的仁爱本源，这就是返本，他还想在仁爱本源上重建形而上学、形而下学，这就是开新。

三、形而上学的迷雾

破解形而上学，再建形而上学，黄玉顺在这里似乎陷入了矛盾，很多学者在疑问：黄玉顺到底是赞成形而上学还是反对形而上学？事实上，这不是个纯理论问题，而更是一个实践问题。康德在《纯粹理性批判》中放逐了上帝，然而在《实践理性批判》中，康德又请回了上帝，上帝是“必要的假设”。黄玉顺的“生活本身——形而上学——形而下学”的排列，一方面认为“生活本身”是非形而上学的，另一方面又意识到形而上学对于实践的指导地位不可或缺，其形而上学的破解和重建亦不过蹈前人覆辙而已，没什么可奇怪的。形上重建的努力正是生活儒学实践性格的体现，是儒家以经世济民而不是客观知识为终极目的传统的延续。

形而上学的破解和重建是理性的两面性所决定的。一方面，理性是把握世界的重要工具，在日益纷繁复杂的人类生活面前，光有“善之端”或道德情感是不够用的，人类的共同生活、人类与自然的对立统一要求人整体把握世界，统一安排生活秩序，理性的登场实属必然。形而上学是实践理性的极致，没有形而上学的统括，人们就解决不了世界的同一性问题，这意味着同一片蓝天下的人生活在价值分裂之中。在这种意义上，形而上学的建设就意味着生活秩序的重建，礼法的建设。黄玉顺没有把自己的学术定位在形而上学上，而明确其未来发展是要落实到形而下学，并在最近提出了“仁——义——礼”的结构说（仁爱为正义奠基，正义为礼法奠基）①，正是其高度实践自觉的体现。然而在另一方面，世界是流变不居的，而理性总试图得到世界的确定性——固定的本质。形而上学既是理性的极致，也是理性的异化，它本身就意味着世界有一个终极的、不变的本质，而且这种形而上的本质可以被形而上学达到。以往的形而上学家纷纷相信自己的形而上学就是真理本身，这种情况一直到康德才有所改变。理性发展到形而上学的地步，意味着理性取代“物自体”而成为本体，也就是说，知识取代了本体。然而知识永远是人的认识，它不能克服本身的局限性，形而上学再完美也是“学”，不是“物自体”本身，是时代性的认识，是为生活所奠基的而不是流出生活者。

没有形而上学难以整体把握世界、建立生活秩序，而形而上学的主宰又会使认识孤立、静止、固守自身，并反而成为生活的枷锁，当然，它更是理性本身进一步发展的枷锁。这种两重性决定了形而上学的命运不得不处在不断的建立、破解和重建之中，如蛇之蜕皮，蟹之换壳。事实上，人们一试图整体把握世界，就不自觉地走向了形而上学，而对旧世界的反抗，不反抗到形而上学的高度总是不彻底的。在这个意义上，“形而上学乃是不可逃逸的。你不可能拎着自己的头发离开地球。你总得有一个立足点。事实上，作为形而下学的科学、社会制度规范，都需要形而上学来奠基”②。

汉儒、宋儒都是在重建形而上学，不同时期儒学的共同点不在于形上部分（论证方法）、形下部分（器物制度），而在于其情感的奠基（或说其仁爱），后世不同形态的儒学形上形下，都是为了维护这个仁爱的“核心价值”。可以说，各民族早期的形而上学都是建立在仁爱感情上的，但大多在形而上学的道路上走得太远，乃至走到“彼岸”而忘归，而儒学坚持了道器

① 黄玉顺：《儒学复兴的两条路线及其超越》，《西南民族大学学报》，2009 年第 1 期。
② 黄玉顺：《儒学复兴的两条路线及其超越》。

不二、体用一源的传统,即使在最理性主宰的时候也没有忘记本源情感的根。儒学的特点在于核心价值,而不是论证方法。生活本身是先于学术的,学术采取什么形式要因生活的改变而改变,当生活发生重大变化之时,旧的形而上学难以维系,时代呼唤新的形而上学产生。在新的本体重建之前,对旧有建筑需要拆解。对旧形而上学破坏的最好方法不是纠缠于其中,不是逻辑的推演(旧形而上学的逻辑可能已经相当严密),而是快刀斩乱麻,直接面对生活,在这一点上生活儒学与现象学取得了共识。

从另一个角度讲,生活儒学是一次解放,是实践对教条的解放。这次解放的意义很可能超过了王阳明用"心"对胶固于天理教条下的理性的解放。这种解放百余年来一直在发生,所不同的是,以往的解放是挟带着暴力的外来破坏,其重建之物也是外来形态。黄玉顺的解放是儒学自身的解放,而其重建亦是在儒学根基上重建。在西方学术在中国形上重建中失败的新机之下,黄玉顺要创立奠基于生活的新儒学,而不是在旧形而上学下硬装新酒,也不是不顾局势地新瓶旧酒,而是对现实世界的正视,也正是对"当前儒学复兴两条道路"的超越。黄玉顺的新儒学是新瓶旧酒,还是新瓶新酒,学界不免疑问,从已有资料看来,它应该是新瓶,但不全是旧酒,在"酒"这个根本问题上,黄玉顺相信自己能坚持儒家立场,至于什么度数口味,这不决定于黄玉顺,而决定于生活。

就目前而言,笔者之见,生活儒学仅有"基础",还不能构成一个真正的儒学流派。只有到其形而上学、形而下学都建立起来的时候,新的大厦才能够真正为人们的现实生活遮风避雨,而不仅仅是为个别哲学家提供精神家园。这个任务非黄玉顺一人所能完成,相信很多有"为万世开太平"理想的儒者会陆续投入的,我们拭目以待。

论“儒学复兴运动”说

崔发展

编者按:此文是编者之一所写的评论,题目或可改为:《试论复兴儒学的定位问题——以黄玉顺的“儒学复兴运动”说为中心》。大意如下:目前,儒学复兴之势引人瞩目,但复兴儒学的定位问题却没有得到应有的关注。而如果不能对这一复兴趋向做一整体性清理,那么,儒学的进一步发展就会受限。在当前的儒学复兴运动中,不少人热衷于寻求政治合法性、寻求文化复兴、寻求儒学宗教,但他们却没有仔细考量:如此建构的基础是否稳固?如对于复兴儒学运动中的“大陆新儒家”,方克立曾将之称为“喧腾的新儒家和很会造势的新儒家”,但需要反思的问题是:如何在当前热闹的复兴运动中保持足够的清醒?如何使这种复兴态势并不仅仅是昙花一现?那么,根本上就需要用一种谦逊态度去冷静思考儒学复兴的地基究竟何在。为此,本文以黄玉顺的“儒学复兴运动”说为中心,从儒学的复兴语境、复兴缘由与复兴路线等问题入手,对当前复兴儒学的整体性定位进行尝试性的探讨。总的来看,对于当前的儒学复兴趋向,如果说方克立“大陆新儒家”的命名所强调的是其对于现代新儒家接续的一面(如所谓“第四代”之说),那么,黄玉顺的“儒学复兴运动”说所强调的则是其对于现代新儒家决裂的一面,或者说,黄玉顺的这个“标识”致力于凸显当前的儒学复兴运动所呈现出的独特气质,以及由此而来的夯实复兴儒学之地基的紧迫任务。

当今儒学进入了复兴期,这几乎是不争的事实。但所谓儒学进入复兴期,绝不意味着儒学完全复兴了,相反,甚至于像复兴儒学应当通过怎样的途径、采取怎样的形式之类的问题，都仍旧在艰难的探索之中。如“大陆新儒家”作为复兴儒学的中坚力量，他们提出的复兴方案就大有不同，而整个儒学复兴的前景更是不明朗。由此，儒学的复兴究竟意味着什么，它如何取得进一步的发展，又会把中华民族的复兴大业导向何方，这些问题都大有可争之处。

对这些问题的解答，迫切需要从整体上对当前儒学的复兴大势做一个宏观考量。更准确地说，就是要有意识地为当今的儒学复兴寻求一个整体性定位，从而为复兴儒学指引方向。正是基于这种问题意识，黄玉顺提出了“儒学复兴运动”说，其意就是要对中国二十世纪九十年代以来、尤其是新世纪以来的思想趋向给出一种概括性的标识。[①] 总的来看，对于当前的儒学复兴趋向，如果说方克立“大陆新儒家”的命名强调的是其对于现代新儒家接续的一面（如所谓“第四代”之说），那么，黄玉顺的“儒学复兴运动”说强调的则是其对于现代新儒家决裂的一面，也就是说，黄玉顺给出的这个“标识”，致力于凸显当前的儒学复兴所呈现出的独特气质。

本文通过梳理黄玉顺有关“儒学复兴运动”的有关论说，分别从儒学复兴运动的语境、缘由与路线等几个方面，对这种气质做一简要述评。需要注意的是，儒学复兴的语境，其实亦是黄玉顺身处其中的语境，因而这一部分也会对他解读儒学复兴的视域做一交代，只有在此基础上，对儒学复兴之缘由、路线等问题的分析与理解才是合理的。

一、复兴语境：观念与现实

黄玉顺认为，当前儒学复兴运动所面临的语境，可以区分为观念的语境与现实的语境两个方面。就观念语境看，儒学的复兴在深层观念上面对着当代哲学或思想，主要就是后现代主义与海德格尔现象学的观念。但是，这种观念的语境有其现实生活的渊源，观念本身也归属于生活。因此，

---

① 黄玉顺：《面向生活本身的儒学——黄玉顺“生活儒学”自选集》，四川大学出版社 2006 年版，第 54 页。

儒学的复兴,首先面对着现实语境。这种现实语境,就是我们身处其中的当代生活样式本身。[1]

很显然,这里的“语境”并非一般所谓的“时代背景”,它本身已经是黄玉顺在特定的诠释观念中解读出来的生活情境。而置身于现实语境中的黄玉顺之所以获得这种诠释观念,正是他与现象学、诠释学进行对话、融通的结果。但问题仍然存在:现实语境复杂得多,不同的人对它的领悟不同,而观念语境亦并不仅仅只有西学,西学亦并非只有现象学、诠释学,且不说中学是否必须回应西学,但一个“儒者”(黄玉顺亦如此自称)为何必须回应某种特定的西学?实际上,不少人恰恰质疑黄玉顺这么做的合法性。然而,黄玉顺却坚持认为,西学、尤其是海德格尔现象学是我们必须加以应对的,否则就谈不上儒学的复兴。这是为什么呢?

先来看儒学何以必须回应现象学、尤其是海德格尔现象学。现象学无疑是当今的显学,但这尚不足以说明回应它的必要性。这里的关键是要理解现象学因何而显。黄玉顺指出,西方近代哲学大致有经验主义、先验主义两条基本进路,但这二者都有难以自洽的问题。[2] 简言之,经验主义、先验主义分别面临着认识论困境与先验论困境,而困境的出现正源于它们所设定的原初观念缺少本源性的奠基,这就意味着上述困境在它们内部是无法从根本上得到解决的。胡塞尔创立现象学,旨在寻求突破,但其纯粹意识仍旧是先验的,其方案仍旧是寻求意识自身的内在统一,这说明他仍旧无法走出先验论困境。现象学自海德格尔这里出现了“存在论转向”,最关键的是他的“存在论区分”,他指出存在才是本源性的、自身所予的,而以往的哲学由于遗忘了存在,所以都是一些仅仅探讨存在者的形而上学。由此,以往的先验论哲学或经验论哲学都必须应对海德格尔的质疑,不唯如此,即便是当今乃至今后,任何想要建构先验论或经验论的哲学家,都应该而且必须直面海德格尔的问题。其实,哲学(广义的,并非仅仅是指遗忘存

① 黄玉顺:《面向生活本身的儒学——黄玉顺“生活儒学”自选集》,第54页。

② 黄玉顺:《面向生活本身的儒学——黄玉顺“生活儒学”自选集》,第94页。

在的形而上学)的进步就建基于它必须回应前人提出的那些无法绕开的问题。当然,我们不能由此就说海德格尔彻底解决了问题,但不可否认,他对消解上述困境指明了方向,而这就意味着,就目前而言,海德格尔现象学正是我们无论如何都无法绕开的。换句话说,你可以不提海德格尔,但你无法回避海德格尔的问题。由此,面对当代西方三大哲学主流(分析哲学、现象学、后现代主义),黄玉顺明确说,儒学必须回应的只有现象学,因为分析哲学、后现代主义仍旧是有其形而上学预设的,它们的观念是被奠基的,所以它们无法真正有效地回应海德格尔的问题。①

但是,海德格尔的问题难道不仅仅是西方的问题吗?所谓的形而上学、经验主义、先验主义、存在、存在者等概念,并非儒学所固有,西方的问题何以具有普适性?这些很容易刺激民族主义情绪的问题,引发了对黄玉顺的普遍质疑。这就需要分析中西比较的问题了。

黄玉顺对“中西比较”这一问题的回应似乎陷入了某种悖论。比如他认为,近代以来中国人被抛入中西比较的生活情境中,这是我们无法抗拒的“天命”(际遇),甚至认为“中西比较”这个提法本身就很糟糕,因为并没有什么“现成在手的”(vorhanden)中、西;再如,在他看来,很多人担忧的现代中国人的“失语”现象根本不可能发生,因为“失语”所预设的原汁原味的传统语言与外语事实上都不存在,而西方文本哪怕仅仅是被赋予汉语化的形式,也已经体现着中国人的观念了,因为任何翻译都已经是诠释。② 不过,人们对这些分析可能会有重重疑问,比如:即便中西比较的“天命”正如黄玉顺所说的不是什么宿命论,即便中西比较的确曾经存在过且当下仍旧存在着,但存在的是否就是合理的?我们质疑的不正是这种合理性吗?再如,“失语”的论断所反映的乃是对“以西释中”或“以西化中”的忧虑,仅仅由中语(主要指汉语)的继续使用就能保证国人的观念不被置换掉吗?我

① 黄玉顺:《复归生活,重建儒学——儒学与现象学比较研究纲领》,《人文杂志》2005 年第 6 期。

② 黄玉顺:《面向生活本身的儒学——黄玉顺“生活儒学”自选集》,第 311 - 329 页。

们能这么乐观吗？诸如此类的疑问，对于持守“生活儒学”立场的黄玉顺而言，可能都是必须得到消解的形而上学问题。但是，即便如此，黄玉顺必然不能回避的是这样一个“致命”性的问题，此即：从以上的语言、观念不难看出，黄玉顺对中西比较之合法性这一问题的解答，实际上仍旧是在现象学、解释学的视域下进行的，而其生活儒学的观念同样是中西比较的结果。这难免为人诟病：用中西比较的方法来解决中西比较的合法性问题，本身就不合法。由此而言，黄玉顺不正是陷入了悖论？

首先必须承认，任何人都不能脱离自己的语境来看问题。孟子讲“知人论世”，其实就是论世知人。但“世”、“人”毕竟是要“论”、“知”的，这就意味着“论世知人”无论如何已经蕴含了论知者的先行观念。进一步的问题是，论知者的先行观念由何而来？它只能由论知者当下所处的语境（“世”）给出。同样的，黄玉顺对中西比较、失语等问题的解读（“论”、“知”）就已处于某种先行的特定视域中，但是，我们更应看到，他的这种视域本身也只能是被当下的语境（“世”）给出。这是一种解释学的实情，或者说这是一种“解释学循环”的生存体现，因而也是不能否认的。由此而言，质疑者需要反思的问题是：难道我们仅仅因为某些语言或观念过去是西方的就表示反对，而无论它是否道出了某种实情？同样的，如果通过中西比较的方式，的确能把有些问题说明白，为什么要反对这种做法呢？不过，这种辩解未免乏力，因为在不少人看来，中西比较不仅不能让问题得到解决，反而常常使得问题更加扑朔迷离。

上述的生存解读遭到了合法性质疑，黄玉顺虽然并不认同这种质疑本身的合法性，但为了更为清晰地答疑解惑，他转而寻求一种“技术性”的处理方案。通过引述韩愈在《原道》中所说的“仁与义为定名，道与德为虚位”，黄玉顺借题发挥了他对中西比较这一问题的看法。① 他解释说，“定名”不同，意味着：无论双方是使用不同语言（如汉语和英语），还是同种语

---

① 参见黄玉顺：《爱与思——生活儒学的观念》，四川大学出版社 2006 年版，第 4－8 页。

言（如都是汉语），双方的词语之间都没有等同性；而“虚位”则是说，在不同的思想系统之间，甚至在不同的民族语言、民族文化之间，词语及其观念之间是具有对应性的。由此，定名虽没有等同性，但虚位却可以有对应性，而这就意味着，不同的定名之间仍是可以对话的，可以达到相互理解的。如“Metaphysics”与“形而上学”是不同的定名，也就是说，二者并不完全等同，它们在中西方的语境中具有不同的实质性内容，但二者的互译在中西比较中的确具有不可替代的作用。

显然，黄玉顺的这种技术处理是有意义的。事实上，我们必须承认，如果没有虚位上的对应性，中西方之间的任何实际性的交流都是不可能的。同样的，如果中西方的交流是可能的（这是毫无疑问的），那么，我们就必须承认这种虚位上的对应性。由此而言，形而上学、经验主义、先验主义等概念虽非中国所固有，但在它们被选择用来与西方有关概念对译或对应时，其间的解释力同样是毋庸置疑的。当然，解释力度有强弱上的不同，所以学界才往往会对同一词语或概念的不同译法产生争执。不过，解释力强弱上的争议是很正常的，因为在对应关系上，我们只能追求相对的“确定”（如可以用 a、b 甚或 c 来解释 d，但却绝不能用 e 来解释 d），而不可能是绝对的“确切”。换句话说，我们虽不能确切地认定哪种解释是有效的，但却能判定哪种解释是无效的，这也是一种证伪原则。尤需注意的是，解释力的有无与解释力的强弱乃是两个问题，所以不能由解释力的强弱（亦即对应关系的不确切）来否认解释力的存在。否则，中国的“西方哲学”这门学科本身就难以成立，而中西之间也不会有什么有效性的对话了，但这显然都与实际发生着的中西比较相悖。

不过，质疑声仍旧如影随形。比如：中西之间的对应性由何而来？或者说，怎样才能保证这些对应性是合法的、有效的？更直接点说，为什么 a 必然与 b 对应，而不能与 c 对应？或者说，为什么 d 可以同时对应 e、f？如此对应的标准在哪里？以上疑问乃是出于这样一种事实：中西观念之间的比较似乎并不止于一一对应的关系，比如海德格尔可以与老子比较，同样也可以与孔子比较,那么,怎么看待这些对应性的比较?从本源上讲,对应关系的合法性问题,只能由实际发生着的中西比较的生活样式来解释,实际上这是一个生活选择的结果。用马克思的话说,理论的问题只能诉诸在实践中寻求答案,否则,对合法性的质疑必然会造成理论上的无限后推(恶的循环),比如 m 的合法性是 n,n 的合法性是 o,o 的合法性是 p,p 的合法性……对这类问题,诉诸有效性(它自身尚需合法性的奠基)固然不能解决合法性,但却有助于消解对无效的合法性的质疑。事实上,观念是极为复杂的系统,中西观念之间当然不会只存在一一对应的关系,且对应关系的损益也是始终发生着的,这就意味着对应性关系只具有相对的固定性,而这些实情即便是质疑者应该也是承认的,他们普遍担心的只是:通过这种对应性的比较,我们究竟能够得到什么?这实际上仍旧是由有效性来质问合法性。中西对应性比较固然能促成中西交流,但仅仅指出对应性的存在,尚不足以解答中西比较的必要性这一问题。比如人们可能会追问:如果中学能够自我解释,那还有什么寻求西方对应性的必要?而人们如此发问的潜台词往往是:中西对应性比较,对于中学来说究竟意味着什么?其实,对应性可以作为一个共有的基础平台,就中西之间而言,不仅语词、观念等定名上存在对应性,其他诸如问题意识、方法等方面也都是有对应性的。比如近代以来,儒学曾被用来与不同的西学做对应性的比较,我们从这种比较中获得了什么呢?必须承认,尽管这其间有不少迷失,但儒学却由此展开了更多的面向,我们对儒学有了更丰富的理解,而所有这些理解与面向都归属于儒学自身,这就是儒学的当下展开。

再重新回到儒学何以必须回应现象学的问题上来。儒学与现象学之间当然是有对应性的,这种对应性在定名、问题意识等方面都有表现,而这就说明,海德格尔所提出的存在论区分与形而上学等问题,我们依然必须应对。由此,通过现象学所提供的视域与方法,我们更清晰地认识到儒学发展中所暴露出来的问题。不过,这绝不意味着对现象学的照搬照抄,而在与干春松、张志伟、李幼蒸、胡治洪等人进行商讨时,黄玉顺也一再强调说,他正是在批判海德格尔、胡塞尔、舍勒等人的基础上才提出了"生活儒学"的整体思想。①

生活儒学直面生活这一"现象"本身,但此"生活"既非经验论意义上的"日用伦常"(否则,它就要面对伦理学困境),亦非先验论意义上的"生活世界"(否则,它就要面对先验论困境),而是本源性的生活。海德格尔寻求存在,以为存在者奠基,而黄玉顺则认为,海德格尔对形而上学的批判仍不彻底,以至于他自身也深陷形而上学之中。由此,生活儒学寻求生活以为所有存在者的最终的奠基(大本大源),并提出了"观念层级性"问题,它表示一种相继的奠基或生成关系,此即:生活本源→形而上学→形而下学。这是黄玉顺分析诸多问题的一个基本框架,而这也是生活儒学在架构上的最值得瞩目之处。

利用这一框架,黄玉顺对中西比较的问题进行了另类解读。近代以来,中西比较一直都在进行,并逐渐成为国人的主导性话语。对于这段向西方学习的历史,早已有不少学者概括出一条"器物→制度→文化"的线索,且广为学人认同,此不赘举。应该说黄玉顺基本上是认同这条线索的,但他却试图从观念层级上对这一过程进行清理,从而揭示出如下的演变,此即:形下的反应性的吸纳(近代)→形上的对应性的比照(现代)→全面的回应性的融通(当代)。② 黄玉顺虽然只是借此来分析现代儒家对于"西学东渐"的态度,但这一清理对于近代儒学乃至整个近代历史的把握都无疑具有更大的适用性。事实上,黄玉顺在其"儒学三期"新论中,就曾依此层级性而将近代儒学(即其所谓第三期儒学)概括为:举末的儒学(洋务与维新)→返本的儒学(现代新儒学)→溯源的儒学(儒学新开创)。③ 很显然,

① 事实上,凡是针对黄玉顺及其生活儒学的质疑,几乎都会涉及这个方面,此处不再一一列举其具体出处。

② 黄玉顺:《反应·对应·回应——现代儒家对"西学东渐"之态度》,《上海师范大学学报》,2009年第5期。

③ 黄玉顺:《儒学的当代复兴的思想视域问题——"儒学三期"新论》,《周易研究》,2008年第1期。

这两种梳理方式异曲同工。

近代儒学的发展线索缘构着当代儒学复兴的语境，而依照上述梳理，黄玉顺似乎正好做着倒叙式的重构工作：首先是重建“哲学”，其次是重建形上学，再次才是重建形下学。当然，这种倒叙仍本源于观念的层级性，因为只有“哲学”重建起来了，形而上学、形而下学的重建才有了可靠的、坚实的基础。所以，黄玉顺的一个基本信念就是：“儒学”的复兴，虽然不等于、但无疑首先是儒家“哲学”的重建。[①] 需要注意的是，海德格尔虽然揭示了形而上学的无根性，但却无意于重建形上学，如他后期还致思于如何摆脱形而上学的语言（这一点遭到了伽达默尔的一再批评），而黄玉顺则坚持认为，形而上学作为形而下学的奠基者，它对于人类并不是可有可无的，因而是必须重建的，只是首先要注意夯实重建形上学与形下学的地基。

综上所述，在观念语境上，西学、尤其是海德格尔现象学是复兴儒学所必须回应的，因为它们提供的思想视域在传统儒学乃至现代新儒家那里都是缺乏的，而这种视域恰恰又是当今重建儒学所必需的；在现实语境上，因为生活本源必然展现为不同的生活样态，所以复兴儒学就要考虑到中国人当下的生活样式，而这意味着对西学、现象学的引入必须是批判性的，也就是说要充分考虑到具体的“国情”。而也正是由当下语境出发，黄玉顺倡导一种生活儒学的诠释观念与生活儒学的态度，并将之有意识地转化为一种理解现实问题的方法（论）。由此，黄玉顺赢获了一个“居中”的立场与一种鲜明的批判意识。

二、复兴缘由：现代性与民族性

对当代儒学何以能够复兴的问题，不少人都曾探讨过，所给出的具体原因涉及经济、政治、文化与历史背景等多个方面，比如：中国综合国力的提升所带来的民族文化认同感的加强；港台、海外新儒学对大陆儒学的长

---

① 黄玉顺：《面向生活本身的儒学——黄玉顺“生活儒学”自选集》，四川大学出版社 2006 年版，第 54 页。

期反哺；全球化背景下对现代性与西方文化的反思，等等。[①] 儒学的复兴当然是多重因素共同作用的结果，但若从源头处来讲，儒学复兴的缘由何在？

从生活儒学的立场出发，黄玉顺指出，当前大陆儒学复兴运动的由来，乃是“现代性的诉求必然寻找民族性的表达”[②]。很显然，这里所谓的“由来”（缘由）并不仅仅是在因果链条上追溯儒学之所以能够复兴的形下依据或形上根据，而是试图揭示儒学复兴的生活本源。

在当今语境中，民族性与现代性之间的紧张关系是显而易见的。为了解决这一紧张，现代新儒家诉诸内圣开新的思路，这一思路固然是现代性（开新）诉求的民族性（内圣）表达的一种表现，但他们所理解与所接纳的现代性基本就是民主与科学，而民族性更多的只是一种心性主体或理性主体；与现代新儒家相比，当今儒学复兴运动对现代性的态度、理解有着很大的不同，他们对西方民主的普适性表示怀疑，而更多地寄希望于在儒学中寻求能够在当代落实下来的政治或外王资源，与此相应，即便他们无一例外地关注民族性，但其民族性观念从整体上偏重于政治主体或宗教主体。如蒋庆就认为，现代新儒家将外王理解为开出民主、科学有变相西化之嫌，并由此提倡具有“三重合法性”的“王道政治”；再如康晓光之所以主张“现代仁政”、“复兴儒教”，其主要根据之一就是基于自由民主主义在合法性上的破产。总的来讲，现代新儒家注重内圣，他们试图将外王内置于内圣的框架中，而当前的儒学复兴运动更为注重外王，但是，从一定的角度讲，儒学复兴运动乃是“接着”现代新儒家讲的，比如他们正是鉴于现代新儒家开不出新外王的困境，才试图在转换外王的含义上继续探索新的外王之道，从而将复兴儒学的工作重心由道统、学统转向政统，如康晓光明确提出道统、学统和政统的“三位一体”论，但与牟宗三的初衷明显不同，他已将此

---

① 参见张世保编：《大陆新儒学评论》（第一部分“世纪之交的文化反思”），北京：线装书局，2005 年版。

② 黄玉顺：《儒学与生活：民族性与现代性问题——作为儒学复兴的一种探索的生活儒学》，《人文杂志》2007 年第 4 期。

“三统”完全地政治化或政统化了。

尽管有上述种种不同,但他们都或直接、或间接地回应着如何处理现代性与民族性之间的关系问题。所以,黄玉顺进一步指出,“不论是当年的现代新儒家、还是今日的儒学复兴运动,究其生活本源,都是一种‘现代性诉求的民族性表达’”①。也正是在生活本源出发,黄玉顺力图探明儒学复兴的缘由,从而寻求对于这种紧张关系的化解之道。

黄玉顺指出,现代性的生存方式有两种主体:一种就是单子性的个体,另一种则是“民族国家”。② 一般来讲,现代性最核心的精神就是单子性或个体性,而现代生活的方方面面无不渗透着这样一种单子精神。比如我们的政治生活、经济生活、社会生活等等,所有这一切有一个共同点,就是单子性,更准确地说,是单子本位的,否则,民主、自由等现代精神就是不可想象的。也正是从这个意义上,黄玉顺强调了重建“第一实体”(亦即单子式的主体性)的必要性。但这只是问题的一个方面,其实,所有的现代民族国家都面临着这样一种紧张:一方面,现代性的生存方式是单子性、个体性的,但另外一个方面,我们始终在理论上没有谈清楚的是:这样的单子如何组成了一种表面看起来是前现代意义的东西、一种集体?这个集体和个体之间的紧张关系,究竟是一个什么样的关系?其实,早在五四时期,这个问题就充分表现出来了。五四运动的主将们力主改造国民性,但这里面既有对个人觉醒的呼吁,更有对民族觉醒的呐喊,所以我们可以看到,一方面是个人解放的迅猛高涨(思想启蒙),另一方面却是爱国主义的热情洋溢(政治运动)。对于这段复杂的历史进程,李泽厚概括为“启蒙与救亡的双重变奏”,而自由理念与民族救亡之间的紧张由此就可见一斑了。

解决或化解这种紧张,关键就在于怎样合理地把握现代性中的“民族

---

① 黄玉顺:《当前儒学复兴运动与现代新儒家——再评“文化保守主义”》,《学术界》2006年第5期。

② 黄玉顺:《儒学复兴的两条路线及其超越——儒家当代主义的若干思考》,《西南民族大学学报》2009年第1期。此外,人们常说的所谓后现代的生存方式,在黄玉顺看来,其实是现代性生存方式的一种扩展,一种极致化,它本身仍然是被现代性涵盖着的。

国家”(nation)这一主体。黄玉顺强调说,nation 这个观念是理解中国近现代历史的一个关键性概念,也是理解我们当下生存的一个关键词;不唯如此,它也是理解世界近现代历史的一把非常关键的钥匙。为什么这么说呢?nation 这个概念,过去学界对它有两种翻译:“民族”(nationalities、ethnics)与“国家”(states);而现在学界有一种更准确的翻译:“民族国家”。这之间的区别在哪?黄玉顺认为,当我们说中国有五十六个民族的时候,这个“民族”乃是一个前现代的概念,指的是 nationalities 或 ethnics;而当我们说中国只有一个民族的时候,这个“民族”则是一个现代性的概念,也就是我们所说的“中华民族”——Chinese nation。由此,我们常说的中华民族其实只有一百多年的历史,因为它是一个现代性的范畴。现代是一个“民族国家”(nation)的时代,不论在西方还是在东方,都必须承认这一点。在这个意义上,所谓现代化,其实就是建构现代性的“民族国家”的过程。这里的“民族”与“国家”乃是同一个词,指称同一个共同体。同理,“中华民族”与“中国”也是同一个词,指称同一个共同体。所以,一方面,今日之“中国”已不再是前现代意义上的、例如王权时代的“中原诸国”(the Central States)或皇权时代的“中华帝国”(the Chinese Empire),而是一个现代性意义上的“中华民族国家”(Chinese Nation),这里所彰显的乃是“现代性”(modernity)维度,这是适宜性原则中的时宜性的当下生活渊源;而另一方面,这个“中国”就是“中华民族”,这就意味着一种悠久博大的历史文化传统,由这种传统所积淀而成的一种独特的生活方式及其观念形态,这里所彰显的乃是“民族性”(nationality)维度,这是适宜性原则中的地宜性的当下生活渊源。①

简言之,民族国家同时具有现代性与民族性两个相互涵摄的维度。这就意味着,民族性既然是现代性的一个基本的、本质的函项,那么,抛开民族性而仅仅从单子性出发,就无法全面理解现代性的内涵。同样的,抛开

① 黄玉顺:《儒学与中国之命运——纪念五四运动90周年》,《学术界》2009年第3期。

现代性，同样无法准确地理解民族性。由此而言，现代“民族国家”（nation）的兴起，既要求“现代性诉求的民族性表达”，同样要求“民族性诉求的现代性表达”。而这就意味着，在当今语境中，一方面，现代性是不可拒斥的，但现代性诉求必须寻求民族性的表达；另一方面，民族性亦不可摆脱，但民族性诉求亦必须寻求现代性的表达。由此，黄玉顺持守一种“中道”立场，并进而批判说：如果没有现代性的维度而只有民族性的维度，那就是塔利班那样的国家、原教旨主义的政权，在当今世界的生存环境中，它恐怕是短命的；另外一种情况，只有现代性的维度而没有民族性的维度，你可以设想一下，这就相当于说，有一个人，他本来很有个性，然后我把他格式化，像养一头猪似的让他长得非常肥壮，这个人可能会感到生活得很幸福，但那是猪的幸福、猪的生活，他是没有个性、没有自我的。[①]

简言之，民族是现代性的民族，现代是民族性的现代。具体到中国来讲，明白这一点，我们就可以更好地理解民族性、现代性与儒学复兴之间的关联，从而更准确地把握中华民族的复兴与儒学复兴之间的关联。其实，所谓“民族性表达”，在观念上首先关涉的必然就是民族主体性（即一般所谓的本土性），这立即就会指向民族文化传统。因为民族自性的问题，本质上只能是一个（广义的）文化自性的问题。而通过文化来重塑民族自性或民族主体性，这也是目前儒学复兴运动中所有复兴论者的共同底线，如蒋庆关心的乃是“中国性”（由儒学定义的文化性）的丧失与重建，其核心不过是如何安顿民族生命与民族精神；再如陈明所揭示的传统文化与民族生命之间的表达/塑造的二重关系，其现实目标亦不过是要建立一套“民族主干文化话语系统”；再如康晓光力倡“儒教国教化”、“文化民族主义”，其主旨仍是为了追求“民族复兴”；再如黄玉顺的生活儒学，则是希望在生活本源的地基上构建一种现代性的主体性——“国民”人格，等等。在这个意义

① 黄玉顺：《儒学复兴的两条路线及其超越——儒家当代主义的若干思考》，《西南民族大学学报》2009 年第 1 期。

上,陈明的话值得深思,他说,我们应该清楚“文化是民族的意识形态”。[①]

由此,就有必要进一步探讨儒学与现代性的关系问题。黄玉顺指出,假如仅仅从历史学的角度来看,全球化的现代化当然是首先发生于西方的事件;然而如果从共生与共在的生活存在的思想视域来看,全球性的现代性其实从一开始就并不仅仅是西方的事情。这种思想视域告诉我们:不是西方创造了现代性,而是现代性的生活存在创造了西方、东方、现代中国等等。在这种视域下,我们才能理解:现代化进程从一开始就是全球性的事情。例如,西方民族国家的殖民运动和其他民族国家的反殖民主义的民族独立解放运动,都是这种全球性的生活存在的某种历时性的、甚至是共时性的显现样式。[②] 由此,中国的儒学传统之于中国的现代化,正如西方的“二希”传统(古希腊、希伯来传统)之于西方的现代化。西方的现代化在观念上虽经转换、但也毕竟是继承了“二希传统”,而中国的自由主义之所以总是失败,就因为他们是反其道而行之,全盘反传统、全盘西化。[③] 由此而言,中国、Chinese Nation 的命运一定离不开儒学的复兴。黄玉顺认为,在“传统/现代”这种二元对立的思维模式下,Nation 是现代性的现实,Chinese 是传统的记忆,但其实 Nation 和 Chinese 同时都是当下的事情,都被涵摄在当下的生活之中(下文有进一步论述)。

由此而言,复兴缘由不过是复兴语境的一种特殊表达,用黄玉顺自己的话说就是:“民族性是现代性的基本函项,正如现代性是民族性的基本函项:这是我们的生活—存在的基本情境、语境。”[④]具体来说,儒学的复兴乃是由国人当下的生活语境给出的,这就意味着,儒学的复兴,既是现代性表述(当下生活的维度)的需要,又是民族性表达(国人的维度)的需要。其

① 陈明:《“原道”与大陆新儒学建构》,《原道》第十二辑,北京大学出版社 2005 年版。

② 黄玉顺:《儒家思想与当代生活——“生活儒学论集”》,光明日报出版社 2009 年版,第 138 页。

③ 参见黄玉顺:《“自由”的歧路——“五四”自由主义的两大脱离》,《鹅湖》2000 年第 12 期。

④ 黄玉顺主编:《现代新儒学的现代性哲学——现代新儒学的产生、发展与影响研究》,中央文献出版社 2008 年版,第 4 页。

实,生活儒学既是“生活”的儒学,也是生活的“儒学”,它本身就是民族性(儒学)与现代性(当下的生活)相结合的表达。但是,对于黄玉顺而言,儒学或许并不仅仅是民族性的东西,因为既然他宣称“人天然是儒家”,那么,从情感这个特定的角度上讲(虽然他明确区分了儒学与儒家的不同),儒学更有走向世界的气质,而黄玉顺的确也毫不讳言他同样有追寻普适性“哲学”的希冀①,但儒学由此不就跃出民族的界限了吗?从这个角度讲,借用陈明的说(尽管他并不是在这个意义上使用这一称呼的),黄玉顺建构的生活儒学实在是有点“哲学帝国主义”的味道。不过,当陈明力倡其“即用见体”时,他自己同样面临着跃出界限的问题,以至于人们对陈明的一个普遍质疑就是:何以保证由“用”显现出来或建立起来的“体”一定是中国的(“中体”)呢?如果说黄玉顺毕竟还在用“本源”情感来维持儒家或儒学的底线,那么,陈明更有跃出儒家而走向“哲学帝国主义”的倾向(虽然他反感哲学而坚持说自己走的是文化路线),比如陈明有时候甚至否认其儒学立场而执著于一种实用主义态度,但问题是,既然他始终认为自己的核心工作是建立所谓的“民族主干文化话语系统”,那么这个“民族主干”除了儒家或儒学,还能有谁担当得起?从既有的事实来看,陈明虽然坚持六经注我、兼容并蓄地吸纳中西方的学养,但其主要资源仍旧毫无疑问的是儒家或儒学,如他有时甚至宣称“儒学的复兴与中华民族的复兴是同义语”②。这说明在倡导其文化进路时,陈明表现出了一定的游移态度,一如他在文化与哲学上的纠缠。

三、复兴路线:原教旨主义与当代主义

鉴往知来,如果说儒学复兴的缘由说明了儒学复兴是怎样来的,那么,

---

① 黄玉顺:《儒家思想与当代生活——生活儒学论集》,光明日报出版社2009年版,第276页。

② 陈明:《即用见体——以“中学为体,西学为用”及“西体中用”为背景》,《原道》第十辑,北京大学出版社2005年版,第78页。

在此基础上，儒学的复兴路线则旨在说明儒学何处去的问题。换句话说，只有了解了儒学何以能够复兴，才能更好地切入儒学应该怎样复兴的问题。儒学的复兴是必然、应然而实然的，因为这是“现代性诉求的民族性表达”的内在要求。既然如此，那么，儒学今后的复兴之路就应该顺应这种表达的需要，而不能反其道而行之。不过，我们将会看到，尽管都是致力于寻求现代性诉求的民族性表达，但在复兴儒学中如何落实这种诉求却进路不一。如果说现代新儒家的进路尚为单纯，那么，九十年代以后、特别是新世纪以来的儒学复兴运动则开出了更多的面向。

先来看现代新儒家的复兴方案。黄玉顺从整体上将现代新儒家与当代的儒学复兴运动视为两条不同的儒学复兴路线，因为在他看来，“儒学的当代重建，根本上是儒家哲学的重建；而关于儒家哲学的重建，我们今天所面临的已是全球化背景下的现象学的和后现代主义的哲学语境。因此，我们必须给予回应；这就意味着，我们必须超越现代新儒家的视野”。[①] 问题是，回应后现代主义与现象学，为何必须超越现代新儒家的视野？上文中我们已表明，现象学质疑了西方传统的形而上学，而在黄玉顺看来，现象学对现代新儒家其实已经构成了严重威胁，因为现代新儒家所建构起来的仍旧是传统的形而上学，以至于他们在现代性的境遇中陷入“本”与“末”、“体”与“用”的严重脱节，导致“内圣”开不出“新外王”的尴尬。所以，黄玉顺说：“我一向认为，今日重建儒家哲学，首先就是克服现代新儒家的形而上学观念。”[②]在他看来，为了从根本上回应现象学的挑战，首先就要破解现代新儒家的形而上学建构，而这也是我们回归大本大源的必经途径。现代新儒家作为我们回归生活本源的出发点，乃是最近的地方；虽然它恰恰又是最远的地方，是一种因为遮蔽生活本源而成了离家最远的儒家形而上

① 黄玉顺：《生活儒学——儒家哲学的重建》，《纪念孔子诞生2555周年国际学术研讨会论文集》（卷二），2004年，第641页。

② 黄玉顺：《面向生活本身的儒学——黄玉顺“生活儒学”自选集》（前言），四川大学出版社2006年版，第7页。

学。对此，套用黄玉顺的一个常用的提法就是“最近的就是最远的”。但是，对现代新儒家的这种“克服”，并不就是简单地抛弃，而是批判地继承。在其主编的《现代新儒学的现代性哲学》一书中，黄玉顺一方面批评现代新儒家（这里不再专门区分儒学与儒家）只有形而上学的“哲学”，而没有真正彻底的“思想”；另一方面却又认为现代新儒家第三代如杜维明、林安梧那里已有了“有限的转向”。不唯现代新儒家第三代有这种可喜的转向，其实早在第一、二代新儒家那里，黄玉顺同样释读出了这种可能性，如在其所著的《面向生活本身的儒学》一书中，他就把当代儒学“生活论转向”的先声追溯到梁漱溟的“生活”观念，也曾试图将唐君毅的“心灵境界”与“生命存在”引向形而上学的奠基问题，等等。不过，在黄玉顺看来，以上转向仅仅是可能性，并没有最终实现出来，原因主要是他们缺乏生活—存在的视域。为此，黄玉顺认为，“我们必须遵循这样一条‘中道’：一方面，要克服如今被人们所津津乐道的传统的那种儒家形而上学的‘无根’性（海德格尔语）或‘无本’性（孟子语），以回应现象学、尤其是海德格尔的现象学；另一方面，也应反抗那种时髦的‘反形而上学’立场，而致力于儒家形而上学的构造，以回应后现代主义”。① 可以这么说，现代新儒家留给我们的主要任务就是：既要解构传统的哲学形上学，又要为形而上学寻找真正的奠基，这是当前儒学复兴的双重任务。

再来看当代的儒学复兴运动。在这个运动中，其中虽不乏继续走现代新儒家形上学的进路，但大部分进路却以反思、乃至拒斥现代新儒家的形上学为其工作之前提。如蒋庆指出，港台、海外新儒家有四个大的局限，其中之一就是其“极端形上化倾向”。② 值得注意的是，蒋庆对四个局限的划分并不是平行的，比如其中的“极端内在化倾向”与“极端超越化倾向”本质上与“极端形上化倾向”是一体的。不过，这恰恰从另一个角度反映出现代

---

① 黄玉顺：《生活儒学——儒家哲学的重建》，《纪念孔子诞生2555周年国际学术研讨会论文集》（卷二），2004年，第641页。

② 蒋庆：《政治儒学——当代儒学的转向、特质与发展》，三联书店2003年版，第14－17页。

新儒家建构形而上学对他的刺激之大。由此出发，蒋庆将心性儒学与政治儒学做平行理解，从而将自己的工作重心引向政治儒学。因为从关注的对象来看，现代新儒家重视的心性儒学关注个人生命的成德成圣，关注生命心性，所以才会对形而上学的哲学体系感兴趣；而只有政治儒学才会关注社会的完善和谐，关注社会关系，关注活生生的现实存在。再如，陈明鉴于现代新儒家过于关注文化中的哲学（形而上学）这一面，才下大力气注重挖掘文化的其他方面，并注意在阐发自己的学说时，始终有意地拒斥任何形而上学的建构。不过，虽然同样是批判新儒家及其形上学，但儒学复兴运动的诸进路还是有一个向上走还是向下走的问题，若是借用黄玉顺划分的三个观念层级来表示的话，这些进路上的不同或可勾勒为：

本源层级 ← 形上层级（现代新儒家及其后续）→ 形下层级

大体讲，在当代的儒学复兴运动中，形下层级的言说突出地表现为对制度问题的政治哲学的关注，如蒋庆的“政治儒学”、康晓光的“现代仁政”、干春松的“制度儒学”等；本源层级的言说更专注于那种先行于形而上学、形而下学的存在本源或者生活渊源的探究，按照黄玉顺的想法，像蒙培元的“情感儒学”、他自己的“生活儒学”、陈明的“即用见体”、张祥龙的“存在主义儒学”乃至于林安梧的“后新儒学”等等，都可归入这一类。不过，黄玉顺并没有一一展开对这些进路的考察，他最终只是选定蒋庆、陈明作为两个不同的进路上的代表进行典型性分析。方克立用“大陆新儒家”这一名号称谓蒋庆、陈明、康晓光、盛洪等人，一个主要的原因就是因为他们几个的影响力大，是“不甘寂寞的新儒家”，是“喧腾的新儒家和很会造势的新儒家”。[①] 学界很多人往往用“文化保守主义”称呼这些人，在黄玉顺看来，这是一个值得警惕的做法，因为“文化保守主义”这个符号并不能揭示当前儒学复兴运动的现实生活渊源，反倒很可能将这场运动导向“儒家原教旨主义”。而儒学复兴运动在目前的事实，似乎正在印证着这种忧虑：原教旨主

① 张世保编：《大陆新儒学评论》，线装书局2005年版，第193－195页。

义的倾向愈演愈烈。这不论对于当代中国的发展、还是对于儒家本身来说都是很危险的。

其中,就目前而言,最有号召力、最具代表性的无疑正是蒋庆、陈明二人。如果说蒋庆、陈明是"喧腾的"、"很会造势"的新儒家,那么,黄玉顺可谓是一个冷静的沉思者、反思者。正是出于对文化保守主义、原教旨主义的潜在危险的担忧与警惕,黄玉顺着重突出了当代儒学复兴运动中的两条路线,并强调说这是两条截然不同的路线:一条是"儒家原教旨主义"(Confucian Fundamentalism)路线,例如蒋庆的"政治儒学";另一条则可以称之为"儒家当代主义"(Confucian Contemporarism)路线,例如陈明的"即用见体"和他自己的"生活儒学"。黄玉顺认为,这样两条迥然不同的思想路线,绝不是"文化保守主义"或者"现代新儒家"这样的符号可以概括得了的。[①]

就儒家原教旨主义进路而言,蒋庆无疑最具代表性与典型性。蒋庆对儒家思想持一种虔诚信仰的态度,这使得他有一种异样的危机心态与担当意识。他对近代以来的中国文化忧心忡忡,认为这是中国历史上前所未有的一次最全面、最彻底的文化歧出。但是,对历史性、现代性有意无意的忽视,使得他仅仅立足于民族性来阐发相关思想,最终导致了狭隘的文化民族主义。为了救治时病与寻求自性,他孜孜以求于找寻"以儒学解释儒学"、"以中国解释中国"的可能。如在寻求政治合法性上,他直言不讳地言道:"凡中国的政治秩序,依中国文化统治为合法,不依中国文化统治为不合法,而中国文化的代表则是继承王道文统的儒家文化,故中国的政治秩序依儒家文化统治为合法,不依儒家文化统治为不合法。"[②]这种极具判教性的言论,表明了他顽固的"中国中心论"的立场。在此立场下,儒学信仰不得不成了某些僵化的信条。如蒋庆最为关心的是政治儒学的建构,其理

---

① 黄玉顺:《当前儒学复兴运动与现代新儒家——再评"文化保守主义"》,《学术界》2006年第5期。

② 蒋庆:《政治儒学——当代儒学的转向、特质与发展》,三联书店2003年版,第207-208页。

想目标就是建立所谓"王道政治",但从来源上说,"王道"即儒家所说的"道统"。在"政道"(即政治权利的合法性)方面,蒋庆挺立公羊学的政治儒学,并根据公羊家言"参通天地人为王"、"王道通三",提出政治权利必须同时具有"天地人"的"三重合法性";在"治道"(即政治权利的制度性安排)方面,蒋庆提出了"议会三院制"(通儒院、庶民院、国体院)的设想,每一院代表一重合法性。蒋庆认为王道政治能够全面超越西方的民主政治,但其现实的可行性从来都是颇受质疑的。如在他所设计的"三院"中,所谓通儒院、国体院,乃是由一些处于社会边缘的儒生和帝王圣贤后裔所组成,这在现实中如何可能?对此,陈明批评道,对基本事实的牺牲与对现代价值的否定虽然使这样一种政治哲学赢得惊世骇俗的批判效果,但却不能不同时也使得这种批判的力量下降,使得它在现实社会中的落实变得异常艰难。[①] 无论如何,在无视乃至牺牲现实的前提下所做的任何选择,终将会被现实所抛弃。

可以说,虽然蒋庆致力于建构形下的政治儒学,但其思维方式却是典型的形而上学"宏大叙事",而原教旨主义虽有种种表现,但其根本正是这种形而上学的思想方法。黄玉顺批评说,他们不是努力建构一种现代性的儒学形态、以适应于现代性的生活方式,而是试图回到那种前现代的儒学形态、以退回到那种前现代的生活方式。这种原教旨主义儒学的思想方法,一种典型的表现,就是固执于前现代性质的"礼",即墨守前现代性质的社会规范建构及其制度安排,而殊不知这其实恰恰根本违背了孔子的"礼有损益"、"以义行礼"的教诲,违背了儒家的正义原则。由此而言,原教旨主义儒学是一种危险的思想倾向,它无助于、而有害于儒学的复兴,也无助于中国的崛起。[②] 如前所言,当下的中国毕竟是一个"现代性"的民族国家,

---

① 陈明:《所谓大陆新儒学:蒋庆、陈明、康晓光之分析与比较》,儒学联合论坛(www.yuandao.com)。

② 黄玉顺:《儒学与中国之命运——纪念五四运动九十周年》,《学海》2009年第3期,第44页。

在其现实的政治运作中无论如何都不会否认现代性的主体、价值、观念，所以，关键的问题并不是要不要现代性，而是如何落实现代性。在这个问题上，原教旨主义者难免有脱离现实之弊。

原教旨主义基于错误的历史观念，对儒学做了形而上学式的理解，因而它对现代新儒家的批判仍旧是不彻底的。那么，儒学的当代复兴究竟应取怎样的一种思想视域，才能既真正地接续儒家的精神又有效地切入当下的生活（亦即兼顾民族性与现代性）呢？为此，由"生活—存在"的思想视域出发，黄玉顺提出了"儒家当代主义"的复兴进路。

黄玉顺指出，他之所以把区别于儒家原教旨主义的这一路线称为"儒家当代主义"，就是因为它既不同于前现代主义和现代主义的立场，也不同于如今十分热闹的所谓"后现代主义"的立场。[①] 原教旨主义儒学奉行的仍旧是传统的儒学，因而是前现代主义的；现代新儒家建构的是现代主义的儒学，但在观念实质上仍旧不脱形上视域；"后现代主义"的立场则是指当前儒学复兴运动中的那些"反形而上学"的倾向，但其作为现代性的延展，仍旧有其形而上学的承诺。如上所述，就思想方式而言，这些主义或思维模式都无法有效地应对现象学的挑战。所以，黄玉顺指出，"儒家当代主义"必须超越前现代主义（亦即超越原教旨主义）、现代主义、后现代主义，从而在"生活—存在"的思想视域中重建儒学，重建形而上学。

那么，何谓"儒家当代主义"？这里的"当代"并不指称历史学意义上的历史阶段，而是意指的先在于时间性的当下生活。黄玉顺指出，当代性意味着"同时发生"（Contemporizing），意味着"在场"（presence），即意味着"同时在场"。换句话说，当代性所意谓的事情，乃是非时间性、前时间性的当下（immediateness）——当下的"存"、"在"，当下的"生"、"活"。[②] 比如，以当代性的观念来看，当代中国哲学已涵摄了中国古代哲学和中国未来哲学，因为古代哲学总是在当下被理解与诠释，未来哲学总是在当下被谋划

① 黄玉顺主编：《现代新儒学的现代性转折》，中央文献出版社 2008 年版，第 7 – 8 页。
② 黄玉顺：《爱与思——生活儒学的观念》，四川大学出版社 2006 年版，第 35 – 44 页。

与展望。由此而言，不论是前现代主义，还是现代主义、后现代主义，其实都是当下生活的不同的观念显现样式而已。也就是说，当代性虽然不同于前现代性、现代性，也不同于后现代性，但却涵摄了此三者，而这反映出一般的思想视域与“生活—存在”之视域的典型不同。在一般的思想视域中，我们往往将生活方式的历史形态视为儒学发展的历史形态的水土本源所在，一个时代的儒学终究是在面对着、解决着那个时代的生活中所产生的当代问题。然而在“生活—存在”这种新的视域中，任何具体的生活方式，只不过是作为源头活水的生活本身所显现出来的某种衍流样式，而生活本身作为存在本身，才是先在于任何存在者的大本大源，因而乃是前形而上学、前哲学、前概念的事情。由此，历史上作为理论学术构造的儒学的任何一种具体形态，都不能作为我们当前复兴儒学的标本，而我们必须回归于儒家的最本源的生活领悟，才能在儒学的当代复兴中成就一种在当下生活本源上的崭新的儒学重建，这样才能真正有效地复活儒家的精神，并避免原教旨主义儒学的危险。

正是在当代性的观念中，黄玉顺力引陈明为同道，认为尽管陈明与他的言说方式大为不同，但二人在立场、取向上却较其他人更为接近。有学者指出，陈明现在所致力的更多的是方法论的建构，他的具体主张和观点还有待于形成和明确[①]，而陈明自己也明确承认这一点。比如他指出，“即用见体”不是一种规范，而是一种描述，对历史真实的描述，它本身应该只是一种方法论性质的东西，而若是将它置于具体结构中作为具体命题评价则是不妥当的。[②] 黄玉顺之所以在很大程度上赞同陈明所提出的“即用见体”，就在于它本身已经预示着“体”的重建即形而上学的重建，但黄玉顺对陈明的赞同是有限的，因为在他看来，“即用见体”这个表达方式已经预示了、承诺了形而上的“体”，并没有彻底从“体—用”、“形上—形下”的传统架构中走出来，因而也就无法回溯到更为本源的思想视域中去追问“形而

① 刘彬：《“当代大陆新儒家”思想简析》，《学灯》第3期（www.guoxue.com）。
② 陈明：《即用见体再说》，儒学联合论坛（www.yuandao.com）。

上学何以可能”,而这恰恰是重建形而上学的关键一环。也正是由于这种不彻底性,陈明致力于从有机文化体的角度,指责现代新儒家只是过多地关注了儒学的哲学层面,从而无意于在哲学上重建儒学,而如前所述,在黄玉顺看来,这恰恰是儒学复兴的基础性工作。由此,陈明将视线转向更为实用的层面去重建儒学之体,这使得他的立场看似左右逢源,但却根基不稳。如陈明指出,如果说原教旨主义者把儒学当做教条信仰,有见其内在的神圣性而无视其外在的历史性,所表现的是一种形上学思维;自由主义西化派把儒学等同知识去分析,有见其外在历史性而无视其内在神圣性,所表现的是一种知识论倾向;那么他所坚持的是一种在知识与价值、情感与理性之间寻求平衡的解释学态度。[①] 陈明似乎由此走向了与黄玉顺一样的“居中”立场,但他的这个立场却是很脆弱的,因为他对所谓“历史性”与“解释学态度”的理解显然有问题,以至于当他以“人本主义的、实用主义的、经验主义的”来界定“即用见体”时,黄玉顺明确指出这种界定其实仍旧徘徊于传统的形而上学模式之中。[②] 与此相应的是,黄玉顺既批评了自由主义,又解构了所谓的保守主义,而陈明却因为游移于二者,受到了两方面的批评。

那么,黄玉顺立足于怎样的“当下”呢?他指出,面对生活,五四以来中国人最大的问题,就是本真的仁爱情感的欠缺,而这也是他最大的“现实关切”。由此,在当代性的视域中,黄玉顺力求在情感本源的基础上重建儒学哲学与形而上学,这典型地表现在他对“生活儒学”的建构中。黄玉顺认为,“儒家”绝不是一个什么“学派”,而是一种信仰,这种信仰乃渊源于“实用”的、现实的生活情感——仁爱情感,而这种情感是与历史时代的演变无关的,而“生活儒学”也不会把“学术理想”和“学术实用”截然分开,而是认

① 陈明:《所谓大陆新儒学:蒋庆、陈明、康晓光之分析与比较》,儒学联合论坛(www.yuandao.com)。

② 黄玉顺:《儒家思想与当代生活——生活儒学论集》,光明日报出版社2009年版,第264页。

为：任何学术都是源于生活、归于生活的，学术“实用”正是学术“理想”的生活本源所在。由此，“生活儒学”虽是儒家的，但不是“原教旨主义”的；它试图解决的乃是现实的问题，而不是“哲学史”的问题。[①] 与此相应，黄玉顺在他所谓的“当前的儒学复兴运动”中，就明确排除了那些仅仅把儒学作为“学术”对象去研究的工作。[②] 对于黄玉顺的“生活儒学”，本文不再多加论述，而只是想指出这么一点，这也就是人们对他质疑较多的一个问题，尽管他本人并不认为这是一个真正具有意义或有效性的问题，此即：“生活”距离“现实”究竟有多远？

总的来讲，当前的儒学复兴运动并不像现代新儒家那样“单纯”，其倾向很复合，有前现代主义（原教旨）、现代主义（接续现代新儒家），也有后现代主义（解构主义）、“当代主义”（或“当下主义”），这是一种全面的、全方位、多层次的展开。如前所述，由于现象学的问题不可回避，以上展开就不得不回应这一问题。黄玉顺声称他对现象学的研究不过是一种“策略”，但这一策略却又是必需的。值得指出的是，在生活本源的基础上重建形而上学，这就表明重建形而上学应该保持谦逊，要意识到自身的有限性与本源所在。由此反观当前的儒学复兴运动，不少人热衷于寻求政治合法性，寻求文化复兴，寻求儒学宗教，但却没有仔细考量他们如此建构的地基究竟如何？是否可能？方克立曾将之称为“喧腾的新儒家和很会造势的新儒家”，但需要注意的是，如何在当前热闹的复兴运动中保持足够的清醒，如何使这种热闹不仅仅是昙花一现，那么，根本上就需要用一种谦逊态度去冷静思考儒学复兴的地基究竟何在。殷海光曾指出：“一种言论如因合于一时一地的情绪偏向和希望而形成了所谓‘时代精神’而被普遍接受，那么

---

① 黄玉顺：《儒家思想与当代生活——生活儒学论集》，光明日报出版社 2009 年版，第 33 页。

② 黄玉顺：《面向生活本身的儒学——黄玉顺“生活儒学”自选集》前言，四川大学出版社 2006 年版。

错误的机会可能更多。这类‘时代精神’式的言论,等到时过境迁,回顾起来,加以检讨或分析,往往发现是‘时代的错误’。”[①]而在当前的复兴儒学的运动中,我们就要力图避免所谓“时代的错误”的出现。

① 殷海光:《学术与思想》(三),台北桂冠图书公司1990年3月版,第1314页。

当代儒学的观念转向

——生活儒学评论

龚传星

编者按：无论是当年的现代新儒家，还是当前的儒学复兴运动，就其生活本源或复兴之缘由而言，乃是“现代性诉求的民族性表达”或“民族性诉求的现代性表达”的必然结果。既然都是源于生活本源的“表达”，那么，如何理解各种“表达”的不同？其实，黄玉顺的“生活儒学”，既是“生活”的儒学，也是生活的“儒学”，它本身正是民族性（儒学）与现代性（当下的生活）相结合的表达。但问题是，与其他“表达”相比，“生活儒学”的不同之处及其意义何在？此文试图寻求黄玉顺“生活儒学”的定位或定性，指出“生活儒学”厘清了观念或表达的层级性，并由此回应了本源生活所提出的现代性与民族性的纠结问题，从而实现了复兴儒学的观念转向。

长久以来，对于中国现代性与民族性问题的打量有两种不同的方式，一种是“以西律中”，另外一种是“以中律西”，而这两种方式存在的共同问题是：没有切入当下。生活儒学以“面向生活本身”的态度，采取“观无”的方式，重新理解中国现代性与民族性问题，使该问题得以以更为透彻的观念来把握，为现代儒学开启了一种新的视域。可以说，生活儒学引领了当代儒学的观念转向。

一、现代性与民族性的纠结

现代性与民族性作为引人瞩目的话题在学术界引起强烈关注，是上个世纪 90 年代的事情，但现代性与民族性问题来跟中国照面，则是早在鸦片战争之时的事情。正是鸦片战争使这个问题浮出水面。不是说在此之前不存在这个问题,而是说这个问题处于隐晦不明之中。[①] 让现代性与民族性问题更具实质性地摆在我们面前的,则是"五四运动"。亲历过这场运动的杜威曾感叹道:

我们正目睹一个民族\国家的诞生(the birth of a nation),而出生总是艰难的。[②]

他的潜台词是:在此之前,中国不是一个 nation,于是面对着西方,民族性的问题也呈现出来了。在观念上如何处理现代性与民族性的关系,成为学界的重要课题。儒学复兴也脱离不了这个大的背景。民族性和现代性问题乃是思想领域的大事,因此最近思想界出现的动向都与此有关。对此,黄玉顺教授有着极为清晰的把握:

最近这些年来,中国大陆出现了一种非常重要的思想动向。我们从两个方面去看它,可以看得非常清楚:一个方面,我们来作一个历史的回顾,就会发现,自从"五四"以来,中国整个思想文化领域形成了一种三足鼎立的格局:一个是马克思主义;一个是自由主义,或者叫做自由主义西化派;再一个是文化保守主义,其中最有代表性的就是现代新儒家。[③]

早在 19 世纪末 20 世纪初,黄节就敏锐地察觉到了自由主义与保守主

---

① 其实在鸦片战争之前中西问题就存在,比如清廷前期的教案,只是那时强大的传统力量绝对地压制了这个问题。

② "John Dewey from Peking," June 1,1919,in Join Dewey and Alice C. Dewey,Letters from China and Japan,ed. by Evelyn Dewey,New York,1920,P. 209.

③ 黄玉顺:《儒学与生活——作为儒学复兴一种探索的生活儒学》,《人文杂志》2007 年第 4 期;人大复印资料《中国哲学》2007 年第 10 期全文转载。

义的分野，并分别提出批评：

其一为盲信己国派，此派以为己国所有者，视为至上无极，不知己国之外更有世界；若吾国古来自称为中华，其他皆鄙为夷狄之类是也。其二为无视己国派，此派以己国所有者，视为一无足取，一唯他国是崇拜，而不知国粹之为何意；若日本维新时，有唱言日本国语当易为英语、日本人种当杂以西种之类是也。二派者一主保守，一主进取，其望己国之为人上，而纯然有爱国心，一也。然其无常识，则均不能为二者讳。①

他认为："由前一派，则易生自慢心，而有增长国恶之患；由后一派，则易生自弃心，而有蹂躏国粹之虑。"②但最终黄节还是倾向于后一派，他说：

国家当过度时代，常识者既不可得，则与不及，无宁过之。国粹稍损，尚有恢复之望。国恶日长，将有危亡之虞。得百自誉者，不如得一自毁者，其犹有进步之望也。③

黄节的批评是基于常识，这个观念当然尚需仔细分辨，但有一点是确定的：思想领域关于民族性与现代性的思考有着不同的进路，各种致思进路的致命缺陷是显然的，且这些不同进路之间乃至于不可通约。可以说，现代性与民族性的问题一直纠结着近代乃至现当代中国的思想界。对这个问题困惑的不仅仅是中国思想界，事实上就是试图对"作为历史主体的民族"提出质疑的美国学者杜赞奇也很困惑：

---

① 黄节：《爱国心与常识之关系》，《壬寅政艺丛书·政学文编卷五》，184 页。台北文海出版社影印本。本文关于黄节的材料皆转引自罗志田著的《国家与学术：清季民初关于"国学"的思想论争》，三联书店，2003 年北京第一版。

② 黄节：《爱国心与常识之关系》，《壬寅政艺丛书·政学文编卷五》，184 页。

③ 黄节：《爱国心与常识之关系》，《壬寅政艺丛书·政学文编卷五》，184 页。

> 虽然我的目标是批判作为历史主体的民族，但是我深切地意识到，至今还没有什么能完全替代民族在历史中的中心地位。且不谈别的，不论是作为历史学家还是作为普通的个人，我们的价值观都是由民族国家所塑造的。①

杜赞奇没有意识到的是，对于这个困惑的解答恰恰就在于对"不论是作为历史学家还是作为普通的个人我们的价值观都是由民族国家所塑造的"这一事实命题的把握，因为这一命题传递出这样的信息：民族性就是我们切身的事情，切身的事情就是生活，我们要听从生活"语境"，这就是我们的天命。

我们要理解自己的生活，理解自己的生活的时代。我们的生活就是民族性的问题，现代性也必然是我们民族的现代性，不可能是其他什么东西的现代性。② 郝大伟和安乐哲很诚恳地建议："中国人不必为进入现代时代而抛弃他们以外的一切，因为西方本身也正在向一些新鲜意识看齐，这其中有些还与古代中国人的视角有相当的共鸣呢。"③但他们显然没有看到，中国的现代性是中华民族的现代性，或许现代性果真源于西方，但现在它是我们自己的事情。

黄教授提出的"生活儒学"就是以"面向生活"的态度打量现代性与民族性的"纠结"的。那么，"'生活儒学'的观念为何?"这一问题很自然地就呈现了出来。

---

① (美)杜赞奇:《从民族国家拯救历史:民族主义话语与中国现代史研究》王宪明译，社会科学文献出版社，2003年2月第一版，第4页。

② 这里需要提及的是我不会、也不可能从概念上来分析现代性，这不仅仅是"现代性"这个概念本身的问题，而是我担心概念式的梳理可能会遮蔽这样一个问题：无论承认与否，现代性是既存的，我们无法逃避。

③ 郝大伟 安乐哲:《先贤的民主——杜威、孔子与中国民主之希望》，何刚强译，刘东校，江苏人民出版社2004年五月第一版，第27页。

二、生活儒学的观念

“生活儒学”是在一次论坛的讨论中提出的，而其实际观念则出现得更早。[①] 用黄教授自己的话说：“虽然在这次讨论中，我才第一次明确地提出了‘生活儒学’的概念，但实际上在此前的一系列文章里，我就已实质性地提出了‘生活儒学’的思想。”[②]

“实质性提出‘生活儒学’的思想”的大致有三篇发表较早的文章，包括《“自由”的歧路——五四自由主义的两大脱离》、《语言的牢笼——西方哲学根本传统的一种阐明》以及《中西之间：轴心时期文化转型的比较——以〈周易〉为透视文本》，这三篇文章从不同的角度呈现出了“生活儒学”观念，收录在《面向生活本身的儒学——黄玉顺“生活儒学”自选集》第二部分里面。

就“生活儒学”提出的出发点来看，起手处乃是源于20世纪末、至今尚在发展中的“儒学复兴运动”，这次儒学复兴运动不仅仅是如何对待儒学的反思，更是儒学自身的反思，即儒学如何应对现代性和民族性问题的反思。把握“生活儒学”不能脱离这个背景。“不能脱离”决不意味着流于表面的“同情了解”，更关键的是着眼点要放在对这个背景所呈现的“儒学”观念的把握上。从这个方向来把握“生活儒学”才能不出现误读乃至错读。

就这个方向而言，从“打倒孔家店”到最近几年儒学的复兴，从表面上看，儒学是一个既可舍可弃、又可取可用的学问。我们可以把中国传统社会的辉煌归功于儒学，也可以把鸦片战争以来中国积贫积弱的罪魁祸首归结为儒学。那么，儒学到底对于我们来说意味着什么？回答这个问题之前，有一个问题率先呈现出来：如何理解儒学？黄玉顺教授认为：

---

① 黄玉顺：《关于“生活儒学”的一场讨论》，《面向生活本身的儒学——黄玉顺“生活儒学”自选集》。

② 黄玉顺：《面向生活本身的儒学——黄玉顺“生活儒学”自选集》前言。

谁都知道，儒学自从成立以来，从来不是铁板一块的。孔子之后，“儒分为八”（《韩非子·显学》），儒学从来不是“一”、而是“多”：有原创时代的儒学，有专制时代的儒学，有现代新儒学；其中每个时代，又有众多不同的儒学，例如宋代儒学，就远不止“濂、洛、关、闽”四家。①

的确，儒学不像物理、化学等学科，不是“一”，而是“多”，这样对于儒学就不能以“一言蔽之”的方式来言说。依据这样的观念，对于儒学的任何总结性或者概要性的言说都是偏颇的，其言说的内容都不是儒学或者不完全是儒学。这里实际上拒绝以“种加属差”的方式为儒学下定义。这种拒绝并不是拒绝“儒学”的言说方式，而是拒绝“对儒学……”的言说。

这样，黄玉顺教授提出“生活儒学”就要面临着这样的问题：如何保证生活儒学不是“对儒学……”的言说？这是源始的问题，却不是必须要首先回答的；首要的是在观念上回应西方哲学的问题，即：我们言说中国儒学的时候，西方哲学处于一个什么位置？当然，这只是一个姑且的说法。当提到“位置”的时候，就有一种把西方哲学对象化的嫌疑，这种嫌疑最大的问题是使得中国儒学也成为一处于某“位置”上的存在者，一个供我们打量的对象。儒学显然不是。

生活儒学自然是从生活开始的。人们或许要问：“生活”到底是什么东西？依照生活儒学的观念，这样的问法是观念不彻底的表现。因为这样表明有一个叫“生活”的东西现成摆在那里，我们可以描述它、研究它，这样生活就是一个存在者，而这恰恰不是生活儒学的观念。我们在生活，不能自外于生活去探究生活。但黄玉顺教授毕竟要对生活有一个言说，即要写文章、要演讲。一方面，生活儒学认为，作为本源的生活是不可说的，“道可道，非常道”；另一方面，又不停地言说着生活。不可说与可说之间看似出

① 黄玉顺：《论儒学与哲学的关系——对任文利先生批评的回应》，《学术界》2007年第4期。

现了紧张。黄玉顺教授认为这看似紧张其实是不紧张的,他提出了言说方式两层区分的观念:

> 生活既不可说,也可以说。这取决于我们的言说方式。存在两种不同的言说方式:一是符号的言说方式,一是本源的言说方式。①

符号的言说方式,言说的对象乃是物,即是对存在者的言说。而本源的言说方式,言说的是"生活",是"无"。这两种言说方式并不仅仅是在形式上的区分,更是在观念上的区分。符号所指,必定有一对象,其"言之有物",这里蕴含着"主客"二分的观念;本源的言说方式,意味着必定没有言说对象,或者说言说对象是无,没有"主客"二分,其蕴含的是本源的观念。为了更快地切入生活儒学的核心观念,首先与我们照面的是观念层级的划分问题。

《易》有三义:"简易、不易、变易",理解生活儒学的一个方便法门莫过于"三个观念层级",从形下、形上、本源三个观念层级出发去理解把握生活儒学,乃是"简易"之法。

观念层级的划分,实际上是物界划分在观念上的呈现。而最明确的形上观念层级划分是在《周易·系辞传》中出现的:"形而上者谓之道,形而下者谓之器。"这里明显有形上、形下两层观念。这里需要说明的是,《系辞传》中所说的"形而上"自不同于西方的 Metaphysic,但不同于 Metaphysic 并非表明没有 Metaphysic 所蕴含的观念。正如当代学者张世英所认为的:中国古代哲学讲"本与末、源与流、根与枝的关系,认为本根无形而先于或者优于枝末,所谓'形而上者谓之道,形而下者谓之器',裂道与器为二,道优先于器。这种形而上学从存在论上的立论,…… 中国哲学史上的形而上学

① 黄玉顺:《面向生活本身的儒学——生活儒学答问》,《面向生活本身的儒学——黄玉顺"生活儒学"自选集》。

主要的是这样的形而上学。"[1]中国哲学的分际观念，也就是张世英所说的"裂道器为二"的观念，在《系辞传》中鲜明地表现了出来。《系辞传》说"易有太极，是生两仪，两仪生四象，四象生八卦"，形而上与形而下乃是一种生成关系。

但黄玉顺教授显然认为这种两分不够透彻。《老子》云："天下万物生于有，有生于无。"这里显然有三个层级的划分：无——有——万物。如何理解"有"呢？回到《老子》原话："道生一，一生二，二生三，三生万物"，可以看出，"有"与"一"相对应，是唯一、绝对的存在者。其实也就是"形而上者谓之道"之形而上之存在者。于是，黄教授给出的观念层级是这样的：

本源情感（存在）→ 本体（形而上存在者）→ 人伦物理（形而下存在者）

他说："这是观念层级的递转，就是我们的全部观念、我们整个精神生活的生成过程。"[2]从这三个观念层级出发，我们很容易切入生活儒学的核心观念：生活。生活就是三个观念层级之最本源层级。

集中阐述"生活"观念，是在《爱与思——生活儒学的观念》附论二《生活本源论》。黄玉顺教授在这篇文章中认为，儒学的一切必须"从'生活本源'说起，但须注意，所谓'生活本源'并不是说'生活的本源'。生活没有本源，因为生活本身就是一切的一切的本源"[3]。

黄玉顺教授首先是从"生活本身"说起的：

> 在生活本源的层级上，所谓历时与共时的时间观念本身尚待生成；并且，生活本身也还没有"我们的"与"他们的"之"分别相"。[4]

---

① 张世英：《天人之际——中西哲学的困惑与选择》，人民出版社1995年版，第115、116页。
② 黄玉顺：《爱与思——生活儒学的观念》，四川大学出版社，2006年12月第一版，第3页。
③ 黄玉顺：《爱与思——生活儒学的观念》，第185页。
④ 黄玉顺：《爱与思——生活儒学的观念》，第186页。

从生活本身即从我们当下说起，此“当下”不仅涵摄了共时的我们的“生活”，亦涵摄了历时的他们的“生活”，因为在本源处，无分别相。

在黄玉顺教授看来，生活被中国先民领会为“生——活”，这样就有两个方向来把握生活。就“生”而言，它呈现的是中国先民对“草木——大地”这一自身事情的最深切领悟：

> 草木就是我们，我们就是草木。这是因为，我们与草木共同生活在这大地上。生活本身在本源层级上并没有区分我们的生活和草木的生活：本源的生活是共同的生活。①

黄玉顺教授是从《说文解字》开始讨论的，当然这种讨论方式是合法的，因为中国的汉字是象形字，前人实际上是依据自己的生存情景造字的，字的形、音都会不经意的透露出那个时候的生活样态。正因为这样，许慎对于“生”的解释就很有意味：“象草木生出土上。”在黄教授看来，许慎用草木作为比喻，是因为草木是我们自身。我们与草木没有分开，而这就是生活，就是本源。

另外一个方向是就“活”而言。我们经常说“还活着”，这个“活”是指生理上呼吸还正常进行。就“进行”而言，已经很接近“活”字的源始意。在《诗经》中“活”是描述“水流动的声音”：“河水洋洋，北流活活”，许慎的《说文》亦认为：“活，流水声。”（《说文解字・水部》）就“活”本身而言乃是与水有关的事情：活从氵、从舌，是形声字，“舌”是声，无意义，其义符是“氵”。朱子诗云：“问渠那得清如许？为有源头活水来。”水流动，自然是源源不断，生生不息。故“活水”乃是有水源而常流不断之水。对于长流之水，我们自是无法说出“它是什么”，因为当说到“是”，它恰恰又“不是”了。水流有声，故可倾听，“子在川上曰：逝者如斯夫，不舍昼夜。”夫子就是在倾听，

① 黄玉顺：《爱与思——生活儒学的观念》，第187页。

“夫子亟称于水:水哉! 水哉!”夫子倾听、称于水,自是从中领悟了什么。领悟到了什么呢? 他没有明确说出,而“如斯”一语却使其意味不期然显露出来。“如斯”,斯,这样,如斯,就像这样。夫子在这里不是采取的命名的方法,而是直陈的方式,因生活如水,长流不息无法断然命名。而夫子领悟,亦是领悟来自生活的消息,领悟天命。黄玉顺教授认为:

> 所谓人“活着”,并不是说他首先已经是一个人,然后他才拥有生活。人“活着”是说,首先是因为他倾听生活,然后他才能生活;他能生活,他才“成人”——成其为人。①

他认为,“活”字最早是表示流水声,但却较早地用来表示我们的“生活”。“活”字出现在《诗经》中有四次,而最早的两个例子是在《周颂·闵予小子之什》出现的,都是在说本源的事情。《载》、《良耜》描写的都是本源的生活。这样,“草木——大地”、“我们——生活”的生活情景呈现出来。

至此,实际也否定了对“生活”进行“是什么”式追问的合法性。因为:

> 生活如水,涌流不已。“活”字显示着生活的“活”动性、“流”动性。这里一切现成性、凝固性都被消解了。②

“是什么”的发问方式实际上是把“生活”当成一现成性的东西来追问,就像追问桌子是什么、凳子是什么一样。但,“生活”不是什么。既不是“意志主义、生命哲学所谓的‘生命’(Leben),也不是存在主义、包括海德格尔所谓‘生存’(Existenz);既不是梁漱溟所谓‘生活’也不是唐君毅所谓‘生

---

① 黄玉顺:《爱与思——生活儒学的观念》,第189页。
② 黄玉顺:《爱与思——生活儒学的观念》,第189页。

命'"。[1] 黄玉顺教授特别提出"生活即是存在,存在即是生活"的命题。[2]他对此的解释为:

> "生活即是存在"意味着:存在本身并不是任何物的存在,生活本身不是任何人的生活。生活本源之为本源,就是这样的真正彻底的"无前设性"(Voranssetzungslosigkeit):既没有先验的"纯粹意识领域"的前设,也没有生活之外的"存在本身"的前设。显然,唯有生活本身才是这样的本源:在一切的学、问、思、辩、行之前,我们就已经在生活。[3]

既然"生活"消解了凝固性,"攻其一端斯害也已",那么任何基于"一端"的观物之观自然也消解了。

北宋的胡瑗有一段话很值得回味:

> 《易》之作,专取变易之义,盖变易之道,天人之理也。以天道言之,则阴阳变易而成万物,寒暑变易而成四时,日月变易而成昼夜;以人事言之,则得失变易而成吉凶,情伪变易而成利害,君子小人变易而成治乱。故天之变易归乎生成而自为常道,若人事变易则固在上位者裁制之如何耳。[4]

胡瑗认为"《易》之作,专取变易之义","变易之道"乃是"天人之理",很切合儒学的核心观念,《论语》有一段话很有意味:

---

① 黄玉顺:《爱与思——生活儒学的观念》,第193页。
② 黄玉顺:《爱与思——生活儒学的观念》,第194页。
③ 黄玉顺:《爱与思——生活儒学的观念》,第49页。
④ 胡瑗:《周易口义·发题》,文渊阁四库全书本。

可与共学,未可以适道;可以适道,未可以立;可以立,未可以权。(《论语·子罕》)

权,秤锤,可以称物而知轻重,以合时宜。在孔子看来,共学、适道、立并非不可,但终究不如权变。而权即是以时而动,"与时偕行"(《周易·乾·文言》),其意涵乃是变。孟子言孔子乃"圣之时者"(《孟子·万章下》),得之矣。

在孟子那里还有对"变易"观念更为详细的论述:

徐子曰:"仲尼亟称于水,曰:'水哉,水哉!'何取于水也?"孟子曰:"源泉混混,不舍昼夜。盈科而后进,放乎四海,有本者如是,是之取尔。苟为无本,七八月之闲雨集,沟浍皆盈;其涸也,可立而待也。故声闻过情,君子耻之。"(《孟子·离娄下》)

朱子注:"源泉,有源之水也。混混,涌出之貌。不舍昼夜,言常出不竭也。""源"置于"泉"前,意为流动不息之泉。"混混",《晋书·傅咸传》:"江海之流混混,故能成其深广也。""混混"同"滚滚",是水奔流不绝的样子。孟子在这里的关注点不是水而是源,无源之水,如七八月之间的雨水,来势虽猛,而干涸也快。究其原因,在于其不流不动,无源无本。孔子称水"逝者如斯,不舍昼夜",注意到并不是水之为水本身,而是后面的"源",只有"源"泉才能不舍昼夜。本源之源,本身具有水流起处的意义,也正是如此,它也具有运动不息、奔流不止的意味。

"生活儒学"以"生活"为大本大源,正是儒学"时变"观念的续延,而"观"的方式的转化恰恰是基于时变。

三、观念的转换

如果说"生活儒学"所秉持的"面向生活"态度乃是一种观念之"念",

则其来源则是观念之“观”，即源于观的态度。

《庄子·秋水》谈到两种“观”的态度：以道观之、以物观之。在《秋水》看来，这两种态度是对立的，“以道观之，物无贵贱；以物观之，自贵而相贱”。在作者设定的情景中，河伯在涨水时“欣然自喜”，相对于灌河的“百川”秉持“自贵”的态度。及其“顺流而东行，至于北海，东面而视，不见水端”只有“望洋兴叹”。河伯望洋兴叹，乃是一种反思。这反思使得他不再“自贵”，然而这不并非意味着他放弃了“以物观之”的态度。如果说先前的态度是以“河”观“洋”，“自贵而相贱”，则现在则是以“洋”观“河”，这同样是“以物观之”的态度。“以我观之”和“以物观之”这两种“观”的态度决不可把握为应有的视角，如果说“以物观之”是从“河”与“洋”两个角度，则“以道观之”是没有视角的。

现代性与民族性之所以会出现“纠结”，就在于采用了“以物观之”的方式。“以物观之”，民族性与现代性的问题就是中西问题，但这一视角立刻使我们陷入了中西二元的思维模式，即把中、西对象化打量。对象化的打量，意味着这一问题已经不关乎我们自身的生存，不再是生活本身的事情。自我观之，中国传统文化尤其是儒学远胜于西学，甚或西学之科学、民主皆可自儒学开出。自他观之，西学乃现代性之学，唯有舍弃中国之本土之学，引入西学方可就成中国之现代性。前者谓之保守主义，后者谓之自由主义。

以前者言：“无论是政治学术道德文章，西洋的法子和中国的法子，绝对是两样断断不可调和牵就的”，“因为新旧两种法子，好像水火冰炭，断然不能相容”，“若是决计革新，一切都应该采用西洋的新法子”。[①] 就后者而言，“传统文化的价值系统在本质上是可以独立于社会政治秩序之外的。因此，封建帝制的瓦解并不意味着传统文化的没落，相反传统文化的发掘

① 陈独秀：《独秀文存》，安徽人民出版社 1988 年版，第 152 页。

倒足以为显示的变革提供某种动源”。①

“作《易》者其有忧患乎!”双方之论都是基于对于近代中国的强烈的忧患意识,然现时中国现代化进程并未取决于保守主义与自由主义之争,这着实是学界面临的一个很尴尬的问题。因此,必须重新打量现代性与民族性的问题,“重新打量”不仅仅意味着问题的回顾,同时必须伴有打量方式的转换即“观”的方式的转换。由于问题的一致性,甚至可以认为打量方式的转换是更为重要的,否则重新打量就毫无意义。打量方式的转换、或者说“观”的方式的转换,即是观念的重建。这种重建必须保证不是一方式的简单的选捡,而是“以道观之”,即以更为透彻的观念去打量现代性和民族性。黄玉顺教授认为:

> 现代性的诉求,源于我们当下的生活情境,此乃生活本身的演流的一种历时样态,也就是现代性的生活样式;民族性的表达,源于我们在这种生活情境中的生活领悟,而这种领悟中涵摄着我们的共同传统。然而,所谓“传统”绝非存在者化地、对象化地、现成化地摆在那里的“客观”的东西,可以供我们来打量、研究、继承或者不继承;而是被收摄于我们当下生活“共在”之中的事情,传统就在生活之中。②

生活儒学之“观”即是“以道观之”之“观”,即“观无”。黄玉顺教授在《论“观物”与“观无”——儒学与现象学的一种融通》一文中区分了“观物”与“观无”两种不同之观,认为:

---

① 郑家栋:《儒家思想的现代走向及其命运》,《现代新儒学研究论集》(二),方克立 李锦全主编,中国社会科学出版社,1991年12月第一版,第2页。

② 黄玉顺:《现代新儒学研究中的思想视域问题——〈现代新儒学的现代性哲学〉导论》:《中国传统哲学与现代化》,第4-5页。

在中国思想中,"观"有两层不同的意义:一是"观物",是有所观之观;二是"观无",是无所观之观。观物之所观者,或者是形而下的存在者、"万物",或者是形而上的存在者、"道之为物",故有所观;而观无之所观者,则是存在本身,是"无物"、"无",故无所观。而在儒家,这种"无物"的存在本身,就是作为大本大源的生活情感、尤其是爱的情感;而观无作为无所观之观,实质上是一种生活领悟。这样的生活情感、生活领悟,是先行于任何存在者、任何物的"事情本身"。①

据此,黄教授实际上是以"生活"取代了"物",而生活又是"无",即其并无任何视角。以生活观之,现代性与民族性皆收摄在当下,是生活本身的事情。

在这里,"生活儒学"之"回到生活"意味着一崭新视角的出现。以生活为源始,"生活儒学"实际上就既拒绝了"自由主义",也拒绝了"儒学原教旨主义":

基于这样一种立场,我首先会反对自由主义西化派的那么一种倾向,那么一种主张。"五四"以来的两个全盘、两大脱离,脱离传统,全盘西化,我是坚决反对的。但另外一方面,我也反对另外一种倾向,那就是所谓"儒家原教旨主义"。它仅仅注意到了民族性这么一个维度,而忽视了现代性的维度,忽视了当下的生活样式,那也是不行的。②

① 黄玉顺:《论"观物"与"观无"——儒学与现象学的一种融通》,《四川大学学报》2006 年第 4 期。

② 黄玉顺:《现代新儒学研究中的思想视域问题——〈现代新儒学的现代性哲学〉导论》:《中国传统哲学与现代化》。

这种拒绝不是简单的拒斥。首先,"生活儒学"并不拒斥"西学",新儒家亦不拒斥西学。李翔海在总结新儒学主要理论特点时,把"援西入儒"单列为一个特点。[①] 当然,"生活儒学"更不拒斥传统资源。正如雅各布·布格哈特在《世界历史沉思录》中所言:"严格地讲,只有野蛮人才对文化遗产的优点无动于衷,因为他们一直未能破开他们的祖先在遥远的过去所确立的文化外壳。"[②]"生活儒学"所言的拒绝,是从观念上进行彻底的重建,进而以更为透彻的观念去打量,换句换说"生活儒学"所拒绝的是呈现为"中、西对举"的形而上学观念。因为"今天的哲学早已经把这种形而上学的思维方式解构了"[③]。

这样,"生活儒学"以更为透彻的观念开启了"以道观之"的全新视域,透过此新视域,不仅现代性和民族性的问题得到重新打量,儒学自身也将得到重新打量,无疑此举意味整个现代儒学的转向。

---

① 李翔海:《现代新儒学述评》,《求是》,2004年6月。

② 【瑞士】雅各布·布格哈特:《世界历史沉思录》,金寿福译,北京大学出版社2007年6月第一版,第7页。

③ 黄玉顺:《现代新儒学研究中的思想视域问题——〈现代新儒学的现代性哲学〉导论》:《中国传统哲学与现代化》。

生活儒学

——中国当代儒学的两种新形态之一

吴 光

编者按:此文认为,“生活儒学”代表着当代儒学发展的一个新方向,其主要代表是林安梧的“生活世界的儒学”、龚鹏程的“生活的儒学”与黄玉顺的“生活儒学”。问题是,即便如吴先生所意识到的,这三位学者都试图在现代新儒家之外开辟复兴儒学的新方向,但若仅仅从三者都曾提到“生活”、“儒学”这些核心词汇入手,就将三者划归为同样一种理论形态,恐难成立。在上述三位学者之外,尚有其他人提出过这些概念或词汇,那么,他们是否都可归为一种形态呢?恐怕未必。当然,吴先生并未如此简单地就将上述三位学者归为一类,比如,他试图标明:三位学者都曾提到的“实践”观念之间虽然存在着联系性,但三者的“实践”并不是在同一层次上展开的。林安梧的“后新儒家的实践概念”既然是“以其自为对象主体的对象化活动作为启点的”,龚鹏程的“生活实践”既然是“社会实践”,那么,他们又如何应对经验论的困境?黄玉顺的生活“实践”却有存在(生活)、形而上、形而下三个层级的展开,且认为“存在”(生活)意义上的实践才是源头活水。①

关于儒学复兴的问题,如果在20年前的中国,那简直是天方夜谭,或被视为痴人说梦,所以当1988年杜维明先生在新加坡召集“儒学发展的问

① 参见黄玉顺:《生活儒学:关于“实践”的一种“理论”——答干春松教授》,《杭州师范大学学报》2009年第3期;《“实事求是”命题的存在论意义——依据马克思“实践主义”哲学的思考》,《广西民族学院学报》(哲社版)2001年第6期。

题与前景"国际学术研讨会时,多数的学者对"儒学复兴"的前景是悲观或怀疑的,所以杜维明引用唐君毅先生的话感叹"儒门淡薄,花果飘零",余英时先生在会上提出"儒学游魂"说时,颇获得众多的掌声。[①] 然而时隔20余年,一个儒学复兴运动已经在中国、在东亚兴起,这已经不是或然的问题,而已是不争的事实了。那么,如何看待这个儒学复兴运动?儒学复兴的方向可能导向何处?在这个儒学复兴运动中如何重新解读与重塑儒学的核心价值观?这是本文要着重探讨的问题。

……

那么,新世纪儒学复兴的理论形态舍"新心学"、"新理学"、"新儒教"之外是否还有其他可能的发展方向呢?我认为是有的,这就是以黄玉顺为代表的"生活儒学"与本人所追求的"民主仁学"的发展方向。

其实,"生活儒学"的概念最早是由台湾新儒家学者林安梧、龚鹏程先生提出的。

林安梧教授在上世纪九十年代讨论当代新儒学发展方向的代表作《儒学革命论——后新儒家哲学的问题向度》中就已明确提出了"走向生活世界的儒学"的观点。他是从与儒家经典《论语》的"交谈"中体悟"生活儒学"的真谛的。他指出,熊十力、牟宗三等新儒家的理论缺失是其"实践论的缺失",此一"缺失在于这实践是境界的,是宗法的,是亲情的,是血缘的,是咒术的,是专制的",而"后新儒家的实践概念"则是"以其自为对象主体的对象化活动作为启点的,是以感性的擘分为始点的,是以整个生活世界为场域的,是以历史社会总体为依归的"[②],他又说:

> 我读《论语》,《论语》读我,在世界中读,在生活中读。……"仁是生命的源头活水",此当在人间之生活世界开启,此是具体

① 参见杜维明主编:《儒学的宏观透视——新加坡1988年儒学群英会纪实》,台北正中书局1997年版。

② 林安梧:《儒学革命论·序言》,台湾学生书局1998年11月版,第1页。

> 的、实存的，此具体实存当以最切近之家庭开启。①

这是林安梧首次提出“以整个生活世界为场域”的“后新儒家的实践概念”和“走向生活世界的儒学”的证据。据林自述，他从1994年撰写《后新儒家哲学论纲》到1998年出版《儒学革命论》这本书，已经在多篇文章里论述了这一概念。但略感遗憾的是，他并未系统论述“走向生活世界的儒学”理论，而是忙于从事构建他的“后新儒学”哲学体系，并将论述的重点转向了其“外王——内圣”的“社会哲学”论上了。

曾任台湾南华大学、佛光大学创校校长的龚鹏程教授是一位融通儒、佛、道并具有理论创新精神的人文学者。他在研究现代新儒学利弊得失的基础上，从与当今一般新儒家学者谈论道德心性之学完全不同的角度探讨了当代儒学重建的方向，主张扩大儒学的实践性，让儒学从社会生活中全面活起来，从而提出了他的“生活儒学”理论。龚指出：

> 所谓“形而上者谓之道，形而下者谓之器”，儒者之学，本来是上下一贯的，故孔子论仁，辄在视听言动合礼之处说。荀子常说礼本于“太一”，而见于饮食衣冠应对进退之间，也是这个意思。但后世儒家越来越强调形而上谓之道的部分，尽在道、仁、心、性上考诠辨析，忽略了视听言动衣食住行等形而下谓之器的部分。……于是儒学遂越来越成为一种高谈心性道理，而在生活上无从表现的学问。因此，现今应将“生命的儒学”，转向“生活的儒学”。扩大儒学的实践性，由道德实践及于生活实践、社会实践。除了讲德行美之外，还要讲生活美、社会人文风俗美。修六礼、齐八政、养耆老而恤孤独、恢复古儒家治平之学，让儒学从社会生活中全面活起来，而非仅一、二人慎独于荒斋老屋之间，自尽其心、

① 同上书第九章之六：“结语：走向生活世界的儒学”，第221－223页。

自知其性而自谓能上达于天地。①

这个从"'生命的儒学'转向'生活的儒学'"的理念,确实与一般心性论或政治论不同,可谓为当代儒学的发展开辟了新的空间。

在"生活儒学"的成型过程中,龚鹏程虽比林安梧前进了一步,但仍然缺乏系统的、明确的论述。这一系统化的工作是由中国大陆新一代儒家学者黄玉顺先生完成的。

自本世纪初以来,黄玉顺在报刊、网络上发表了多篇论述"生活儒学"的思想来源、哲学内涵及发展方向的文章,他将这些文章结集成书,于2006年9月由四川大学出版社出版了《面向生活本身的儒学——黄玉顺"生活儒学"自选集》一书,同年12月,又由同社出版了《爱与思——生活儒学的观念》一书,作了更系统化的论述。在这些论著中,黄玉顺着重阐述了如下观点:

第一,"生活儒学"的提出,有其当下的语境。首先是当前儒学复兴运动的现实语境。这种现实语境,就是我们身处其中的当代生活样式本身。

第二,"生活儒学"是"关于'实践'的一种'理论'"。它追溯到生活本身,认为唯有生活,才是我们的"大本大源"、"源头活水";认为儒学发展的真正"动力"不在儒学之中,而在生活之中或曰"实践"之中。其所以要凸显本源性的生活情感,正是要在思想上、学理上既警惕儒学原教旨主义又在理论上确保儒学的"价值先在性"。

第三,"生活儒学"论者秉持多元主义文化观,力图超越"中西对峙"的形而上学思维方式,既明确表示反对自由主义西化派的立场,也警惕另外一种危险性——"企图拒绝现代民主制度而回到某种前现代的政治合法性"的儒教原教旨主义。

由此可见,黄玉顺的生活儒学理论,是一种面向现代生活实践去重建

① 参见:龚鹏程著《儒家的饮馔政治学》,载南华管理学院版《1997年度龚鹏程学思报告》;《饮食男女生活美学》,台湾立绪文化公司,1998年9月版。

儒学价值观的儒学存在主义论。这较之港台新儒家的心性论和蒋庆式的政治儒学论无疑更贴近现代生活，因而很可能获得较大的发展空间，但其缺陷是尚未阐明生活儒学的体与用，也未建立起一套生活儒学的范畴体系。

……

我相信，时代在“日新、日日新”，儒学也必须与时俱进。如果新时代的新儒学能够真正形成“内圣外王”协和统一的“圆教”，则儒学的复兴必然成为21世纪的新文化运动，其发展前景将是无限光明的。

黄玉顺“生活儒学”之理论创构

郭　沂

编者按：本文节选自中国社会科学院郭沂先生即将出版的编著《开新——当代儒学的理论创构》一书的导读部分。在此书中，郭先生将近年来创建儒学理论的路径大致划为四种形态，黄玉顺被视为其中“取法西方现代哲学”的主要代表之一。但是，这里的“取法”究竟何谓、究竟在多大程度上切合于黄玉顺“生活儒学”的实际，则是可以讨论的。

在儒学发展史上，如果说二十世纪九十年代牟宗三的逝世标志着一个时代的结束的话，那么同样是九十年代在中国大陆悄然兴起的儒学复兴运动则预示着另一个时代的到来。

真正的儒学复兴，从来就不是一种情绪宣泄，它意味着儒学本身与时俱进，适应时代的要求，在理论创新的基础上有了实质性的进展，并重新为全社会所接受，成为人民大众的主体信仰和行为准则。在这个过程中，理论创构是最根本、最关键的环节。

令人欣慰的是，大陆儒学界在经历了数十年的痛苦磨难后，已经与港台以及海外学者一起，开始探索儒学理论发展的未来方向。

总览近年儒学理论创构的园地，已百花初放，异彩乍现，渐入佳境。根据致思路径的不同，我将其归为四种形态：一是走出牟宗三，以杜维明、林安梧为代表；二是引入马克思，以李泽厚为代表；三是取法西方现代哲学，以成中英、刘述先、安乐哲、黄玉顺为代表；四是基于中国传统哲学，以张立文、牟钟鉴、郭沂为代表。以下试图撮此十家儒学创新理论之要点，以飨读者。

…………

黄玉顺是以现象学为切入点来建构其新儒学理论的。他一方面反对“五四”以来脱离传统、全盘西化的态度,也反对所谓“儒家原教旨主义”。至于儒学复兴的进路,他指出要同西方哲学、特别是二十世纪西方哲学展开对话,所以他选择了现象学作为对话的对象。通过儒学与现象学的比较研究,他提出了“生活儒学”的构想,在当代思想前沿的观念上,复归生活,重建儒学。其中包含着三个基本的层级:生活本源、形而上学、形而下学。

生活儒学所说的“生活本源”并不是说的“生活的本源”。在生活儒学的话语中,生活 = 本源。生活不是存在者,而是存在本身;用儒家的话语来说,生活不是“物”,而是“事”。生活本身,包括生活的本源情境(共同生活)、生活的本源结构(在生活并且去生活),以至于生活的情感显现,诸如“怵惕恻隐之心”这样的事情。这就是说,儒学的复兴,首先面对着现实的语境。这种现实语境,就是我们身处其中的当代生活样式本身。唯有生活,才是我们的“大本大源”、“源头活水”。“生活儒学”就是面向生活本身的儒学。所谓“面向生活”,就是:我们的一切的一切,无不源于生活、归于生活。所以,儒学的重建必须以生活为本源。这是孔子当初创建儒学的夫子之道,也是我们今日重建儒学的必由之路。

我们既然意识到了生活是形而上学的本源、形而上学是形而下学的根据,那么,形而上学、形而下学的重建就是可能的。

“形而上者谓之道,形而下者谓之器。”道这样的物、存在者是形而上的,是“一”,对它的思考就是形而上学;而器这样的物、存在者是形而下的,是“多”,对它们的思考就是形而下学。科学是形而下学,技术是对这种形而下学的应用;伦理学也是形而下学,社会规范的设计是对这种形而下学的应用。如果说,形而下学是对万物、某种存在者或某个存在者领域的思考,那么,形而上学就是对唯一绝对之物、作为终极根据的那个存在者的思考。形而上学就是狭义的、纯粹的“哲学”,它所思考的乃是作为所有存在者的最后根据的那个存在者——本体。这就表明了这样一种生成关系：形而上学 → 形而下学。这种生成关系就是说：形而上学是形而下学的根据。

“生活本源”和“形而上学”有这样两个层级的区分：形而上学的言说所指涉的是存在者，而生活本源的言说所指涉的是存在本身。这种存在本身，就是生活本身、生活情感、生活领悟。

重建形而上学是必然的、必要的、不可回避的事情。形而下学的重建主要涉及我们今天的两个基本领域：知识论、伦理学。

黄玉顺把生活儒学的意义概括为这样两句话：凡是现存的，都是本源的；凡是现存的，都是应当超越的。第一句话的意思是：凡是现存的，都曾经是前此的某种形而下学的构造，但是，无论如何，对于当下的我们来说，它们都是我们的在生活之际遇，我们只有由此出发，才能去生活而超越。第二句话的意思是：凡是现存的，纵然都是我们的在生活之际遇，但是，我们必定去生活而超越它们，而这种去生活而超越，同样归属于我们的在生活之际遇。生活儒学只是告诉我们：我们向来在生活，并且总是去生活。整个“生活儒学”的构想，就是想在我们自己的当下的生存、当下的生活、当下的情感这样一种本源上，来改变我们的生活。

和其他学者一样，黄玉顺对当今儒学予以历史定位，提出了不同于牟宗三和杜维明的“儒学三期”说：第一期为原始的儒学，包括西周时期（五经原典）、春秋时期（孔子思想）和战国时期（曾思孟荀）三个阶段。第二期为蜕变的儒学，包括古代的专制儒学和现代儒学两个阶段。第三阶段为当今重建的儒学。他指出，这个分期意味着，孔孟之后，亦即轴心时期以后的儒学，大体上属于应该被解构的形而上学儒学。我们必须回到孔孟，看看他们是如何在本源的生活感悟上去建构儒学的，这样才可知道如何在我们当下的生活样式的本源上来重建儒学。

…………

“生活儒学”与“当代性”观念

崔　罡

编者按：儒学的当代发展，面临着如何应对当代性的问题。但在回应这一问题时，由于对于何谓“当代性”在理解上存在着差异，儒学的当代发展仍旧处于摸索之中。在作者看来，杜维明、林安梧虽然不同于前此的现代新儒家而有了某种程度的当代转向，但这种转向尚不足以充分地满足当代性对于本源生活的呼唤。黄玉顺有意识地致力于从本源上回应当代性问题，但就其在此本源上建构而言，仍有相当长的路要走。

……

杜维明将自己的学术旨归明确表述为两项：其一为“儒学的理论体系与发展前景”①，其二为“为儒学的发展不懈陈辞”②。这二者其实可以合二为一，那就是把不同文明之间的“文明对话”视为二十一世纪新儒家的新使命。③ 而他的基本问题意识何在呢？他说：

> 面对21世纪，我们要积极参与关于儒学与宗教、儒学与生态环保、人权、政治自由主义、新马克思主义、女性主义或女权运动、人文精神、全球伦理的对话、尊重并相应各方面对儒学和现代新

---

① 杜维明：《儒学的理论体系与发展前景》，《中华文化论坛》1999年第1期。

② 杜维明：《为儒学的发展不懈陈辞》，《读书》1995年第10期。

③ 杜维明：《新轴心时代的文明对话——兼论二十一世纪新儒家的新使命》，（马来西亚）《南洋商报》2001年1月1日。

儒家的批评、倡导儒学的精神在当代学术、商业、企业、媒体、民间社会、社会运动、政治制度与意识形态等各领域、各层面发挥积极作用。①

这种姿态已经与梁、冯、牟、唐等人完全不同了。杜维明所陈述之众多问题无一不是今天全世界共同面临的问题，也无一不是可以被涵盖在现代性危机之下的问题。尽管没有使用“当代性问题”这一提法，但其问题意识的转换已十分明显。而在此过程中，儒学的价值又当如何呢？杜维明“对儒学的一个最基本的信念，就是认为它所讲的做人的道理，可以适用于全人类”②。而杜维明的基本姿态则是：

我想假若儒家人文精神的重建能继承启蒙理性（自由、理性、法制、人权和个人尊严的基本价值）而又超越启蒙心态（人类中心主义、工具理性的泛滥、把进化论的抗衡冲突粗暴地强加于人、自我的无限膨胀），并充分证成个人、群体、自然与天道面面俱全的安身立命之坦途，应能为新轴心文明时代提供思想资源。③

至此，当代儒学的定位已然成型：儒学作为一种思想资源以一种完全独立的姿态进入到当代性问题当中，并最终完成对当代性问题的回应。然而，杜维明却始终未能回答一个更加具有现实性的问题，那就是：如此众多、如此凌乱、如此驳杂的现代性危机问题，儒学能够一一作出回应吗？要不要回应是一回事，能不能回应是另外一回事。在儒学中，我们真正能够挖掘出应对这些问题的资源吗？正如有的研究者指出的那样，杜维明的思

① 杜维明：《为儒学的发展不懈陈辞》，《读书》1995年第10期。
② 郭齐勇：《论杜维明的学术思想》，《中国哲学史》2002年第4期。
③ 杜维明：《新轴心时代的文明对话——兼论二十一世纪新儒家的新使命》，（马来西亚）《南洋商报》2001年1月1日。

想中内涵着“问题意识方面的‘跟风’、‘救火’现象。西方流行什么问题，自己就有必要炒作什么问题吗？哪里出现问题，哪里就要有儒学吗？如果缺乏理论上的支撑，不仅救不了火，反而会惹火上身”①。

然而，此种状况归根结底并非由杜维明决定的，而是由当代性问题自身的发展状况决定。20世纪以来的西方学界对于现代性危机的探讨，最终被表述为上述诸多问题。如果这些问题无法进行进一步收拢与归并，并在最根本的层次上提出最具有涵摄性与根本性的问题的话，当代性问题的解决是完全不可能的。而事实已然证明，西方的学术传统无法完成这一使命。突破西方学术的桎梏，寻求更深层次的视野，才是当代性问题的可能方向。而当代儒学的第三阶段正在尝试完成这一使命。

当代儒学在思维取向上实现对杜维明突破的是林安梧。林安梧对于以建构形上学为基本形态的现代儒学有着明确的批判意识。他致力于“后新儒学”的建构，认为：

> （后新儒学）大概分两个向度在走，一个基本上是继承着牟宗三先生原来所建构的那个哲学结构而继续往前走。……另一个称之为“批判的新儒学”。……“批判的新儒学”基本上是对牟宗三先生的系统作一个历史的回溯之后，给予一个分判。②

这就开启了一种新的思想视域。那么，此种“分判”如何实现呢？这就是林安梧强调的“生活世界”的观念。他说：

> 强调“生活世界”的优先性，而与此“生活世界”同时俱起的则

① 崔发展：《让儒学的活水流向世界——杜维明对“儒学第三期发展前景”的探索》，黄玉顺主编《现代新儒学的现代性哲学》，北京·中央文献出版社2007年版，第297页。

② 林安梧：《John Makeham 访谈林安梧论“新儒学”与“后新儒学”》，台湾《鹅湖》月刊，第三〇卷，第八期，总号三五六。

是人之作为“活生生的实存而有”，进到此生活世界之中，而开启了新的生活世界之感知，进而再由此新的生活世界之感知经由一对象化之历程，推提而上，并再回向于生活感知中，此时自然就起了一新的认知之历程。①

毫无疑问，林安梧的问题指向已经不再是如何去建构儒学的哲学结构，而在于建构哲学结构何以可能了。然而，就林安梧的整体思考而言，仍然缺乏两方面的警醒。其一，他本人所说的“生活世界”究竟指的是什么？如果指的就是现实的人生感知的话，又与个体的经验有何差别？如果形上学的建构立足于个体经验的话，又如何应对近代以来以先验建构为主流的哲学传统？在这个意义上，林安梧的思想视域是经验主义的。其二，他的“生活世界”能否实现对整个西方学术的批判与超越？如果不能的话，又如何来应对从一开始就具备世界性意义的当代性问题呢？

无论如何，以批判形上学为目的的当代儒学取向已经被提出了，进一步的问题显然是如何完成批判这一使命。而在此问题上作出有益尝试的是黄玉顺的生活儒学。

就笔者的阅读视野而言，黄玉顺是最早明确提出要严格区分“现代儒学”与“当代儒学”的，甚至“‘当代主义’（Contemporarism）”这个词都是他根据英文构词法生造的。他说：

这里所谓“当代”，是指的这样一种思想视域：既不同于正在接受深刻反省的“现代性”思想，也不同于所谓“后现代”思想。我们用“当代”来标志这样一种思想视域，这种思想视域不仅超越了

① 林安梧：《儒学与中国传统社会之哲学省察》，第6~7页，台北·幼狮文化事业公司1996年。

前现代的视域，而且超越了现代性的视域。①

那么，如何最终实现这种“超越”呢？那就首先要对“现代性”与“当代性”进行更为精准的定位。黄玉顺认为现代性的全部建构是一种形上学的乃至于形下学的建构，此种建构是存在一定的问题的：

从观念建构的角度讲，作为形而下学的知识论及科学理论、伦理学及道德原则，本身都需要某种终极“根据”(Grund)来为之“奠基”(Fundierung)；这种为之“奠基”的终极“根据”，也就是形而上学所思考的东西：“存在者整体”或“存在者之为存在者”，亦即传统哲学所谓“本体”。②

这事实上就把现代性危机最终哲学化和理论化了。那么，最终的出路又当如何呢？他认为：

当代思想的视域，就是生活—存在的视域。这种视域不仅追问“形而下学何以可能”，而且追问“形而上学何以可能”；这种视域追问“主体性何以可能”、“存在者何以可能”；这种视域之所思，是存在本身、生存本身、生活本身。如此这般的生活—存在，是一切物与人的大本大源所在，是一切存在者与主体性的源头活水所在。③

---

① 黄玉顺：《现代新儒学研究中的思想视域问题——〈现代新儒学的现代性言说〉导论》，黄玉顺主编《现代新儒学的现代性哲学》，中央文献出版社2007年版，第1页注1。

② 黄玉顺：《现代新儒学研究中的思想视域问题——〈现代新儒学的现代性言说〉导论》，黄玉顺主编《现代新儒学的现代性哲学》，中央文献出版社2007年版，第2页。

③ 黄玉顺：《现代新儒学研究中的思想视域问题——〈现代新儒学的现代性言说〉导论》黄玉顺 主编《现代新儒学的现代性哲学》第3页 中央文献出版社2007年版。

至此,当代儒学的基本问题已经初步提出。按照此种精神,黄玉顺主编完成了《现代新儒学的现代性哲学》。此书的构想是要在当代儒学的视域下,实现对现代儒学的反思和批判。从这个意义上来讲,这应当是目前较为重要的当代儒学文本了。

但是,构想只是构想。当代性问题仅仅是被初步提出。这种提法尚未得到学术界更大范围的认可,更未曾与今天的西方学界发生交锋。这意味着,以"生活—存在"为基本视域的生活儒学式的当代性问题尚有很长的路要走。从其自身的理论构建而言,对"生活—存在"尚无更为充分的阐释,对于此本源如何实现为形而上学奠基也缺乏足够的论证,它如何避免成为一种情境主义?又如何避免成为类似海德格尔"此在"式的形上学设定?这些问题仍需要足够的警醒。从其外部的理论遭遇而言,如何实现与其本身有着极大亲缘关系的海德格尔现象学的最终分离、如何实现与现代儒学的最终分别、研究者又如何摆脱自身所处于其中的中国现代化问题、又如何完成对西方学术的全面批判,也都需要进一步完成的。

当然,即便在未来的学术发展中,生活儒学只是一家之言,但其在当代性问题上的开拓性进展也是不容置疑的。当代儒学应当以更高姿态参与到关乎全人类的重大问题上。在最低程度上,当代儒学应当成为继20世纪三大西方学术主流之后、对现代性危机作出回应的第四种可能性。在此意义上,则需要学者作出更多的努力,提出更多的可能性。

附　录

生活儒学

《百度百科》

生活儒学是黄玉顺教授所创立的一种儒学理论，是当代儒家的一个重要学派，在海内外产生了广泛影响。

生活儒学作为一种当代儒学形态，意在发掘儒学所蕴涵的某些能够穿越时空、超越历史地域的观念，使儒学能够真正有效地切入当今世界的社会生活。生活儒学认为，这种观念就是“生活”或者“存在”的思想视域。这种思想视域是孔孟儒学所固有的、而为孔孟之后的儒学（自汉儒直至现代新儒学）所长久遮蔽的观念层级；后者作为轴心时期以后的形而上学，建构了存在者化的“形而上者—形而下者”的观念架构，但却遗忘了先行于此的生活存在。为此，生活儒学对汉语“生”、“存”、“在”、“活”、“道”、“天”、“命”、“仁”、“诚”、“聖”等一系列基本词语进行了系统的训诂考据，并对孔孟儒学思想进行了重新诠释。

因此，生活儒学的本源观念或首要关键词就是“生活”。这种“生活”观念既不同于西方生命哲学、意志主义的那种存在者化的“生命”（life）观念，也不同于中国现代新儒学的那种同样存在者化的“生命存在”或“生活”观念。生活儒学的“生活”观念作为“存在”观念，是通过与西方现象学的平等对话而揭示出来的，黄玉顺因此成为最新研究领域“儒学与现象学比较研究”的开拓者之一。生活儒学与现象学的对话，主要涉及德国现象学家胡塞尔（E. Husserl）、舍勒（M. Scheler），尤其是海德格尔（M. Heidegger）。生活儒学批判了海德格尔“存在”（Sein）观念的不彻底性、其“此在”（Dasein)观念对于“存在”的僭越、其“存在”与“生存”(Existenz)观念的分离，得出了“生活即是存在，生活之外别无存在”的思想结论，认为所有一切形而下者、形而上者皆源于生活而归于生活。

由于对于儒学的这种“生活”观念的重新揭示或者说是对于“存在”视域的重新发现，生活儒学充分地敞开了重建儒家形而上学、形而下学的可能，从而既避免了后现代主义的那种拒斥形而上学的相对主义，也避免了“原教旨主义”的那种坚持传统形而上学的绝对主义，使得儒学传统摆脱了“魂不附体”(丧失了赖以存在的古代生活方式及其制度基础)的历史尴尬，能够重新进入当下的生活。

由此，生活儒学将人类全部可能的观念区分为三个层级：生活存在→形而上存在者→形而下存在者。这与《老子》思想观念的层级结构是一致的，即：无→有→万物。(《老子》说：“天下万物生于有，有生于无。”)区别在于：《老子》将存在与仁爱对立起来；而孔孟儒学则认为，生活存在的原初显现正是仁爱情感，因此，唯有仁爱才是所有一切形而下者、形而上者的大本大源、源头活水。这才是儒家与道家的思想分野。这种思想被概括为：爱，所以在。

据此，生活儒学重新诠释了儒家的“性情”或者“情性”学说。传统的儒家形而上学设置了“性→情”的观念架构，也就是“本—末”(性本情末)和“体—用”(性体情用)的架构，甚至得出了“性善情恶”的判断。生活儒学认为，在孔孟儒学那里，还存在着另外一种意义的情感观念，即：情→性→情。后一种“情”(末、用)作为“性”(本、体)之所发，只是一种形而下者的存在，即是一种可善可恶的道德情感；然而前一种“情”却是生活存在的直接显现，乃是存在者化的“性→情”的本源所在。这种本源性的“情”就是仁爱，也叫做“诚”。《中庸》所说的“不诚无物”是说的没有仁爱就没有任何存在者(诚不是物却生成所有物，仁爱不是存在者却生成所有存在者)；“成己”、“成物”是说的仁爱生成主体性存在者、对象性存在者。

于是，生活儒学的思想系统分为三个层级：

（1）生活论的存在论。诸如：生活本源、本源的仁爱情感显现、生活的本源情境（前主体性的共同生活）、生活的本源结构（在生活→去生活），等等。

（2）形而上学的重建。包括：主体性的重建、本体论的重建。

（3）形而下学的重建。包括：关于人的伦理学的重建、关于自然界的知识论的重建。

生活儒学的代表作有：专著《爱与思——生活儒学的观念》（四川大学出版社2006）；文集《面向生活本身的儒学——黄玉顺“生活儒学”自选集》（《儒藏》学术丛书）（四川大学出版社2006）、《儒学与生活——“生活儒学”论稿》（《儒藏》学术丛书）（四川大学出版社2009）、《儒家思想与当代生活——“生活儒学”论集》（光明日报出版社2009）。

黄玉顺（1957—　　）：男，成都人。中国新世纪儒学复兴运动的代表人物之一。中国社会科学院哲学博士，师从著名中国哲学史家、冯友兰哲学传人蒙培元先生。原为四川大学哲学系教授；现任山东大学儒学高等研究院副院长、教授、博士生导师，四川大学博士生导师。兼任国际儒学联合会理事、中国哲学史学会理事、中华孔子学会理事、中国社会科学院儒教研究中心学术委员、中国人民大学孔子研究院学术委员、四川大学国际儒学研究院学术委员会副主任。

川大教授倡导"生活儒学"

中国社会科学院儒教研究中心2005年6月14日在北京成立,四川大学哲学系教授黄玉顺受聘为研究中心学术委员。7月14日,黄玉顺接到通知,受邀参加在北京召开的儒教研究中心首次年会。

风采　穿牛仔裤做活路

"这就是我做活路的地方。"黄玉顺一边指着他的小屋,一边嘿嘿地乐着。他是一名精瘦的中年男人,瘦得让人感觉用针也挑不起一丝肉来。或许,就像玩笑话说的那样,是被他自己连续不断的抽烟烘的吧。

四川大学竹林村,一间外墙的砖都开始风化的小屋,儒者黄玉顺就是在这里研究学问,或者,像他自己说的那样,做活路。不到10平方米的客厅,一排书橱镶挂在一面墙上,一个大书柜与一张电脑桌靠立着另一面墙。屋中央的茶几上垒放着两叠书,其中一摞的最上一本书封面印着"四书五经"。

黄玉顺黑发整齐地梳成三七分,鼻梁上架着一副黑框眼镜,镜片后眯着双眼,笑,透出几分书卷气。浅褐色休闲T恤、蓝色牛仔裤,这是儒者黄玉顺身上的时尚元素。

黄玉顺给自己点完一支烟后,搬过电脑椅,坐到茶几旁。坐定后,他口中的烟和着他的男中音缓缓飘出:"近年来儒学出现了复兴运动……"

黄玉顺,是中国"生活儒学"的倡导者。

生活　人要健全必到群体

一支烟抽罢，稍歇片刻，黄玉顺又点燃了另一支烟。生活儒学就是面向生活本身的儒学，日常的生活就能体现儒学，儒学能指导生活。黄玉顺与儿子同校，儿子在川大主修生命科学。一天，儿子告诉了他一个想法：不愿住校宿舍，想自己在外面租房住。

黄玉顺给儿子讲孔子汇编《诗经》的故事。“孔子评《诗经》上说‘兴观群怨’。群，就是要跟大家在一起，要会跟人们打堆。我告诉他，要成为一个健全人，就要在群体中生活，多与他人交往，所以，搬出集体宿舍自己租房子，其实不是一个好主意。”讲述这个故事的时候，他欠起身子，说：“看看，这就是儒学在我们生活中的应用。”

对儿子的“生活儒学”教育效果如何呢？黄玉顺大笑着说：“儿子选修了我的课，他说是要来听听儒学，听听他老子一天到晚在讲些啥子。”

选择　请我吃肉不宜搞儒学

想当黄玉顺研究生的学生很多，黄玉顺对学生有两个要求：“一要有人文关怀，二要有悟性。”这也是他选择研究生的原则。

要做黄玉顺的研究生先得跟他喝茶，黄玉顺笑着说，“我一般要请报我研究生的学生喝茶”。边喝茶，边聊天，喝喝聊聊中，黄玉顺镜片后的那两只老是眯缝着的眼睛，会像雷达一样精确捕捉学生的信息，判断他是否适合研究儒学。

曾经有个女生长得很漂亮，想拜黄玉顺为师，为了进一步通关，这学生还请他吃饭、喝酒、饮茶。虽经熟人介绍、酒肉香茗款待，但黄玉顺最终还是没有选择那个学生做自己的研究生。黄玉顺不喜欢学生通过这样的方式当他的学生，“恰恰是她的这些行为，暴露了她可能不适合搞儒学”。

《天府早报》2005 年 7 月 16 日　A06 版　记者：罗巨浪、胡泽文　实习生：黄杰瀹

自古蜀中出名士

魏东林

古蜀，历来神秘。从三星堆的青铜器，到金沙的金箔，无不显出这个曾经被认为是荒原的地方，拥有的灿烂文化。

这里，上有汉赋大家司马相如和扬子云；中有创立蜀学的三苏父子；下有艾芜、巴金、李劼人。总之，这个地方从来不缺乏文人，从来不缺乏儒士，侠士亦从这里走出。

近代以来，戊戌六君子的刘光第和杨瑞，经学大家王闿运与廖季平，艺术大师张大千和蒋兆和，单单说十大元帅里面，就有四人从四川走出。

说这里人杰地灵，藏龙卧虎，毫不夸张。

我抱着一种略带神秘的心态，继续着"遍访天下名师"的计划。以前我请来的四川老师是四川师范大学的"长衫先生"李里老师，生得儒雅，颇有古风。因为这个关系，四川对我来说，多了一层神秘。

这次入川，拜访了很多先生，年龄不一，都是饱学之士。比如四川大学哲学系的黄玉顺教授，是我入川见的第一个老师。

一下飞机，我和同事马不停蹄赶到黄老师所在的四川大学。来之前，跟黄老师有过一点联系，约好时间地点见面。正值下班，堵车高峰，弄得我的心情跟高峰的交通一样紧张，心想初次见面，就让老师久等，后果不敢妄想。

走进约好的饭馆，立刻扫视，很快便找到黄老师。他笑眯眯跟我们打着招呼。我们于是落座，看着他的笑，我们的心也同时落地。

黄老师说他喜欢喝青梅酒，除去早餐，几乎每顿必喝。黄老师说话，只能用“看”而不是听，因为他真的可以说是“眉飞色舞”。他的眉毛就像不愿受到他眼睛的束缚，不断挣脱，向上挣扎，频率和幅度完全跟黄老师的语速成正比。

听黄老师的学生说，老师上课允许学生抽烟，很是随意。听到这儿，我突然想起汪曾祺笔下，在西南联大时期的闻一多先生：“闻先生点燃烟斗，我们能抽烟的也点着了烟，闻先生打开笔记，开讲：‘痛饮酒，熟读《离骚》，乃可以为名士。’”好惬意，好痛快的魏晋遗风。

黄老师在学术方面，也颇有建树。他是哲学史家蒙培元先生弟子，一生所从事的学术研究也紧密和人生、生活相关联。我们从他的些许论文题目里就可以看出：《面向生活本身的儒学》、《爱与思——生活儒学的观念》、《儒学与生活——“生活儒学”论稿》、《儒家思想与当代生活——“生活儒学”论集》。都是黄老师的学术专著，又本本和生活相关。

跟黄老师对话，思想要转动很快，他所涉及的范围很广，从成都民俗扯入老师的本专业哲学，然后又到历史，又到经济，无所不谈。无所不谈而不胡诌，句句有自己真切的看法，这个才是对话者必须跟上思想的缘故。

时间有限，匆匆一晤，已是深夜十一点，不能耽搁老师休息，我们只得告辞。

…………

凡有读书人品格的人，对于他人的成就，总不会有半点的轻蔑，但是对于自己的贡献，也不愿说半句故作谦虚的假话。鲁迅先生在1935年为《中国新文学大系·小说集》的序言里，回顾中国1926年以前的小说时，这样写道：“在这里发表了创作的短篇小说的，是鲁迅。”不骄傲，不狂妄，但是不假谦虚，当仁不让。这个就是文人的自重，与神圣之自尊。

跟文殊院的宗性大和尚座谈，他说四川不出高人，只出怪人。我没有问为何，但是细细想来，的确如此。这“怪”字，恐怕是出格，不按常理，做事出乎意料之谓。比如司马相如和卓文君，比如让杨贵妃给自己脱鞋的李太白，此等蜀中名士皆是怪异狂妄之辈。

后来到武侯祠，才明白这里面的根源。成都人不买刘备的账，虽叫汉昭烈庙，但就认诸葛武侯，任它牌匾高悬，只称这里"武侯祠"，至今如此。四川人的不在乎，骨子里的高傲与轻蔑，估计就是大和尚说四川人"怪"的根子。而也正如此，也就有了"自古蜀中出名士"的说法。

黄玉顺先生侧影

慧 子

在去万州开会之前，我没有听说过黄玉顺先生，也不曾读过他的著作。但在短短三天的会议交往中，他的为学与为人却令我万分钦佩。会议结束后，认真读了黄老师有关“生活儒学”的一些著述，对其学术理路更加理解，越发钦佩其高远见识与宏阔构建，尤其感佩黄老师理论构筑背后的一颗仁爱之心。黄玉顺先生学养深厚，博通古今中西哲学，小学国学工夫非常深厚，其为人仁爱宽厚，幽默平和，学术上立足于“生活儒学”，肩负儒学重建重大使命，其超凡的思辨能力与批判意识，学界罕见。他的存在是中国学界的幸运。

我对他的第一印象是气度不凡。那是在火车上，他正与他的学生用四川话讨论哲学问题。黄先生言语不多，颇为平和，但句句中的。从精神气质上，我感觉他是一位从事西学研究的学者。后来他因注意到我在阅读《四书章句集注》而与我交谈，言谈中我了解到他是教中国哲学的老师。“教书的，姓黄。”他就是这么简单地介绍了自己。我也就这么简单地把他当做了有西学背景的中哲老师。直到会议现场，我在与会人名单上看到了唯一一个黄姓学者：黄玉顺，四川大学哲学系教授、博士生导师。（在GOOGLE上搜索“黄玉顺”，有55,400条结果，并且大部分是黄老师的学术文章）看来，这个黄老师，不简单啊！

一个学者

从言谈中，我了解到黄老师的西哲功底很是深厚，他不仅熟悉从古希腊到现象学乃至后现代的哲学理路，而且对每一种哲学流派都有批判性的理解。他强调哲学的任务是批判。不管西方哲学，还是中国哲学，本身都存在许多问题，所以不仅要批判结论，还要批判其入思起点和思维过程。批判之后应是重建。生活儒学即是儒学重建的成果。现在一些从事文论研究的学人利用西方哲学资源分析文学文本，固然不错，但西哲本身是存在问题的，如果不加批判地引为文论研究资源，就会使文学研究也走上歧途。

作为致力于中国哲学研究的黄老师，其国学小学功夫实在了得，20 世纪 90 年代便著有《易经古歌考释》。如今古汉语小学功夫已成为许多学人学术进路的瓶颈。中学不通，西学行之不远；西学不通也难精国学。中与西相互对照，缺少任何一方都难以真正理解问题。在黄老师的言谈与著述中，恰是体现了中西互照的思想光芒。

一个儒者

研讨会上一些发言人的论述并不尽如人意，黄老师并不直指发言中的学理上的逻辑错误，而是采用一种善意宽容的批评，总能指出每个发言的优长，隐微地提出不足和改进方向。这其实是一种“仁”的体现。黄老师对生活儒学身体力行，在他身上你能感到智性的光芒与平和的温暖。他待人亲切幽默，从不给人压力；与此同时，他也总能显出一种威严。这就是孔子所谓的君子吧！

在儒家学理上，黄老师批评原教旨主义，认为孔子时代的礼已不符合现今时代的生存方式，面对新的生活方式应对儒学进行重建。黄老师认为：“生活儒学”首先给出这样一种本源情境：第一，存在、生活先行于任何存在者，爱先行于任何物；第二，爱生成人与物，生成存在者。这就是儒家的最基本的观念。

一名老师

“我不喜欢别人称我为学者，而愿意被人叫做老师，因为那是我的职业。"黄老师爱谈他的学生,言语中流露着对学生的关爱。他的学生们也爱谈他,提起黄老师他们简直两眼放光,赞不绝口。"黄老师对我们非常关心,经常请我们吃饭。当然在学术上,老师对我们的要求是非常严格的。每两周一次研究生儒学研讨会,每两个月一篇学术论文,要完成这样的学术要求就必须读书思考。中国哲学其实是很难,不仅要懂中国哲学,还要熟悉西哲,不仅要懂哲学,还要精通古汉语文字、音韵和训诂等,压力很大。能有黄先生做导师,真是幸运!"他的一位学生如是说。

读书路上,与黄老师的相识是一次天赐的学术奇遇。他让我更加亲近了儒学,与他的交谈拓展了我思想视阈,调校了我的读书规划,更重要的是他让我对爱有更深入的理解,更加相信爱。希望上帝保佑他身体健康,平安幸福,著出更多的学术成果!当然黄老师会说儒家不谈神,"子不语:怪、力、乱、神"。那就愿爱将他护佑!

2009年11月15日

黄玉顺“生活儒学”论著目录

(1999—2009)

壹、《面向生活本身的儒学——黄玉顺“生活儒学”自选集》

(四川大学出版社2006年9月第1版)

前言

第一部分

1.《关于“生活儒学”的一场讨论》:中国儒学网(www.confuchina.com)

2.《生活儒学导论》:《原道》第十辑,北京大学出版社2005年1月第1版

3.《面向生活本身的儒学——“生活儒学”问答》:中国儒学网(www.confuchina.com)

4.《从“西方哲学”到“生活儒学”——清华大学人文学院讲演》:《北京青年政治学院学报》2005年第1期

5.《绝地天通——天地人神的原始本真关系的蜕变》:《哲学动态》2005年第5期

6.《论生活儒学与海德格尔思想——答张志伟教授》:《四川大学学报》2005年第4期

第二部分

1.《“自由”的歧路——五四自由主义的两大脱离》:台湾《鹅湖》2000年第12期、《学术界》2001年第3期、人大复印资料《中国现代史》2002年第3期

2.《语言的牢笼——西方哲学根本传统的一种阐明》:《四川大学学报》

2002 年第 1 期、人大复印资料《外国哲学》2002 年第 2 期、《新华文摘》2002 年第 6 期

3.《中西之间:轴心时期文化转型的比较——以〈周易〉为透视文本》:《四川大学学报》2003 年第 3 期、人大复印资料《中国哲学》2003 年第 9 期

第三部分

1.《谈谈良知问题——四川大学讲演》:中国儒学网(www. confuchina. com)

2.《形而上学的奠基问题——儒学视域中的海德格尔及其所解释的康德哲学》:《四川大学学报》2004 年第 2 期、人大复印资料《外国哲学》2004 年第 5 期

3.《儒家良知论——阳明心学与胡塞尔现象学比较研究》:《阳明学刊》(第一辑)贵州人民出版社 2004 年版

4.《儒家心学的奠基问题》:《湖南社会科学》2004 年第 1 期

5.《为科学奠基——中国古代科学的现象学考察》:中国儒学网(www. confuchina. com)

6.《儒学的生存论视域——从蒙培元先生〈情感与理性〉说起》:《中华文化论坛》2004 年第 2 期

第四部分

1.《“中西比较哲学”之我见》:《儒学评论》河北大学出版社 2005 年版

2.《我们的语言与我们的生存——驳所谓“现代中国人‘失语’”说》:《南京师范大学文学院学报》2004 年第 4 期

3.《“文化保守主义”评议——回复陈明的一封电子邮件》:《学术界》2004 年第 5 期、人大复印资料《文化研究》2004 年第 12 期

第五部分

1.《梁漱溟文化思想的哲学基础的现象学考察——重读〈东西文化及其哲学〉》:《文化与人生:梁漱溟先生诞辰 110 周年纪念文集》重庆出版社 2004 年 5 月第 1 版

2.《“伦理学的本体论”如何可能？——牟宗三“道德的形上学”批判》:《西南民族大学学报》2003 年第 7 期

3.《唐君毅思想的现象学奠基问题——〈生命存在与心灵境界〉再探讨》:《思想家》(第一辑)巴蜀书社 2005 年版

后记

贰、《爱与思——生活儒学的观念》

(四川大学出版社 2006 年 12 月第 1 版)

叙说

第一讲　观念的层级

一、等同与对应:定名与虚

二、观念的层级

三、是、有、在:儒家“存在”观

第二讲　爱的观念

一、性

二、情

三、爱

第三讲　思的观念

一、西方哲学的“思”:认识论困境

二、中国思想的“思”:爱与思

三、思的建构性:从形而上到形而下

第四讲　境界的观念

一、工夫问题

二、孔颜乐处

三、境界问题

附论一　汉语“观念”论

上篇　观念是念

下篇　念出于观

附论二　生活本源论

一、生活本身：生活之为生活

二、本源情境：我们在生活中

三、本源结构：在生活并且去生活

四、生活显现样式：生活方式

叁、《儒学与生活——“生活儒学”论稿》

（四川大学出版社2009年12月第1版）

前言

一、生活儒学的阐明

1.《儒学与生活：民族性与现代性问题——作为儒学复兴的一种探索的生活儒学（中国政法大学讲座）》：《人文杂志》2007年第4期；人大复印资料《中国哲学》2007年第10期全文转载

2.《生活与爱——生活儒学简论》：《郑州航空工业管理学院学报》2006年第4期

3.《论儒学与哲学的关系——对任文利先生批评的回应》：《学术界》2007年第4期

4.《“价值”观念是何以可能的？——基于“生活儒学”阐释的中国价值论》：《四川大学学报》2007年第1期

5.《谈谈“生活儒学”以及公民道德问题》：《北京青年政治学院学报》2006年第2期

二、生活儒学与现象学的比较

1.《复归生活重建儒学——儒学与现象学比较研究纲领》：《人文杂志》2005年第6期；人大复印资料《中国哲学》2006年第1期全文转载；《FrontiersofPhilosophyinChina》2007年第2卷第3期全文译载（translatedbyHuangDeyuan）

2.《论“观物”与“观无”——儒学与现象学的一种融通》：《四川大学学

报》2006 年第 4 期

3.《论“仁”与“爱”——儒学与情感现象学比较研究》:《东岳论丛》2007 年第 6 期

4.《论“恻隐”与“同情”——儒学与情感现象学比较研究》:《中国社会科学院研究生院学报》2007 年第 3 期

5.《论“一体之仁”与“爱的共同体”——儒学与情感现象学比较研究》:《社会科学研究》2007 年第 6 期

三、孔孟儒学的生活儒学诠释

1.《孔子仁学的现代意义何以可能? ——依据生活儒学的阐明》:《理论学刊》2007 年第 10 期

2.《“刑”与“直”:礼法与情感——孔子究竟如何看待“证父攘羊”?》:《哲学动态》2007 年第 11 期

3.《恻隐之“隐”考论》:《北京青年政治学院学报》2007 年第 3 期

四、现代儒学的生活儒学审视

1.《现代新儒学研究中的思想视域问题——〈现代新儒学的现代性哲学〉导论》:《中国传统哲学与现代化》,中国文史出版社 2007 年版

2.《当前儒学复兴运动与现代新儒家——再评“文化保守主义”》:《学术界》2006 年第 5 期

3.《儒教与形而上学问题——对鞠曦、陈明、蒋庆的评论》:《恒道》第四辑,吉林文史出版社 2006 年版

4.《儒学与制度之关系的生活渊源——评干春松教授〈制度儒学〉》:《中国图书评论》2007 年第 3 期

五、关于生活儒学的附录

1.《人天然是儒家——四川大学〈儒藏〉学术讲座》(王开队):四川大学古籍整理研究所《儒藏通讯》第四期

2.《儒学与现象学的分野——关于〈生活儒学导论〉的对话》(杜霞、黄玉顺):《原道》第 14 辑,首都师范大学出版社 2007 年版

3.《关于“生活儒学”的若干问题——四川大学哲学系“儒学研讨会”现场录音》(王廷智等):中国儒学网(www.confuchina.com)

4.《“隐士”与“后现代”——专访四川大学哲学系黄玉顺教授》(何晓鹏):《中国新闻周刊》2006年第45期(2006年12月)

5.《隐逸——在历史夹缝中的逍遥》(黄玉顺):《科技与生活·财富生活》2007年8月号

6.《事件与自觉:生活与儒学——论民族性与现代性问题》(黄玉顺)

后记

肆、《儒家思想与当代生活——“生活儒学”论集》

(光明日报出版社2009年9月第1版)

一、生活儒学的阐明

1.《爱的观念:儒学的奠基性观念》(中央民族大学讲座):《求是学刊》2008年第4期

2.《“儒学”与“仁学”及“生活儒学”问题——与李幼蒸先生商榷》:《四川大学学报》年2008第1期

3.《生活儒学:关于“实践”的一种“理论”——答干春松教授》:《杭州师范大学学报》2009年第3期

4.《生活儒学与形而上学之关系——致胡治洪教授》:《学术界》2008年第1期

5.《形而上学略论——回复陈明先生的一个跟帖》:《湖南社会科学》2008年第5期

6.《生活的观念》(首都师范大学讲座)

二、生活儒学的儒学史论

1.《儒学当代复兴的思想视域问题——“儒学三期”新论》:《周易研究》2008年第1期(人大复印资料《中国哲学》2008年第5期全文转载)

2.《思想及其历史的生活渊源——论“思想史”及其“对象”问题》:《湖

南社会科学》2009 年第 2 期

3.《注生我经:论文本的理解与解释的生活渊源——孟子“论世知人”思想阐释》:《中国社会科学院研究生院学报》2008 年第 3 期

4.《反应·对应·回应——现代儒家对“西学东渐”之态度》:《上海师范大学学报》2009 年第 5 期

5.《当代儒学“生活论转向”的先声——梁漱溟的“生活”观念》:《河北大学学报》2008 年第 4 期

6.《存在·情感·境界——对蒙培元思想的解读》:《泉州师范学院学报》2008 年第 1 期

7.《“儒学中的情感与理性”学术研讨会主持人语》:黄玉顺等主编《儒学中的情感与理性》现代教育出版社 2008 年版

8.《儒学复兴的两条路线及其超越:儒家当代主义的若干思考》(中国科技大学专场报告):《西南民族大学学报》2009 年第 1 期

三、生活儒学的比较哲学视域

1.《爱,所以在——儒学与笛卡儿哲学的比较》

2.《符号的诞生——中国哲学视域中的符号现象学问题》:《中山大学学报》2009 年第 3 期

3.《论科学与哲学中的信念与预设》:中国儒学网(www. confuchina. com)

四、关于生活儒学的若干附录

1.《关于生活儒学与形而上学之关系的网络讨论》(黄玉顺、陈明、杨万江等):儒学联合论坛(www. yuandao. com)

2.《儒家与基督教的一次网络对白——黄玉顺与陈永苗对话录》(黄玉顺、陈永苗、陈明等):中国儒学网(www. confuchina. com)

3.《儒学现状之审视与展望——黄玉顺教授访谈录》(某报记者):

4.《您过中国传统节日还是“洋节”?——专访四川大学哲学系黄玉顺教授》(顾力)

后记